《历史教学》

(1951—2010)

研究

◎余柏青 著

湖南师范大学出版社

图书在版编目（CIP）数据

《历史教学》（1951—2010）研究／余柏青著. —长沙：湖南师范大学出版社，2022.6

ISBN 978－7－5648－4512－4

Ⅰ.①历…　Ⅱ.①余…　Ⅲ.①中学历史课—教学研究　Ⅳ.①G633.512

中国版本图书馆 CIP 数据核字（2022）第 040308 号

《**历史教学**》（1951—2010）研究

《Lishi Jiaoxue》（1951—2010）Yanjiu

余柏青　著

◇责任编辑：赵婧男
◇责任校对：蒋旭东
◇出版发行：湖南师范大学出版社
　　　　　　地址／长沙市岳麓山　邮编／410081
　　　　　　电话／0731－88873071　88873070
　　　　　　网址／https：//press.hunnu.edu.cn
◇经销：湖南省新华书店
◇印刷：长沙印通印刷有限公司
◇开本：710 mm×1000 mm　1/16 开
◇印张：14.25
◇字数：260 千字
◇版次：2022 年 6 月第 1 版
◇印次：2022 年 6 月第 1 次印刷
◇书号：ISBN 978－7－5648－4512－4
◇定价：48.00 元

序言

周秋光

　　《历史教学》杂志我比较熟悉，早在 1990 年我就在该杂志发表过论文《熊希龄与近代新闻事业》①。杂志以基础性、思想性和学术性为指导原则，始终坚持科学、严谨和务实的办刊风格。自 1951 年创刊以来，它为繁荣史学研究，建立史学教育理论与实践体系作出了努力和贡献。

　　我的学术研究方向目前是慈善史，余柏青在中学历史教学法研究方面在湖南省颇有影响，我的研究方向与他的研究领域有着较大的差别。我们之间由"同事"转变成学术上的"师徒"关系后，我也十分关注中学历史教学研究的基本状况。柏青提出想对《历史教学》杂志进行研究，我欣然同意，而且认为对一个已有数十年办刊历史的刊物进行全面系统的研究，是一件很值得提倡的有价值有意义的事情。

　　首先，它能深化对新中国成立以来历史学术和教学内容的研究，使杂志成为学术研究与基础教学之间的桥梁。通过对《历史教学》杂志与中学历史教学之间的关系进行系统考察，既可以从纵向的角度探讨新中国历史教学发展的成绩与不足，也可从横向的角度重点对历史学术问题进行专题研究。通过较为全面系统地梳理、分析、概括，总结成功经验，剖析教训与不足，进而提升对历史学术研究的理性认识，为中

---

① 周秋光：《熊希龄与近代新闻事业》，《历史教学》1990 年第 10 期，第 42 页。

学历史教学的创新发展提供理论指导和实践参考。

其次，杂志编辑将历史学家、教材编写者、一线教师等集中在《历史教学》这个平台，这有利于提升教材和历史课堂教学的质量。编辑们约请教材编写者写文章，阐明编写意图，这就在教材和教学之间，编者和教师之间建立了密切联系。杂志为读者提供了车载斗量的补充资料，满足不同层次的历史教研工作者及学习研究者的需要，刊发了一批从理论和实践的结合，现代考试测量学、课程改革及教学改革等方面的专题文章，推动历史教育教学改革不断向纵深发展。

最后，研究杂志符合柏青的工作和学术背景，有利于研究成果向教学转化，为培养优秀的中学历史教师服务。余柏青是历史教学法的专职教师，对中学历史教学研究动态了然于胸。中学历史教学理论与实践的研究成果，可以在历史本科生、研究生的课堂中进行宣讲，提高他们处理历史教材的能力，从而提升他们的教学教育素养；如对高考历史的测量与评价研究，可以在中学历史教师中进行宣传，使他们能了解高考试题的特点及对考生思维能力考查的方法等，引导教师运用测量与评价理论去指导中学历史教学，发挥高校对中学的辐射及引领作用。

对 1951—2010 年杂志的研究，算起来是 60 年，但 1966 年 6 月后由于政治原因杂志被迫停刊到 1979 年 1 月杂志复刊，杂志停刊时间长达 13 年。因此本书主要研究对象是 47 年的 613 期杂志。为对杂志进行全面研究，柏青下了一番苦功。根据杂志的栏目分类后，他组织一批学生将栏目名称、论文目录、作者及发表时间等信息统一输入 Excel 表格，这为研究杂志所载论文的发展脉络及作者群体奠定坚实基础。

在讨论写作框架时，我们师徒俩也是绞尽脑汁。新中国的刊物都要接受新闻出版署的严格审核和管理，刊物基本大同小异，同质化问题比较突出，要找到杂志分期点实在不容易。阅读 1979 年《历史教学》复刊后的文本，发现杂志主编不但影响办刊的风格，而且还会影响到刊物的内容及市场走向。因此，我建议他以杂志主编的更替为分期的主要依据，为他顺利写作提供了条件。在书中《历史教学》杂志发展分为四个阶段，柏青精准地抓住每个阶段的特点，生动地再现了杂志的特色。

从创刊到1966年上半年停刊是杂志特色形成和曲折发展阶段，柏青在坚持特色办刊方面的内容写得尤为精彩。杂志出版之初，历史学界名家为杂志赐稿，如赵俪生、夏鼐、贾兰坡、陈瀚笙、雷海宗等。岑仲勉、杨志玖、蔡美彪、胡如雷等大家专门回答读者提出的问题。"大家小文章"与"问题解答"最受读者欢迎，至今仍为读者津津乐道，传为美谈。

1979年1月到1991年3月是杂志的缓慢恢复和特色重建时期。80年代中后期以后，史学研究与中学历史课程内容越来越远。杂志坚持《历史教学》特色，同时刊登学术论文，并将学术论文放在每期的最重要的位置，占到杂志的一半版面；后面才安排中历史教学类的文章。如果不刊登学术论文，直接影响到《历史教学》的学术性质，以大学教授为主体的编委不同意。如果只刊登学术论文，中学教师看不懂，对杂志的订阅也会产生影响。因此，在重建特色时期杂志发展面临两难处境。

1991年4月到2001年5月，是杂志偏重教学和学术"滑坡"时期。尽管杂志存在学术"滑坡"的趋势，但仍然不缺乏亮点。杂志较为系统地介绍了梁育民、刘芃及聂幼犁对考试测量与评价的研究成果，这些标志着以能力立意的考试测量与评价体系形成。能力立意必须要与学生的思维能力对接。柏青在充分掌握资料的基础上对中学历史学科思维能力培养的路径作出了一个总结：正是在叶小兵团队的实践探索下，赵恒烈、刘芃等专家的理论探究中，任世江等编辑的努力下，历史思维能力的研究得到了深入的推进。

2001年6月到2010年12月是平稳过渡和"黄金"发展

时期。任世江从学术研究与中学教学紧密联系切入，提出杂志必须满足受众群体的需求。他敏锐地抓住新课程改革热点，作为杂志独立的立场，站在第三方的角度客观地去评判课标和教材，反映学术界专家、教科书编写者、一线教师的意见，促进教材进一步提升教学质量，从而增强了杂志的吸引力和影响力。2007 年，《历史教学》刊物进行改革，实行学术研究内容与中学教学研究内容的相对分离。分刊后，读者对象更加明确，杂志的受众群体更加精准，解决了以前读者对象兼顾但又受版面限制的问题，为中学历史教学成果展示提供了更加广阔的平台，但是发表的稿件增加，刊物的质量整体有所下降，发展存在隐忧。

当然，该书稿有些地方还是有待改进，如对杂志所载文章的分析还可以更深入、更全面；若按阶段分析杂志作者群体，特点会更鲜明，人物会更形象，对杂志的总结也会更到位。

余柏青的书稿由湖南师范大学出版社出版，这是一件可喜可贺的事情。期待他再接再厉，通过基础教育平台将理论研究转化为实践成果，为基础教育发展和中学历史教学研究再作贡献，再立新功。

是为序。

（周秋光，湖南师范大学历史文化学院教授，博士生导师）

目 录

绪　论

一、研究概况

1950 年代以来，《历史教学》始终是中学历史教育研究最重要的刊物，目前是唯一一本 CSSCI 来源期刊、全国中文核心期刊。《历史教学》1951 年 1 月创刊至 2010 年 12 月，总共发行了 102 卷 613 期。据不完全统计，《历史教学》杂志发表的论文及作品（含封面插图及文摘）共 12071 篇，署名的第一作者的人数有 6819 人。作者群体中既有著名历史学家、著名中青年历史学者和杰出的中学历史教师，也有一般中学历史教师。《历史教学》悠久的历史和作者覆盖面，是所有史学期刊无可比拟的。

近年来，研究这本杂志的专题论文零星出现。周仕德的论文对《历史教学》杂志的作者概况、学术影响力、研究热点及趋势等进行了初步探讨①，但论文所用数据仅限于 CSSCI 的量化分析，统计上还存在误差。鲁东海以《历史教学》为中心，从中学教学计划到教学设计，仅探讨了历史教师的备课趋势。② 祁国栋的硕士论文以《历史教学》为例，研究了历史教科书的编写问题。③ 石鸥、吴小鹏也是在研究历史教材中涉及《历史教学》杂志。

---

① 周仕德：《从〈历史教学〉看五十五年来我国的历史教育研究》，《历史教学》2010 年第 7 期。

② 鲁东海：《从教案到教学设计：中学历史备课的趋向探析》（1992—2012 年），《历史教学》，2013 年第 3 期。

③ 祁国栋：《历史教科书编写问题探讨述评》，华东师范大学，2009 年。

以《历史教学》为中心，研究新中国中学历史教学的起步和发展，有苏寿桐《中学历史教材三十年》《中学历史教学四十年》等，但这些著作仅仅是将《历史教学》作为资料来源，并非以杂志为研究对象。通过知网检索，到目前为止对《历史教学》杂志进行全面系统的研究，尚属空白。本书以《历史教学》为研究对象，分门别类梳理其所发表的文章，同时分析背景评论导向，试图总结历史教学发展的特点。但有几个问题需要说明：

1. 冯一下认为，"中学历史教学研究团队一般由三个部分组成：中学历史教师、教研人员、编辑人员。"[1] 将编辑人员纳入研究队伍是正确的，但忽视师范院校师资显然是疏漏。师范院校历史系原来一直有历史教学法课程，按照课程论现在应称之为"历史课程与教学论"。这是师范教育的特色，高校担任这门课程的教师始终参与中学教学研究，有些人起到领军作用，因此研究团队应包括这部分人员。

2. 本书不涉及与国外的历史教学交流。尽管《历史教学》在这方面有意识地发表了很多文章，比如介绍日本、德国、美国的历史教育。但我认为，国内外差距很大，国外有些方式方法值得借鉴，但毕竟国情不同，深入研究的价值有限。但苏联例外，因为苏联直接影响我国历史教育的走向。台湾与大陆同根同源，课程内容有很多一致。台湾"清华大学"的张元教授在《历史教学》杂志上先后发表21篇文章，介绍台湾地区的历史教学状况及他的教学思想。[2]《历史教学》还刊载过台湾考试命题的文章。限于意识形态的差距，本书对此只是简单涉及，没有深究。

3. 由于《历史教学》兼顾学术研究与历史教学，其发表的学术论文有些属于纯粹的学术研究，与中学教学无关；有些则直接影响中学历史教学，甚至被复印作为教研活动的学习材料。本书以中学历史教学为重点，因此对学术论文有选择地评述，即只分析那些对中学教师产生直接影响力的论文，对分刊以后的"高校版"基本不做研究。

---

① 冯一下：《加强对历史教学研究的研究》，《历史教学》1988 年第 11 期，第 20 页。

② 张元发表在《历史教学》的 21 篇论文中，史学理论有 2 篇，《传统史论与历史教学》《怀念狄更逊先生兼谈历史教育的研究》；教学方法的论文 2 篇，《举手的表达：全班参与的方式之一》《书写的表达：全班参与的方式之二》；朱子讲历史系列论文有 9 篇，其中谈到了历史中的"道理"与"技巧"、要求文学课和历史课的融合、注重方法方式的选择与运用等。

4.《历史教学》60 年①发表的文章很多,面面俱到可能顾此失彼。因此要选择有代表性的、有典型意义的进行分析,做到粗细结合、以面带点、以小见大,从宏观背景入手,反映大形势对具体问题的影响。既要突出整个群体的特点,又要对代表性人物进行深入剖析。对影响全国的教学纷争,不惜笔墨;对类似高考研究的问题,点到为止。因为有些应试教育众所周知,无需赘述。

二、研究意义

对《历史教学》杂志进行整体研究,具有重要意义。

第一,能深化对新中国成立以来历史学术和教学内容的研究。张海鹏认为:"中华人民共和国成立以来中国近代史的研究理论和方法,概括起来是学习马克思主义唯物史观,建立马克思主义的史学体系,积极开展百家争鸣,推动中国近代史向纵深发展。"②《历史教学》通过对中国近代史基本线索、中国古代史划分、中国奴隶社会和封建社会划分、汉民族形成、中国资本主义萌芽等热点问题进行讨论,推动了中学历史教师、历史教研员、教材编写者、从事历史教学及科研的工作者等史学界学习唯物史观理论。学习这些理论,中学历史教师可以深化教材对于中国近代史基本内容、奴隶制与封建制分期等核心问题的理解。

第二,本书试图对《历史教学》杂志与中学历史教学之间的关系进行系统考察,主要是从纵向的角度探讨新中国历史教学发展的成绩与不足,从横向的角度重点对中学历史教学进行专题研究。自创办以来,该杂志一直重视学术研究和教学研究,希望成为学术研究与基础教学之间的桥梁。

第三,能加强历史教学、历史教科书与历史研究三者之间的辩证统一。"一个历史教师,一个历史编辑,只有体察时代精神,感受到时代跳动的脉搏,才能调动学生学习历史的积极性。"③ 加强历史研究,把历史研究积极慎重地引到历史教科书和历史教学中。"历史教学与历史编辑要注意不断吸

---

① 《历史教学》杂志自创刊到 2010 年,于 1966 年 6 月停刊 13 年,至 1979 年 1 月才复刊。
② 曾业英:《五十年来的中国近代史研究》,上海书店出版社,2000 年,第 2 页。
③ 苏寿桐:《史编拾遗》,人民教育出版社,1995 年,第 223 页。

收历史研究成果，既要博采众长，又不失慎重。"[1] 对历史学科知识正确认识的获得，主要通过学习和研究来完成。历史教师应注意历史领域的研究趋势，不断吸收研究成果。这样，他们就会掌握教学中的知识点，新颖的史料信手拈来，课堂呈现自然丰富多彩。

第四，能秉承历史杂志编辑学、历史学与历史教育学等有机统一的思想。编辑是指编辑主体通过编辑活动作用于编辑客体的过程。由于编辑人员所处时代背景不同，社会环境多少会有所差异，编辑宗旨也会受到编辑人员所处时代背景、编辑服务对象和编辑本人的人生经历等因素的影响。因此，当《历史教学》的相关内容与时代背景紧密相连时，我们对这种特殊的现象要能透过表面，看到问题的真正实质。如 20 世纪 90 年代《历史教学》编辑出现乱象，在阅读文本时必须运用编辑学原理归纳乱象的表现，并且去深究乱象背后的原因。

第五，本书的研究成果向教学转化，为培养优秀的中学历史教师服务。如对中学历史教学体系的研究成果，可以在历史本科生、研究生的课堂中进行宣讲，提高他们处理历史教材的能力，从而提升他们的教学教育素养；如对高考历史的测量与评价研究，可以在中学历史教师中进行宣传，使他们能了解高考试题的特点及对考生思维能力考查的方法等，同时引导教师运用测量与评价理论去指导中学历史教学，发挥高校对中学的辐射及引领作用。

三、研究思路

本书旨在以《历史教学》杂志与中学历史教学之间的关系为研究的出发点，以中学历史教学的考察为重点，以其所刊发的教学与学术论文为研究的基本内容，以揭示《历史教学》与中学历史教学之间的深层次关系。按照研究杂志的思路，作者先介绍《历史教学》创刊的背景、杂志的组织架构及运行机制；然后将《历史教学》（1951—2010 年）60 年的发展分成特色形成与曲折发展、缓慢恢复与特色重建、偏重教学与学术滑坡、平稳过渡与"黄金"发展等四个阶段，对这四个阶段的教学和学术类论文特点

---

[1] 苏寿桐：《史编拾遗》，人民教育出版社，1995 年，第 225 页。

进行归纳和总结，深入探究教学与学术之间的关系；最后，总结指出《历史教学》在中学历史教学中的地位和作用，并且为杂志的发展提供科学的合理化建议。本书除绪论和后记以外，正文分六章，具体如下：

第一章介绍《历史教学》的创立背景、基本组织架构、作者队伍、读者群体及运行机制等基本情况。

第二章是对《历史教学》特色形成和曲折发展时期进行研究。这个时期的刊物特征比较明显，对同人办刊、政府改造、独立运营三个阶段的教学与学术进行研究。政府改造时期全面向苏联学习的教材教法类文章留有深刻的时代"痕迹"；"大家小文章""名家问答"等学术研究文章颇具特色，至今都传为美谈。

第三章是对《历史教学》缓慢恢复和特色重建时期进行研究。复刊期间，在教学和史学领域经过拨乱反正后，历史教学和学术研究逐步得到恢复；《历史教学》恢复任务完成以后，对杂志发展而言，发表学术研究文章存在着两难处境。

第四章是对《历史教学》继续偏重教学与学术"滑坡"时期进行研究。前期，杂志研究以能力为核心的考试测量与评价，并从理论和实践上探索培养中学历史学科思维能力的途径。但后期由于杂志管理失控，编辑出现许多乱象，学术论文出现弱化的趋势。在同类刊物崛起及网络迅猛发展的双重冲击下，《历史教学》逐渐失去其优势。

第五章是对《历史教学》平稳过渡和"黄金"发展时期进行研究。杂志组织对课程标准和"一标多本"教材进行讨论，将受众群体聚焦到《历史教学》平台；发表与中学历史教学关系密切的研究性学习案例和"听课随笔"，指导中学历史教学，发表中青年专家访谈录，使学术研究与中学历史教学有机结合；2007年《历史教学》分中学版和高校版，杂志得到持续性发展。

第六章是对《历史教学》在中学历史教学中的地位和作用进行研究。《历史教学》繁荣了史学研究，建立了中国历史教学理论体系及中国历史教学学科体系，推动了中国历史教育教学改革的深入发展。同时，根据对《历史教学》杂志六十年的文本研究，提出杂志发展的基本策略。

四、研究方法

本书是对《历史教学》进行系统研究，其属于应用研究范畴。主要有以下四种研究方法：

（一）资料整理法

《历史教学》（1951—2010）杂志数量庞大，没有科学统计分析，进行深入研究会举步维艰。通过六个月的努力，笔者将光盘里的杂志资料的标题、作者及相关信息，全部输入电脑，并将这些资料做成做一个完整的Excel的文档，将其整理归类。一方面，在对所搜集的资料进行整理、归纳和分类的基础上，总结出已有的研究成果，并进一步发现不足，确定论文的探究方向；另一方面，对相关资料的搜集整理也为论证提供大量有理有据的论据说明，从而使本书更加严密，更具有说服力。

（二）借鉴教育学及编辑学的相关理论

本书的研究建立在历史学科研究的基础上，借鉴教育学，尤其是课程与教学论的理论，以考察新中国历史教学发展概况；借鉴编辑学的相关理论，以考察《历史教学》杂志编辑的基本情况。

（三）整体研究与个案分析相结合

本书研究注重把整体研究与个案分析相结合，力图多角度考察中学历史教学及学术之间的内在关系。

（四）文本分析与实证研究相统一

本书运用辩证唯物主义和历史唯物主义基本方法，注重文本分析与教科书内容的实证研究，并广泛搜集和研读有关史料，充实研究内容。

五、创新之处

首先，本论文试图对《历史教学》杂志与中学历史教学之间的关系进行系统考察，主要是从纵向的角度探讨《历史教学》发展的基本情况，每章节重点对中学历史教学及与之相关的学术类文章进行研究，并总结每个阶段的特点。

其次，本书将借鉴教育学、编辑学等相关理论，使之与历史研究深度融合。通过对《历史教学》文本内容进行研究，把历史研究、历史教学和历史编辑①等有机地联系起来，既要纠正只重教学或强调教科书的编辑，忽视历史的学术研究的弊端，又要纠正只强调学术研究，忽视教科书的编辑、忽视教学的不良偏向。在坚持学术基础研究的前提下，重视教科书的编辑思想和基本原则，强调历史教学的重要性。从而有助于我们从新的角度了解新中国成立以来中学历史教学发展的基本脉络及阶段性的基本特征。这是方法上的创新。

最后，本书将使一些问题得以深化或突破。一方面，在广大一线教师研究的基础上对教育思想、教学插图、教师教研及教师的专业成长等专题，进行更深入的探讨。学术界对新中国历史教学的发展研究还很薄弱，期待有所突破。另一方面，对教材的编辑群体、专业成长的教师群体进行深入探讨。本书对新中国成立以来的中学历史教学进行一个全方位的总结，将有助于提供一个系统的研究成果。

---

① 徐寿桐：《历史教学、历史编辑与历史研究的关系》，《史编拾遗》，人民教育出版社 1995 年版，第 208－222 页。

第一章
创办背景和组织架构及运行机制

第一节 《历史教学》的创办背景

1951 年 1 月《历史教学》杂志破茧成蝶,以全新的姿态呈现在新中国的知识分子面前。它的创办是新中国诞生初期的社会氛围和中国共产党执行新民主主义政策推动的结果,典型地反映出史学界为适应新史学,配合新教育,积极主动的心态。

一、新中国成立初期的文化教育政策

1. 新中国成立前夕成立新史学会

北平和平解放后,中共中央面临严峻的政治和军事形势,但对学术文化领域仍然相当重视。历史学是马克思学说的基础之一,新中国要建立新的意识形态,改造旧史学刻不容缓。1949 年,在中华人民共和国成立前夕的 7 月 1 日,在郭沫若、范文澜等已经接受马克思主义唯物史观的学者的主导下,中国新史学会率先在北京成立。这是新中国最早成立的学会。新史学学会章程规定:"学习并运用历史唯物主义的观点和方法,批判各种旧历史观,并养成史学工作者实事求是的作风,以从事新史学的建设工作。"① 学会号召全国历史工作者团结起来,共同努力建设新史学。

---

① 中国新史学会:《中国新史学会研究暂行章程》,《人民日报》1949 年 7 月 2 日。

2. 新中国成立后召开首次教育工作会议

新中国成立后，新旧交替，百废待兴。尽管国家面临着统一大陆，巩固政权，没收官僚资本和恢复国民经济等艰巨的任务，但教育工作还是很快提到议事日程。1949 年 12 月底，中央政府在北京召开首次全国教育工作会议，重申了新民主主义教育总方针，会议决定"以老解放区新教育经验为基础，吸收旧教育有用经验，借助苏联经验"① 来建立人民教育事业，明确改革旧教育的步骤及发展新教育的方向，号召广大知识分子开展划清敌我界线，树立为人民服务思想的学习运动。在全国解放的各个地区，新政权接管了各类学校，立即取消了原有的"党义""公民""童子军"等课程，在中学设置以人生观教育为主的政治课，在大专院校以毛泽东的《新民主主义论》为必修公共课。1950 年初，学校公开了中国共产党的组织，开始建立新民主主义青年团、少年儿童队、学生会及教工组织。9 月，教育部决定全国中小学教材统一由中央确定，12 月 8 日成立了负责统编教材和出版发行的人民教育出版社。人民教育出版社立即着手新教材的编写工作。

3. 制度转型时期建立社会主义思想意识形态

在社会制度转型时期，学校教学改革迫在眉睫，其中尤以政治、历史学科改革为要。中国共产党作为执政党深谙此道，1948 年，中国共产党宣传部在河北东柏坡时，就开始策划政治、历史课程改革的事宜。当时为华北大学中国历史研究生的彭明，跟随范文澜等史学家参与了策划，见证了新中国新文化新教育建立的历程。②

新中国成立伊始，为建立社会主义思想意识形态，国家必须改造旧社会遗留下来的思想，建立以马克思主义为指导的史学思想体系，树立唯物史观。历史学者来不及思考，紧跟形势，努力学习。为了配合政治宣传和政治课的教学，中宣部直接办了《学习》刊物。该刊主要指导全国政治理论学习，关注的政治课程和学习的建设工作，但有时对史学的重大问题发表意见，这些引起了历史学者的注意。全国史学研究工作者和各级学校的

---

① 人民教育出版社、课程教材研究所、历史课程教材研究开发中心编著：《普通高中课程标准实验教科书：历史 3》，人民教育出版社 2018 年版，第 102 页。

② 彭明：《教学相长　开拓创新》，《历史教学》2001 年第 1 期，第 19 页。

历史教师广泛掀起了学习马克思主义理论的高潮。用马克思主义的辩证唯物主义和历史唯物主义指导历史研究、改造历史教学，已成为时代提出的迫切要求。

二、知识分子接受改造的需要

1. 旧政权的知识分子努力适应新政权的政策

培养和造就一支宏大的知识分子队伍是建设新中国的一项重要战略任务。我国经济文化落后，1949 年知识分子的数量尚不足1%，在仅有的约500 万知识分子中，大多数出身于非劳动人民家庭，他们的思想或多或少残留着封建、买办、法西斯思想的残余。[①] 这批在民国时期成长起来的知识分子对新政权有着很高的期望值。1947 年以来国家经济的迅速崩溃给人们留下深刻印象，货币迅速贬值，物价不断飞涨，社会动荡不安，每个知识分子家庭的生活水准都有不同程度的下降。国民党坚持独裁统治，镇压民主势力，使知识分子更加绝望。绝大多数知识分子对中国共产党充满期望，尤其是熟知近百年中国的历史学者，他们希望新中国从此以全新的面貌屹立于世界之林，因此积极响应、主动配合新政权的各项新举措。

2. 改造知识分子的政策使然

这批知识分子基本上是爱国的，还具有程度不同的革命性和为新中国的献身精神，新中国首先把知识分子全部"包下来"，然后再采取团结、教育、改造的政策。1949 年9 月，新政治协商会议通过了《共同纲领》。该纲领第五章文化教育政策第四十七条规定，要给"旧知识分子以革命的政治教育，以应革命工作和国家建设工作的广泛需要"。在会议闭幕时，毛泽东提出用批评和自我批评的方法对各种知识分子进行改造。[②] 1951 年9 月周恩来在怀仁堂向京津各大学师生代表作了改造思想问题的报告。他号召知识分子不要停留在爱国主义这个层面上，要努力从民族观念转变到人民和工人阶级的立场。[③] 自此，全国范围内的知识分子深入开展自我教育和自我改

---

① 王桧林主编：《中国现代史》，高等教育出版社 2001 年版，第 39 页。
② 何远：《彻底改造思想加强爱国主义的历史教学》，《历史教学》1951 年第 12 期，第 1 页。
③ 王桧林主编：《中国现代史》，高等教育出版社 2001 年版，第 39 页。

造的学习运动。

3. 历史教学与研究工作者迫切需要马克思主义的指导

历史研究工作者、高等院校历史系的学生都认真学习马克思列宁主义，都愿意运用辩证唯物主义、历史唯物主义指导教学和研究，提高历史教学和研究水平。各级各类学校的历史教师按照上级要求学习《新民主主义论》，试图理解和掌握历史唯物主义。在新的统一教材还没有编成出版之前，教育部改造原来解放区使用的教材，还指定了几部个人编写的教材，供全国中小学使用。但是如何在教学中贯彻唯物史观，大部分教师还不知所以然。

宣传政治课程和教学的刊物《学习》是中宣部直接办的，而急需要配合历史课程改革和教学的刊物。京津地区的几位历史学者敏锐地感觉到这种需求，在 1950 年夏提出自筹资金，创办一种专供历史教师阅读的刊物。杂志甫经面世，由于其能满足广大知识分子学习马克思主义，改造知识分子的需求，得到市场的较大反响，读者数量激增。

三、天津军政委员会文教部的支持

1. 社会制度转型时期需要一份历史课程和教学的刊物

新中国成立之初，如何建设历史课程，包括历史教材编写、历史教学实践，特别是把马克思主义的理论同历史教育结合起来，这些都是历史研究者要亟待研究的问题。20 世纪 50 年代初，中学历史教学面临许多困难，既有理论联合实际的问题，也有资料缺乏的问题，无论编写历史教材，或从事历史教学，都需要有一份权威刊物的帮助。

2. 党和国家为办刊提供了便利的政策

新中国成立之初意识形态正处于社会制度转型期，执政党还没有全面向苏联学习，严格控制新闻出版业。当时创办一本杂志，在没有政府资金资助，自己出资的前提下，只需要向市里军管会（军事管制委员会，以下简称军管会）文教部打个报告就可以办刊。手续简单便利，同时年轻人又能得到展现自身能力和才华的舞台。

经过一番规划，杨生茂利用每周为天津市文教部讲一次世界近代史的机会，向天津军管会文教部提交了筹办构想和出版申请。当时天津也急需一个刊物宣传马克思主义，并通过这个刊物对历史教师进行思想改造，因此它很快获得天津军管会批准，《历史教学》被立即同意创刊。

3. 天津中国共产党组织的支持

《历史教学》成功创刊的关键是得到以黄松龄等为代表的党组织的支持。当创刊同人提出创刊申请时，时任天津市委常委、宣传部长、天津市军管会文教部部长黄松龄的大力支持。他料想知识分子办刊会遇到困难，就叮嘱天津知识书店李秉谦给予帮助。《历史教学》编辑部无地方办公，李秉谦就提供一间房子供编辑们办公使用。杂志最初的编辑部终于成立，就在天津和平路四面钟对面知识书店二楼。

当创刊同人经费紧张，编好的刊物无法付印时，黄松龄主动与银行对接，通过人民银行贷款，保证刊物的如期发行。艰难办了四期刊物以后，他又从中斡旋，帮助杂志从银行贷款，以缓解经济周转不灵的困境。天津知识书店经理李秉谦也是积极解决杂志遇到的困难。在杂志缺乏前期办刊经费时，都是书店先期垫付，待杂志回款后逐步归还书店的欠款。

当编辑力量不足时，南开大学党的负责人王金鼎给予具体的指导和帮助，并每月参加一次会议，讨论扩大编委会的问题，参加编委会。《历史教学》创始人傅尚文、杨生茂在一篇回忆文章里谈道，没有党的领导关怀，刊物无法办起来；没有党的支持，刊物办起来，也很难坚持。因此，依靠和坚持党的领导，是办好一个刊物的基本条件。①

四、七位同人的共同努力

1. 志同道合的同人共同创刊

首先提议的是李光璧和傅尚文。李光璧，时年 36 岁，毕业于北京大学，曾在北京大学中文系、中国大学和北京第四中学任教。傅尚文先后就读于北京大学中文系、中国大学法律系；曾任北京第四中学、天津中学历史教师。两人相熟，都在天津，又都有中学历史教师的经历，深知中学教师的教学需求，因此话题投机、一拍即合。

当时李光璧任河北女子师范学院历史系主任，主要研究中国史，以明

---

① 傅尚文、杨生茂：《美好的回忆》，《历史教学》1986 年第 1 期，第 6 页。

清史见长；傅尚文在天津知识书店任出版部主任。傅尚文原来做过《华北日报》主要撰稿人，对新闻敏感，且熟悉印刷、出版和发行工作。两人商议办一本以中学历史教师为主要读者对象，既研究历史，又推广教法的杂志。民国时期知识分子的同人办刊如家常便饭，三三两两在一起，志同道合说办就办，办不下去就停，自生自灭。陈独秀在上海办《青年杂志》，只有他一人；迁北京改名《新青年》后才有多人参与。章士钊办《甲寅》也是仅凭一人之力。李、傅想到办刊，也是以联络同人的方式，起初并未考虑政府接手。所不同的是，创办《历史教学》的几个知识分子，都心怀对未来的美好憧憬，拥护中国共产党；他们虽然不是共产党员，但都以宣传马克思主义唯物史观为己任。他们办刊是为了响应新的教育方针，配合政府统一教材的做法，以学术报效新中国建设。

李光璧、傅尚文二人的想法得到杨生茂的赞同。李、傅、杨三位是《历史教学》最早的创办人。杨生茂，在燕京大学读了三年后赴美，1950 年时为南开大学美国史研究专家，当时担任天津新史学会第一任会长。

因考虑到北京毕竟是首都所在地，为便于组稿和发行工作，时为北大历史系教授的张政烺加入办刊的队伍中。1951 年创刊时，张政烺 38 岁，后为明清史研究泰斗。张政烺是故宫博物院专门委员会委员，与孙作云工作上有交集，考虑到杂志办刊的需要及受众的需求，因此孙作云参与发起创办《历史教学》刊物，时年 38 岁，后到河南师范大学任教，担任过《史学月刊》编委。丁则良，才华横溢，清华大学历史系毕业，先后在西南联大、云南大学任教，1947 年留学英国伦敦大学，是雷海宗的得意门生，为杨振宁《孟子》的授业老师，时为清华大学的讲师，可惜英年早逝。据杨生茂回忆，关德栋在发起成立刊物以后，南下工作就杳无音信，再也没有参与刊物的活动。

2. 同人为筹经费共度时艰

七位同人最初的想法是"试着用新观点即马克思主义观点为中学教师办一个教学参考读物"。摆在知识分子面前最大的困难是经费紧张，七位同人从工资中挤出一点开办经费，基本无济于事。同人办刊，过程充满艰辛，大家不等不靠，自己出资，把办刊的事情当作自己的事情处理。

在杂志的初创时期，张政烺在经费筹集方面贡献最大。当办刊经费遇到很大困难时，张政烺果断地出卖了他珍贵的"二十四史"，以弥补办刊经费的不足。李光璧也卖掉自己的一些善本明清文集；孙作云、丁则良、关德栋等初创人员纷纷借贷凑款，勉强凑齐出版费用。1951 年第 3 期、第 4 期经费也遇到极大困难，编委们变卖皮袄等家物、自掏腰包等筹集到印刷费。直到知道可以到银行贷款办刊后，这些杂志的创办者们才松一口气。1954 年杂志被天津通俗出版社接管后，《历史教学》过上了"吃皇粮"日子。

3. 天津同人齐心协力渡难关

尽管七同人参与创刊，齐心协力渡过难关，但天津和北京在空间上有距离，张政烺在北京大学工作，丁则良在清华大学工作，孙作云在北京历史博物馆工作，为了节约经费，请不起专职人员，审稿、校对、印刷、发行、通联及财务等，事无巨细，都必须要在创刊人授课之余暇完成。刊物初创的艰难可想而知。1951 年，李光璧和杨生茂负责编辑刊物，傅尚文负责杂志的出版和发行。该年年底，杨生茂被借调到人民教育出版社编写高中《世界史》历史教材后，来新夏加入《历史教学》的编辑工作，他就在最大程度上减轻了李光璧和傅尚文编辑和发行的重任。

在思想改造运动的影响下，七位同人感到属于私营性质的同人刊物应交给国家经营。天津文教部同意接收，除原有的编辑人员留岗工作外，还延聘人员组成编委会。文教部接收杂志后，陆续退还同人办刊时期垫付的资金，杨生茂只收取垫付的工资，而谢绝利润。①

当时学术性刊物很少，历史类的学术刊物更是凤毛麟角。权威性刊物《历史研究》1954 年创刊。七位同人在 1950 年夏开始筹备，该年底试刊，1951 年 1 月正式出版面市。其创刊速度之快，办刊质量之高，读者反响之大，是连创刊的同人都没有想到。正是在时代的召唤下，在新中国需要一个宣传马克思主义、改造知识分子思想刊物的前提下，在京津地区史学者的共同努力下，一份同人刊物《历史教学》应运而生，并且很快走上良性发展轨道，成为中学历史教学杂志领域的一面旗帜。

---

① 杨生茂：《〈历史教学〉创刊第一年》2001 年第 1 期，第 11 页。

第二节　《历史教学》的组织架构

《历史教学》的组织架构是该杂志的流程运转、设置部门及规划职能等的最基础依据，其组织架构从四个时期分别进行叙述：

一、同人办刊时期的组织架构

1. 由中国新史学会天津分会主管

1951 年 1 月创刊到 1954 年 8 月这段时期，属于同人办刊时期。新中国建立伊始，杂志管理比较松懈，办刊的申请经过天津市军管会文教部批准后，就可以筹办刊物。因此，严格来说，在同人办刊时期，杂志并没有明确的主管部门。

1952 年开始，《历史教学》开始由中国新史学会天津分会主管。杂志的经费是同人多方筹措，效益和风险也是同人承担，属于典型的同人办刊。到 1954 年，随着发行量的迅速扩大，出版工作繁重，特别是出版经费短缺，经银行贷款以后也难以为继，因此创刊同人主动同意政府接管。

2. 创刊时期的基本架构

1950 年，李光璧等七位京津史学工作者，自筹经费，成立历史教学月刊社和历史教学月刊社编辑委员会。在发展初期，杂志社先有事实上的编辑部，后有编委会。当时因为经费紧张，没有专职编委，也没有专门的编辑。李光璧就是没有头衔的事实上的主编，李光璧、杨生茂、傅尚文等都是事实上的编辑，七位同人相当于编辑部成员。

由于稿源不足，需要编辑加班加点自己写稿予以补充。李光璧等人除了编辑工作外，还要给杂志撰稿，作者编辑"双肩挑"，是形成《历史教学》刊物特色的奠基人。据钱君晔回忆，李光璧是没有名号的事实上的主编，负责协调出版工作、编纂稿件和编辑工作；由于经费困难，编辑委员会起初没有领取报酬；为了保证出版物的正常出版，李光璧利用自己的各种关系，不但向史学名家约稿，而且为第一卷写了许多文章，其用过的笔名就有楚白、唐隶、雪沧、陆刚、黎武、紫翔等。①

尽管杂志的创办人不是全职编辑，但他们的工作重心要围绕杂志的办刊思路，确定主题、组织和审核稿件，更可贵的是他们对编辑工作非常精通。杂志创刊号的基本要素基本具备，如刊物名称、出版时间、出版期数、发行数量、印刷厂名称等项目。杂志还开始给自己打广告，告诉读者订阅办法。从杂志的编辑角度而言，它比同时期的《新史学通讯》要全面、规范。《历史教学》创刊号共36页，有封面和封底。封一上有刊名、刊头、卷号、出版作者、出版时间，还有7篇主要论文的题目名称和作者，同时附有张政烺《汉代的铁官徒》一文配发的"汉刑徒砖拓片"。

至于杂志名称的来由，创刊号中"编者的话"作出了明确说明。"本刊定名为《历史教学》，'教'是要研究如何讲授课程，'学'是要讨论如何研习历史科学……都是历史教师和一般学习历史的人们共同工作。""编者的话"充分说明《历史教学》把"马克思主义理论研究"和"历史教学实践指导"作为刊物的使命，探索把唯物史观历史科学的研究落实到教育中去，落实到实践中去的道路，解决亟待解决的历史教材编写、历史教师思想改造和历史教学方法改进等问题。

3. 1952 年的编委会

《历史教学》初始是一个由编委会主编的刊物。随着杂志的知名度提升，发行量的增加，稿源的数量激增，成立编委会就提到议事日程。总编辑是吴廷璆，

他是天津史学会会长，1949 年刚从武汉大学调到南开大学担任总务长，兼任历史系教授。李光璧担任副总编辑，钱君晔担任总经理。同时，《历史教学》组建以南开大学教师为主体的编委会，包括时任历史系教授的郑天挺、南开大学党总支书记王金鼎等。为培养年轻力量，杂志还聘请了南开大学年轻的魏宏运、来新夏等为编委。

1952 年为扩大影响，《历史教学》广邀社会名流加盟，编委中就有中国

---

① 钱君晔：《忆〈历史教学〉创办人之一李光璧教授》，《历史教学》1986 年第 1 期，第 17 页。

人民大学的尚钺、中国社会科学研究院的荣孟源、开封师范学院院长嵇文甫。他们积极为杂志撰写高质量的稿件，提升《历史教学》的知名度和美誉度。

4. 1953 年的编辑部

为保证杂志的质量，《历史教学》确定编辑部在编委会领导下工作的运行机制。1953 年，历史教学月刊社成立，后简称历史教学社，即《历史教学》杂志所登记的单位。在历史教学社下，建立了《历史教学》第一个真正意义的编辑部。该编辑部陆续调入鲁滨、杨兴国、李光霁、程秀等专职编辑，组建了一个高素质的编辑团队。1953 年的编辑部是《历史教学》老一辈编辑的基本班底，对《历史教学》编辑制度的形成起着奠基的作用。

这些人都受过高等教育，鲁滨毕业于复旦大学新闻专业，杨兴国曾在日本早稻田大学学习，精通日语，李光霁毕业于北京师范大学历史系，程秀是燕京大学肄业。

这批老一辈知识分子刻苦钻研，很快熟悉编辑工作。陈毓秀，北京 28 中的历史教师，也是北京第一批特级教师。她在回忆文章谈到，她的成长与李光霁编辑的努力密切相关。

鲁滨、程秀到 20 世纪 80 年代一直是《历史教学》的业务领导，其中程秀始终是编辑部的主要负责人，他把自己一生最好的时光都奉献给了《历史教学》。20 世纪 50 年代影响较大的、紧跟时势的社论，基本出自他之手。抗日战争时期，程秀奔赴延安从事革命。天津解放后，随军入城，他在天津市委秘书处工作。在"三反""五反"运动中，他主动承认在燕京大学求学期间，被强行拉入"三民主义青年团"。此举给他一生带来严重影响，他被当作典型批判，并被开除出党，从天津市委机关调到《历史教学》担任编辑工作。程秀对工作一丝不苟，他担任编辑部主任期间，每期稿件的每一篇文章都要亲自过目，对编辑部的制度建设起到至关重要的作用。他组织上被开除出党，但思想上一直紧跟党中央，直到 1987 年退休。程秀始终不渝地要求恢复党籍或重新入党，在去世之前，愿望都没有实现。为感谢党对他的培养，他要求把一辈子的积蓄 4 万多元人民币，作为党费交给了组织。

二、天津人民出版社管理时期的组织架构

1. 《历史教学》接受政府改造

1954 年 9 月到 1959 年这段时间，《历史教学》被政府改造以后，行政由天津人民出版社主管，业务仍然由编委会负责管理。在三大改造及办刊经费极为紧张的大背景下，总编辑吴廷璆希望天津市政府改造历史教学月刊社。时任文教委副主任、中共天津市委宣传部副部长的梁寒冰积极协调杂志被政府改造的相关事宜。

1954 年 9 月政府全面改造《历史教学》，杂志由天津通俗出版社（后改为天津人民出版社）管理。成立出版社第三编辑组，同时为突出刊物特色，便于读者征订刊物，对外仍保留历史教学编辑部的称号。杂志其余兼职编委、编辑等则回到原来单位上班。

梁寒冰酷爱历史，是史学行家。在他的积极斡旋下，《历史教学》编委会继续扩大。如高校系统增加天津师范学院历史系主任王仁忱为编委、副总编辑，河北天津师范学院历史系主任朱星。天津教育局系统增加时任教育局中教科科长的刘冀农、历史教研员卢士林、天津市一中校长韦力等，担任《历史教学》的编委。杂志编委会的力量得到壮大和发展。

刊物的性质由私有的同人刊物改造成天津人民出版社的下属单位，并获天津财政局专项资助。自此，《历史教学》杂志社结束同人办刊的历史。按照改造的政策，国家对杂志前期创办人的投入，进行了适当的补偿。

2. 历史教学编委会的扩大

1956 年，刊物负责人向教育部汇报工作，希望教育部来主管《历史教学》杂志。教育部经过讨论认为，《历史教学》办刊的主体不变，仍然是在中共天津市委的领导下主办，教育部在业务上进行指导；人民教育出版社资深编辑邱汉生、巩绍英加入编委，使杂志与人民教育出版社有了紧密联系，从而更有利于杂志对中学历史教学的指导。

为扩大杂志在全国的影响，天津增加雷海宗为编委；北京增加了时任中央民族学院历史系主任的翁独健；东北邀请了东北人民大学①历史系主任

---

① 1958 年，东北人民大学改名为吉林大学。

万九河；西部增加了甘肃师范学院历史系主任金宝祥；南部增加了时为杭州师范学院历史系教授的沈錬之等。《历史教学》从一份同人刊物发展成为有全国性影响力的杂志。

为了与不断扩大的编委会相适应，1956 年从应届大学生中分来罗宝轩等四人为专职编辑，继续扩大编辑部的阵容。

三、天津市教育局管理时期的组织架构

1959—1966 年、1979 年复刊后至 1985 年，这两个阶段都由天津市教育局管理，这阶段的组织架构分三个阶段叙述：

1. 独立组建历史教学社

1959 年，《历史教学》从天津人民出版社分离出来，独立组建历史教学社开始，到 1966 年杂志停办这段时期，《历史教学》先后由中国科学院河北省分院和天津市文教委员会领导，并由天津历史研究所和天津市教育局先后代管。在天津历史研究所代管时期，该所所长左建兼任杂志社长；在天津市教育局代管时期，教育局局长刘冀农兼任杂志社长。刘冀农，解放前是小学教师。他是进城干部，有较高的政治觉悟；但在办刊方面，他缺乏经验，基本按文件办事。由于社长不视事，专职副社长兼编辑部主任鲁滨主要负责杂志的日常工作。

2. 不断扩大的编委和编辑

20 世纪五六十年代，编委的队伍继续扩大。《历史教学》先后聘请为杂志发展立下汗马功劳的梁寒冰；先为中国科学院河北省分院历史研究所副所长，后调整为天津历史研究所所长的左建；天津市教育局的潘强；南开大学历史系副教授梁卓生等，担任刊物的编委。与此同时，编辑队伍也不断补充新鲜血液。李世瑜、杜汉鼎、张颖、吉敦谕、冯士钵等，这些各有所长的编辑，逐渐成为《历史教学》发展的中坚力量。

编辑水平最高的当属李世瑜。他是辅仁大学社会学毕业，人类学方向的研究生。1949 年在四川出版有关秘密宗教的专著，是我国研究秘密宗教的开山之作。1952 年，由于国家对学校进行统一管理，没收所有在华外国人主办的学校。辅仁大学是教会出全资办的一所大学，也是新中国没收的第一个教会大学。在辅仁大学毕业以后，李世瑜在辅仁大学留校担任助教。

失业后，他回到天津，在一家银行工作。1956 年在"双百方针"的指导下，知识分子落实政策。但是李世瑜的专业是人类学、社会学，这两个专业的课程在大学已经取消，于是李世瑜分配到《历史教学》担任编辑工作。他在编辑方面干得出色，在学术研究方面，掌握了较为丰富的一手材料，对白莲教起义和义和团源流研究，达到了一般研究者无法企及的高度。

杜汉鼎，云南大学毕业学生，原是工农速成中学的教师，后调到编辑部工作，担任过编辑部副主任、主任，在《历史教学》工作 30 余年，兢兢业业，亲力亲为。张颖，华北军政大学培养干部学校毕业，调干生。冯士钵，中央民族大学毕业，参加过抗美援越，调干生。吉敦谕，北京大学大历史系毕业，深受邓广铭的器重。20 世纪 80 年代，杜汉鼎带着任世江去拜见邓广铭，邓广铭的第一句话就是，"我的学生吉敦谕在你们杂志社工作，现在怎么样？"可见，邓广铭对吉敦谕印象深刻。

3. 复刊时期的基本架构

在梁寒冰、王金鼎的争取和天津市长胡昭衡的首肯下，1979 年《历史教学》杂志得以复刊。吴廷璆担任总编辑，杨志玖、韩烽担任副总编辑。社长照旧不负责业务，业务继续由以南开大学教授为中心的编委会负责。1985 年，杂志新增南开大学王敦书、天津师范大学庞卓恒等为编委。正因为制度健全，较大程度上保证了杂志的质量。这个编委会团队虽年龄偏大，但热情高涨，每周定期到天津市一中讨论选题、组稿、审稿等具体工作。学术论文用稿必须要编委会集体讨论决定，编辑部在教学方面的用稿有一定自主权，也要经过编委韦力负责把关。韦力长期在基础教育战线耕耘，在天津市一中担任校长多年，曾担任联合国亚太地区普教专家，多次有机会调往更高的职务，却总是婉拒。

吉敦谕、罗宝轩等编辑奔波忙碌，重整编辑队伍。鉴于原来老一辈编辑到 1986 年、1987 年基本退休，因此，在 1982—1985 年间，编辑部陆续接收 1977 级和 1978 级毕业的优秀大学生，补充到编辑队伍中。如王公悫、蔡世华、岳林都是 1978 级的学生，分别毕业于北京师范大学、河北大学和天津师范大学历史系。岳林，她在大学表现极为优秀，光荣成为中共党员，被直接分配到《历史教学》杂志社，先后担任杂志社编辑部副主任、副主编，为杂志的发展作出了较大的贡献。

四、天津市新闻出版局管理时期的组织架构

1986 年杂志的主管单位由天津市教育局移交到天津新闻出版局，杨宝林担任社长。他是文革时期的工宣队①队员，学徒出身。先在工厂工作，后调到教育系统一所中学担任书记。尔后，又调到《历史教学》杂志社当副社长、社长。同年，《历史教学》新增王连升、王永祥、罗澍伟等为杂志社编委。

1991 年 4 月侯万明担任《历史教学》社长。他是转业军人，曾参加过抗美援越战争，负责政工宣传。"文革"期间，他所在的部队驻扎在上海，在《解放日报》发表过大批判的文章。侯万明高中文化水平，转业后进入天津人民出版社担任副书记，后调到《历史教学》社担任社长兼书记。天津历史研究所的左建继续担任杂志总编辑。岳林、李梦芝担任杂志的副主编。在天津新闻出版局主导下，1998 年《历史教学》与天津古籍出版社合并。两个单位的领导班子合二为一，但是单位注册出版局领导没法改变，《历史教学》杂志版权页刊登的主办单位仍旧是历史教学社，而不是天津古籍出版社。

2001 年第 6 期，杂志版权中的"历史教学社社长"改为刘文君。刘文君原为天津人民出版社副总编辑，调任天津古籍出版社出任社长，同时兼任历史教学社社长。2002 年第 1 期开始，任世江先后担任《历史教学》的执行主编、主编及天津古籍出版社的副总编辑，蔡世华、王公悫、柳文全等先后担任编辑部主任，杂志的质量和发行数量都得到较快提升。

1985 年《历史教学》想模仿《作文通讯》举办一个副刊《历史学习》，专门为中学生服务。当时联系南开中学、北京师范大学附属中学、东北师范大学附属中学、西北大学附属中学、广州雅礼中学等 12 所重点中学。《历史教学》杂志社委托在南开中学任教的任世江撰写《历史学习》组稿计划。任世江由于组稿计划精细，操作性强，而且文笔突出，深得编辑部主任程秀的器重。程秀向社长杨宝林汇报此事，于是任世江就从南开中学调到《历史教学》杂志社，专门负责编辑《历史学习》杂志。在任世江等努

---

① 工宣队是"文革"期间工人毛泽东思想宣传队的简称。

力经营下，《历史学习》发展得红红火火。正因为有这些出色的业绩，2002年刘文君就大胆起用任世江担任《历史教学》的执行主编，从此任世江就与《历史教学》结下了不解之缘。

第三节 《历史教学》的运行机制

一、编辑出版责任机制

1. 编委会领导下的集体负责制

《历史教学》编辑部最初只有两三个编辑，后逐渐增加到十多位编辑。它由天津人民出版社接管以后，在天津营口道的一个大院里办公。编辑安安静静地选稿，编委会认认真真地讨论稿件的质量，然后编辑部将确认录用的稿件进行编辑整理、印刷和发行。

创刊时期，杂志实行编委会领导下的集体负责制。编委会实行集体负责，民主集中制的原则；编辑部在编委会的具体领导下开展工作。稿件由编辑进行初步审查；根据编委的专业特长，每一份稿件交两位编委审阅；每周召开一次的审稿会议上，编委们充分交流意见，同意的主编签字，在刊物公开发表；质量没有达到要求，就搁置起来。这样，基本杜绝了人情稿，确保了杂志质量。[1] 当时，编委会的主要职能是审稿。编委会每次总有几份拿不定主意的稿件在编委会上进行讨论，把个人负责与集体负责相结合，避免一个人说了算。[2]

编委会组织学习相关业务知识，提升编委会成员的素质。一是学习出版政策和常识，及时传达相关部门的文件，让编委知晓宣传政策。二是讨论杂志的专题内容，如"宣传唯物主义，批判唯心主义""普及与提高""历史与现实问题"，等等。三是学习学术大家的文章，提高编委们的理论水平，如集体学习翦伯赞的《对处理若干历史问题的初步意见》。四是介绍

---

[1] 魏宏运：《〈历史教学〉500 期感言》，《历史教学》2005 年第 7 期，第 6 页。
[2] 魏宏运：《〈历史教学〉不寻常的 50 年》，《历史教学》2001 年第 1 期，第 15 页。

国内外学术会议，开阔编委们的视野，20 世纪 50 年代吴廷璆去东欧国家访问，向编委会的成员们分享其体会和心得。

80 年代以前，编委会每月召开一次。天津的编委们务必准时参加，北京的编委们也多次参加，其他各地编委以函件形式审阅稿件。尤为感动的是先后担任文教部部长的梁寒冰和王金鼎每次编委会必到，梁寒冰有时还带市委宣传部长来参加，在保证办刊政治方向的同时，以引起天津市委宣传部门对《历史教学》的重视。

作为天津以外的编委会成员，李纯武回忆在编委会以函件形式工作的经历：杂志编辑部几乎每月都寄来有关世界历史教学的文章、补教材之不足的论述专题文章；或阐明如何讲述某课的教学案例；或从教学实践中提出问题等，编委会要对这些文章作出取舍，并提出修改意见。同时，编辑把读者对教材提出的意见，或者质疑问难转交给李纯武，这就为教材编者提供一条反馈信息的渠道，把教材编者、教师和读者有机联系在一起，为教材改进提供了依据。①

从杂志创刊到 80 年代中期，杂志较好地坚持编委会制度。据任世江回忆，1985 年他进入杂志社当编辑时，编辑部主任程秀就教育年轻编辑，要按照编委建议修改和录用稿件，不允许自行其是；程秀还带着年轻编辑，逐个拜访编委，以示对编委们的尊重。

2. 社长、主编领导下的编辑部负责制

与不断扩充的编委形成鲜明对照的是，编委会的作用越来越小。在杂志复刊、刘冀农担任社长期间，《历史教学》充分利用了编委会的力量选稿、审稿，尽管没有报酬，但他们乐此不疲。到 1986 年杨宝林担任社长时，由于老编委逐渐老化，身体健康状况及其他问题难以承担审稿的重任；中年编委忙于自己的教学和科研，基本上没有足够的精力参与杂志的工作；加之编辑部的编辑已经成熟，完全可以独立承担审稿之责任，因此编委的作用就逐渐减弱。另外，由于经费紧张，外审稿件没有报酬也是编委会作

---

① 李纯武：《实感和实话——祝贺〈历史教学〉杂志创刊 50 周年》，《历史教学》2001 年第 1 期，第 21 – 22 页。

用减少的原因之一。

到侯万明当社长时期，基本改变编委会负责制，编委会基本成为编辑部的顾问。一些编委还积极撰写和推荐稿件，一些编委还是一如既往地关注杂志的内容和质量，如遇到适当时期，他们还主动过问杂志的发展情况。但是，编委的学术地位对杂志的影响仍然起着积极作用。在侯万明和任世江担任主编时期，编委会成员除了学术地位外，主管单位的行政领导也是编委会成员，对杂志的政治方向有一定的指导作用。

主编及编辑部负责制也是国家对期刊杂志出版的要求。1987 年 1 月国家新闻出版署成立后，反复强调任何期刊都要实行主编负责制。主办单位的法人代表要对杂志负全部责任，主编只能由所在单位的在职人员担任。新闻出版总署文件还特别强调，即使是主办单位的退休人员也不准担任报纸杂志的主编。因此，《历史教学》不得不改变编委会负责制为主编负责制。到 2005 年，任世江担任杂志主编时，杂志版权页排版顺序为社长、主编、编辑部主任，而在他们署名的下面才是编委会。这些说明杂志社已经彻底改变编委领导下的负责制，编委会已经退居幕后，杂志开始实行主编负责制。

编辑工作流程大致为选题策划、组稿、审稿、装帧、付印、营销等，它要求体现编辑主体与编辑客体的统一、质量与效益的统一。编辑主体意向的形成，离不开杂志的定位。编辑主体意向即为杂志的导向，杂志的导向则取决于主编的思想和学术水平。杂志导向明确，杂志的特色就得到充分彰显。杂志导向的正确不仅推动《历史教学》的发展，同时还培养了一批优秀的作者队伍。作者群体的形成反过来促进杂志质量的提升。

协调编辑主体与编辑客体之间矛盾的过程，实际上也是编辑人员在运用编辑学、历史学、历史教育学知识的过程。《历史教学》的编辑要尊重历史学的特点，关注历史学科发展趋势及学术前沿状况，关注中学历史课程内容的时代性，同时还要了解教育理念的变化及历史教学方式方法的变化等。这就要求《历史教学》编辑的认知结构具有多元性，思维方式具有灵活性。因此，编辑考虑选题和选用文章时，要满足读者群体的需求，使《历史教学》变成中学历史教师必备的专业性杂志。

二、稿源与作者群体

1. 《历史教学》 出现的第一作者次数及作品篇数统计

表 1 - 1 《历史教学》 出现的第一作者次数及作品篇数统计表

作品数	作者数	具体作者
81	1	吕树芝
77	1	聂幼犁
46	1	任世江（含老任）
45	1	徐勇
43	1	叶小兵
42	1	程实
38	1	本刊编辑部
34	1	赵恒烈
33	1	魏宏运
30	1	贾敬颜
28	3	王宏志、张象、何成刚
27	1	冯一下
26	1	张元
25	1	史式
19	1	荣孟源
18	6	赖家度、马执斌、齐吉祥、严志梁、杨志玖、臧嵘
17	6	陈其、龚奇柱、来新夏、王玉哲、杨生茂、张景贤
16	3	顾林、景林、朱煜
15	3	陈志刚、雷海宗、周发增
14	8	黄牧航、陈康衡、陈毓秀、黄若迟、李纯武、司绶延、谢俊美、张静
13	11	蔡世华、陈红、黎仁凯、李隆庚、李梦芝、李正中、彭明、谢理、姚锦祥、宇之、赵亚夫
12	11	白月桥、丁秉真、冯培兰、李光璧、李学智、刘文涛、罗宝轩、戚其章、师迪、余直、周明学

（续表）

作品数	作者数	具体作者
11	9	孙恭恂、春仁、范红军、郭景扬、景和、梁寒冰、王剑英、王荣堂、杨令侠
10	16	李明海、李喜所、刘军、刘汝明、刘庭华、陆安、齐思和、石工、汪学毅、杨云、于伯铭、张焕宗、赵士祥、周仕德、祝旭东、庄建平
9	14	曹全路、杜家骥、公绥、何大进、李伟科、刘辉、彭树智、世博、苏寿桐、王生、杨宽、张桂芳、张守常
8	32	陈畅、程惠敏整理、丁云本、关勋夏、韩承文、健平、金家瑞、金山、李德藻、李侃、李治安、梁义群、林延清、刘俊利、刘宗华、罗尔纲、骆美玲、倪学德、齐文颖、王静、王培利、王汝学、肖立军、薛伟强、余桂元
7	33	略
6	66	略
5	91	略
4	162	略
3	295	略
2	842	略
1	4275	略
10546	5901	总计

上表格统计数据，或许并不完全精准。根据不完全统计，在所研究的613期杂志中，5901位署名作者共发表了10546篇作品①（含文章、封面、会议消息、读者），发表作品1~2篇的作者数为5117人，发表的作品数为5959篇，占总数的56.5%。这些作者是杂志的忠实读者，是杂志壮大和发展的核心力量。

随着作品数的增加，作者人数越来越少，如发表30篇作品以上的作者

① 统计数据中没有署名的1525篇作品没有计入总数。数据略有偏差：没有署名的部分无法进行统计；有的作者是真实姓名，有的是用笔名，因此可能存在重复或遗漏现象，如原杂志主编任世江的文章数有37篇，其笔名老任，文章数有9篇，另一笔名任之初3篇，其文章总数应该是49篇。1951年1月到2010年杂志的电子版中缺失1966年1~6期的杂志影印件。

仅 10 人，有 4 位杂志编辑，他们是吕树芝、程实、任世江、徐勇，还有代表杂志发声的本刊编辑部。究其原因，主要有二：一是出版社编委会制度弱化以后，《历史教学》没有严格实行审稿制度，编辑运用了工作岗位优势，为发表文章提供了便利条件；二是稿源需求量增加，编辑为了满足版面需要不得不自己动手写稿件，如《历史教学》分版以后，中学版的杂志稿源数量激增，但是符合用稿要求的比较少，因此时任主编的任世江不得不发动编辑撰稿，作为主编自己更要率先垂范，因此他撰写的稿件就比较多。

有 3 位是大学教学法专家，他们是聂幼犁、叶小兵、赵恒烈；有 2 位是中国现代史专家，分别为杂志的编委魏宏运和民族史研究专家贾敬颜。发表作品 8 篇以上的作者共有 136 位，约占作者群体的 2.3%。

用超过 8 篇以上作者的作品总数占杂志所有作品的比重来表示《历史教学》杂志作者集中程度，其公式为：作品超过 8 篇作者的集中度系数 = 超过 8 篇以上作者的作品数/杂志所有作品数 = 1935/10546 × 100% = 18.35%。也就是说，《历史教学》近两成的稿源由 2% 的作者提供。

2. 按照历史学一级学科分类的作者统计

表 1-2　按照历史学一级学科及历史教育学作者统计表

通论		中国史		世界史		教育学		考古学		其他	
作者	篇	作者	篇	作者	篇	作者	篇	作者	篇	作者	篇
吕树芝	82	徐勇	31	张象	15	聂幼犁	62	程实	30	吕树芝	47
聂幼犁	64	魏宏运	22	黄若迟	14	叶小兵	37	吕树芝	13	本刊编辑部	21
徐勇	39	吕树芝	22	王荣堂	11	赵恒烈	23	安志敏	5	贾敬颜	16
叶小兵	37	史式	21	杨令侠	9	任世江	21	齐吉祥	3	本刊编辑部	12
本刊编辑部	33	杨志玖	17	雷海宗	9	冯一下	21	李正中	3	齐思和、齐文颖	11
任世江	33	张景贤	13	公绥	8	王宏志	20	陈玉崑	2	张象	10
程实	32	赖家度	13	《外国历史小辞典》编译组	7	龚奇柱	15	李学勤	2	中国革命历史博物馆	8
魏宏运	30	宇之	11	赵菊玲	6	马执斌	14	程实摘编	2	王汝学	8

（续表）

通论		中国史		世界史		教育学		考古学		其他	
赵恒烈	30	景林	11	齐文颖	6	黄牧航	13	徐元邦	2	春仁	8
张象	27	王玉哲	10	吴于廑	6	张元	12			魏宏运	7
王宏志	26	来新夏	10	彭树智	6	赵亚夫	12			本刊	7
史式	25	张焕宗	9	江宗植	6	白月桥	12			中国革命博物馆供稿	6
张元	23	庄建平	9	刘鸿武	6	陈康衡	12			中国革命博物馆	6
冯一下	21	李学智	9	刘宗绪	6	陈志刚	11			徐勇	6
贾敬颜	21	程溯洛	9	关勋夏	6	何成刚	11			张元	6
杨志玖	21	中国历史博物馆地图组	8	耿淡如	6	姚锦祥	10			中国历史博物馆供稿	6
严志梁	18	谢俊美	8	韩承业	6	严志梁	10			沈从文	6
本刊编辑部	16	任世江	8	赵学功	5	李隆庚	10			封面图案说明	6
荣孟源	16	刘庭华	8	张友伦	5	张静	9			景和	6
王玉哲	16	罗宝轩	8	王春良	5	谢理穆林	9			中国历史博物馆地图组供稿	5
臧嵘	16	李正中	8	李纯武	5	祝旭东	9			王玉哲	5
顾林	15	蔡世华	8	孔庆榛	5	臧嵘	9			吴廷璆	5
龚奇柱	15	余直	7	顾德欣	5	冯培兰	9			齐文颖	5
来新夏	15	戚其章	7	丁秉真、方圆	5	曹全路	9			梁寒冰	5
马执斌	15	马晓声	7	丁则民	5	本刊编辑部	9			纪茗	5
景林	14	罗尔纲	7	赵立行	4	陈红	9			郑天挺	4
李纯武	14	黎仁凯	7	周庆基	4	陈其	9			严志梁	4
黄若迟	14	李光璧	7	王晓德	4	赵士祥	8			中国历史博物馆	4

若把《历史教学》论文作者按照中国史、世界史、教育学及考古学等一级学科进行分类，如表1-2所知，中国史方面，魏宏运、杨志玖、王玉哲、来新夏等，在《历史教学》杂志发表的论文或其他作品较多；世界史方面，张象、黄若迟、王荣堂、杨令侠、雷海宗等，在《历史教学》杂志发表的论文较多；在历史教育学方面无疑是教学法专家和编辑为主体；考

古学的论文总数较少，但李学勤、李正中、陈玉崑等都在《历史教学》上发表作品。各学科领域顶尖专家的成果都有作品在杂志上发表，说明编辑在组稿工作方面做得细致、到位。

3. 按作者所在的工作单位的地域来分析

表1-3　《历史教学》作者所在地域统计表

地域	单位	姓名
北京	人民教育出版社	王宏志、臧嵘、陈其、李隆庚、李纯武、李伟科、苏寿桐、邱汉生、齐吉祥、王剑英、余桂元、严志梁、马执斌
	中国社会科学研究院	荣孟源、梁寒冰、庄建平、罗尔纲
	北京大学	齐思和、齐文颖
	北京师范大学	张守常、赵光贤、周发增、梁义群
	首都师范大学	叶小兵、赵亚夫、
	北京教育学院	赵恒烈
	中国人民大学	彭明
	中央民族大学	贾敬颜、程溯洛
	中央教育科学研究所	白月桥
	北京教育科学研究院	张静、张桂芳
	其他	何成刚、陈毓秀（北京二十八中）　王荣堂（北京世界近代史）　刘庭华（北京）中国人民解放军军事科学院军史研究部　李侃（中华书局）
天津	杂志社	吕树芝、程实、任世江、徐勇、张象、史式、蔡世华、李梦芝、罗宝轩
	南开大学	魏宏运、杨志玖、王玉哲、来新夏、雷海宗、杨生茂、杨令侠、郑天挺、张焕宗、黄若迟、李喜所、杜家骥、李治安、林延清
	天津师范大学	李学智、冯培兰
	天津政法干部管理学院	张景贤
	天津社会科学研究院	李正中
	天津耀华中学	曹全路
	天津市第二十中学	刘宗华

（续表）

地域	单位	姓名
江苏	南京师范大学	姚锦祥、刘军
	扬州大学	朱煜
	江苏南通教育科学研究所	陈康衡
	浦口区教师发展中心	赵士祥
	南京宁海中学	陈红
	江苏镇江一中	王生
	江苏连云港	刘俊利
上海	复旦大学	杨宽
	华东师范大学	聂幼犁、谢俊美
	上海教育科学研究院	郭景扬
	上海七一中学	于伯铭
河北	河北大学	李光璧、黎仁凯
	河北师范大学	范红军
河南	河南大学	韩承文
四川	四川教育学院	冯一下
陕西	西北大学	彭树智
重庆	重庆教育科学研究院	龚奇柱
广东	华南师范大学	黄牧航、关勋夏
	广州大学	何大进
	湛江师范学院	周仕德
广西	广西师范大学	陈志刚
山东	山东师范大学	刘文涛、倪学德
	山东社会科学研究院	戚其章
	青岛历史教研员	陆安
浙江	绍兴止崎中学	祝旭东
湖北	武汉市宏桥中学	汪学毅
	宜昌	李明海
江西	九江一中	周明学
台湾		张元

从地域来分析,《历史教学》的作者群体主要集中在京津地区,而主要的稿源有三位:人民教育出版社历史编辑室的编辑人员;南开大学的学科专家们;《历史教学》自身的编辑。虽然杂志一直致力于打造成全国性知名的历史类刊物,但从这种用稿趋势来分析,基本还是集中在以京津地区。

由表1-3分析可知,《历史教学》主要稿源除了京津地区外,江苏、上海等经济发达地区向《历史教学》投稿也比较踊跃。其中,著名教授如聂幼犁、刘军等;有水平很高的历史教研员,如江苏南通的历史教研员陈康衡、上海教育科学研究院的郭景扬等;又有在中学一线的教师,如南京宁海中学的陈红、江苏镇江特级教师王生、江苏连云港的刘俊利、上海七一中学的于伯铭等。这些省市及地区重视《历史教学》杂志,主要原因有:这些地区经济发达,对教育投入大,激励措施到位,能充分调动教师科研的积极性;学校非常重视科研成果,鼓励教师进行论文写作;学校氛围好,可以以老带新,以新促老,建立科研共同体。

三、印刷、发行及价格

1.《历史教学》的印刷

与出版单位相比较,杂志的印刷单位变化较大,可能与价格、印刷质量及其他综合因素有关系。杂志从第1期到第17期,都是由天津知识书店印刷厂印刷。文人办刊,只知道"热心编辑刊物,还不清楚出版工作中所遇到的困难"①。

1952年第5期(总第17期)的杂志中所写的印刷者为"天津联合印刷厂",它属于同行业公私合营的时代产物,印刷业同行组建"天津印刷厂",这是民族资本主义改造的高级形式。知识印刷厂应该隶属于天津联合印刷厂。1952年第11期(总第23期)开始,杂志印刷主要由天津通俗出版社印刷厂负责。1954年第2期(总第38期)由天津印刷一厂承印;由于读者对杂志封面要求比较高,从1961年第7期(总第121期)开始,正文部分继续由天津第一印刷厂负责,封面则由天津人民印刷厂负责。这种模式一直延续到1966年6月停刊为止。

---

① 傅尚文、杨生茂:《美好的回忆》,《历史教学》1986年第1期,第5页。

"文化大革命"结束以后，《历史教学》杂志于 1979 年第 1 期（总第 181 期）复刊，天津第一印刷厂负责印刷。在计划经济时代，杂志印刷均为指令性计划，因此七年的印刷单位没有变化。改革开放以后，《历史教学》杂志社作为企业，可以自主经营，也可以自主选择价低质优的印刷厂。1986 年第 1 期（总第 265 期）由天津大邱庄印刷厂印刷；1989 年第 1 期（总 301 期）由山东临清印刷厂印刷；1990 年第 1 期（总第 313 期）由河北玉田县印刷厂印刷；1993 年第 1 期（总第 350 期）由山东费县印刷厂印刷；1994 年第 1 期（总第 362 期）由山东费县第二印刷厂印刷；1996 年第 1 期（总第 386 期）由河北玉田印机彩印厂印刷；2002 年第 1 期（总第 458 期）到 2010 年间，杂志均由天津新华印刷三厂承印。

表 1-4 《历史教学》（1951—2010 年）印刷情况一览表

出版时间	期数	编辑者	出版者	发行者	印刷者
1951.7	1	历史教学月刊社编委会	历史教学月刊社	知识书店	知识印刷厂
1951.10	10	同上	同上	新华书店天津分店	同上
1952.5	17	同上	同上	同上	天津联合印刷厂
1952.6	18	同上	同上	同上	知识印刷厂
1952.11	23	同上	同上	同上	天津通俗出版社印刷厂
1953.2	26	同上	同上	天津邮局	同上
1954.2	38	同上	同上	同上	天津印刷一厂
1955.9	45	同上	天津通俗出版社	同上	同上
1955.10	46	同上	同上	邮电部天津邮局	同上
1956.3	63	同上	天津人民出版社	同上	同上
1957.2	74	同上	同上	天津市报刊推广局	同上

（续表）

出版时间	期数	编辑者	出版者	发行者	印刷者
1958.7	91	同上	同上	河北省邮电管理局报刊发行局	同上
1959.1	97	同上	历史教学社	同上	同上
1959.2	98	同上	同上	天津市邮局	同上
1961.7	121	同上	同上	同上	正文：天津第一印刷厂 封面：天津人民印刷厂
1979.1	181	同上	同上	同上	天津第一印刷厂
1986.1	265	同上	同上	同上	天津大邱庄印刷厂
1989.1	301	同上	同上	同上	山东临清印刷厂
1990.1	313	同上	同上	同上	河北玉田县印刷厂
1993.1	350	同上	同上	同上	山东费县印刷厂
1994.1	362	同上	同上	同上	山东费县第二印刷厂
1996.1	386	国际标准刊号 国内刊号	条形码	同上	河北玉田印机彩印厂
1997.1	398	同上	广告经营号	同上	同上
2002.1	458	同上	同上	同上	天津新华印刷三厂
2003.1	470	同上	天津古籍出版局·历史教学社	同上	同上
2010.12	613	同上	同上	同上	同上

　　从上面统计的数据来看，20世纪90年代印刷厂变化最为频繁。说明当时受到市场经济的影响，《历史教学》不断变换印刷厂，谋求经济利益。

　　2.《历史教学》的发行

　　傅尚文懂发行，杂志创刊时期做了许多卓有成效的工作。第1期发行2000多份，仅够支持印刷费用。第3期和第4期之后，发行量逐渐增加。

杂志上发表的许多文章已被历史教师用作教学参考材料。随着时代的发展，《历史教学》杂在史学界产生较大的反响。到 1952 年初，印数已达 1 万多份，所有费用都能自给。《历史教学》杂志在发行方面进入了良性循环。后来，在天津师范学院工作的钱君晔担任出版部经理，顶替傅尚文专门负责发行工作。

杂志成立初期的发行工作，主要是由知识书店代为发行。政府接管以后，杂志通过新华书店和邮政局订阅发行。1980 年 1 月第 193 期开始，由中国国际书店承担国外发行工作；1986 年 1 月第 265 期开始，由中国国际图书贸易总公司承担国内外发行工作。1996 年 1 月第 386 期开始，杂志上开始有国际标准刊号和国内刊号，并且按照刊物的统一要求，开始有条形码。1997 年 1 月 398 期开始，开始有广告经营号，杂志可以通过广告增加部分收入，以弥补经费之不足。

如表 1 - 5 所示，1951—2010 年《历史教学》总共发行 613 期，但只有 143 期杂志上有印刷数量。根据当时读者先预定、后印刷的基本原则，其印刷数量与当时的发行数量大致相当。1955 年第 5 期（总第 53 期）和 1955 年第 6 期（总第 54 期）的发行量达到了最高值，是 49600 份，这可能与当时政治大环境有关系。当时《历史教学》专门开辟《学术思想讨论·批判》的专栏，如 1955 年分别刊发了孙秉莹①、许世华②撰写的批判胡适政治思想及政治主张的论文。人们需要了解当时的政治动态，激发了读者订阅《历史教学》杂志的热情。在只算政治账，不算经济账的口号下，杂志价格主动下调两分，每份只售 0.28 元。

在国民经济三年困难时期，杂志也遇到较大的困难。1958 年由年初的 3 万多份下降到 2.3 万份左右；1959 年下半年到 1960 年上半年的发行量达到了 3 万份左右。1961 年的情况就大不如前了。1961 年上半年不能每月按期出版，杂志被迫停刊。1961 年下半年勉强出刊，但是还有两期是合刊，印刷数也只有 20000 份。杂志坚持到 1966 年 7 月才停刊。复刊以后，杂志封

---

① 孙秉莹：《清除胡适反动思想在史学方面散布的毒案》，《历史教学》1955 年第 5 期，第 6 页。

② 许世华等：《批判胡适在中国共产党第二次全国代表大会前后的政治主张》，《历史教学》1955 年第 6 期，第 6 页。

面没有再出现印刷数量，具体的发行数量就不得而知了。

表 1 – 5 《**历史教学**》（1953. 6—1965. 12）杂志的印刷数量一览表

时间	杂志总期数	杂志印刷数	时间	杂志总期数	杂志印刷数
1953. 7	31	20000	1959. 8	104	23800
1953. 8	32	24570	1959. 9	105	23990
1953. 9	33	24400	1959. 10	106	29150
1953. 10	34	32400	1959. 11	107	30900
1953. 11	35	34200	1959. 12	108	31200
1953. 12	36	35000	1960. 1	109	31150
1954. 1	37	46000	1960. 2	110	32000
1954. 2	38	44700	1960. 3	111	32050
1954. 3	39	45200	1960. 4	112	32300
1954. 4	40	46100	1960. 5	113	33550
1954. 5	41	印数缺	1960. 6	114	33650
1954. 6	42	44450	1960. 7	115	没有找到杂志
1954. 7	43	38260	1960. 8	116	没有找到杂志
1954. 8	44	38836	1960. 9	117	没有找到杂志
1954. 9	45	39211	1960. 10	118	没有找到杂志
1954. 10	46	41470	1960. 11	119	没有找到杂志
1954. 11	47	44250	1960. 12	120	没有找到杂志
1954. 12	48	45150	1961. 7	121	20000
1955. 1	49	47000	1961. 8	122	20000
1955. 2	50	48400	1961. 9	123	20000
1955. 3	51	49150	1961. 10	124	20000
1955. 4	52	48700	1961. 11	125	20000
1955. 5	53	49600	1961. 12	126	20000
1955. 6	54	49600	1962. 1	127	22000
1955. 7	55	41000	1962. 2	128	22000
1955. 8	56	41250	1962. 3	129	22000
1955. 9	57	41100	1962. 4	130	24000
1955. 10	58	38500	1962. 5	131	24000

（续表）

时间	杂志总期数	杂志印刷数	时间	杂志总期数	杂志印刷数
1955. 11	59	40000	1962. 6	132	24000
1955. 12	60	40450	1962. 7	133	20000
1956. 1	61	40000	1962. 8	134	20050
1956. 2	62	41000	1962. 9	135	20000
1956. 3	63	37100	1962. 10	136	20000
1956. 4	64	36800	1962. 11	137	20000
1956. 5	65	38100	1962. 12	138	20000
1956. 6	66	38500	1963. 1	139	22000
1956. 7	67	35000	1963. 2	140	22000
1956. 8	68	36000	1963. 3	141	22000
1956. 9	69	36600	1963. 4	142	22150
1956. 10	70	42600	1963. 5	143	22150
1956. 11	71	47100	1963. 6	144	22100
1956. 12	72	47900	1963. 7	145	21000
1957. 1	73	43000	1963. 8	146	21000
1957. 2	74	44300	1963. 9	147	21000
1957. 3	75	44000	1963. 10	148	21500
1957. 4	76	39000	1963. 11	149	21000
1957. 5	77	39000	1963. 12	150	21000
1957. 6	78	39000	1964. 1	151	21800
1957. 7	79	32300	1964. 2	152	21900
1957. 8	80	32500	1964. 3	153	21900
1957. 9	81	32600	1964. 4	154	22000
1957. 10	82	31500	1964. 5	155	22000
1957. 11	83	33350	1964. 6	156	22000
1957. 12	84	32700	1964. 7	157	21000
1958. 1	85	30600	1964. 8	158	21000
1958. 2	86	30700	1964. 9	159	21000
1958. 3	87	31200	1964. 10	160	21000
1958. 4	88	26440	1964. 11	161	21000
1958. 5	89	27450	1964. 12	162	

（续表）

时间	杂志总期数	杂志印刷数	时间	杂志总期数	杂志印刷数
1958.6	90	27694	1965.1	163	21000
1958.7	91	22532	1965.2	164	21000
1958.8	92	23030	1965.3	165	21000
1958.9	93	23130	1965.4	166	21000
1958.10	94	21620	1965.5	167	21000
1958.11	95	24230	1965.6	168	21000
1958.12	96	24650	1965.7	169	21000
1959.1	97	20620	1965.8	170	21000
1959.2	98	22410	1965.9	171	21000
1959.3	99	23090	1965.10	172	20000
1959.4	100	23850	1965.11	173	20000
1959.5	101	25180	1965.12	174	20000
1959.6	102	25340			

3. 《历史教学》的价格

《历史教学》杂志的价格呈现稳步上升的趋势。从创立初期的 0.28 元，到 2004 年杂志价格涨到每本 6.50 元。

《历史教学》第 1 期到第 50 期，每本杂志定价为 2800 元。价格为何如此高？其实，这里涉及第一套人民币与第二套人民币的换算问题。1948—1955 年初，第一套人民币用于解放区和新中国。解放前，由于多年来通货膨胀的影响，2800 元相当于 0.28 元①。《历史教学》前 264 期价格极其稳定，杂志定价在 0.3 元左右。1951—1984 年，中国基本处于高度的计划经济时期，杂志的价格由政府严格定价，所以价格比较平稳。1958—1960 年 27 期的杂志价格不但没有提升，每本杂志反而下降了 4 分钱，只售 0.26 元。这是一种特殊情况，原因有两方面：一是国民经济发展最为困难的时期，人民生活遇到较大困难，这样可以减轻读者的负担，以保障杂志发行量的稳定；二是当时只算政治账，不算经济账，即使亏本也要宣传政治思想。

---

① 根据 1955 年 2 月 21 日国务院发布关于第二套人民币和收回第一套人民币的命令，第二套人民币和第一套人民币兑换比率 1:10,000 元。

改革开放以后，杂志的价格逐渐与社会的发展相适应，杂志价格基本上每年都有变化。在改革开放初期，杂志价格尽管上涨，但只是微调，如1986—1988年，杂志每年上涨5分钱，1986年为0.55元，1987年为0.60元，1988年为0.65元。

表1-6 《历史教学》（1951—2010年）价格表

时间段（括号中数字为总期数）	价格（元）	时间段（括号中数字为总期数）	价格（元）
1951.1(1)—1955.2(50)	2800	1990.1(313)—1992.12(349)	1.25
1955.3(51)—1956.6(66)	0.28	1993.1(350)—1993.12(361)	1.40
1956.7(67)—1958.9(93)	0.30	1994.1(362)—1994.12(373)	1.70
1958.10(94)—1960.12(120)	0.26	1995.1(374)—1995.12(385)	2.00
1961.7(121)—1985.12(264)	0.30	1996.1(386)—1998.12(421)	3.50
1986.1(265)—1986.12(276)	0.55	1999.1(422)—2002.12(469)	4.00
1987.1(277)—1987.12(288)	0.60	2003.1(470)—2003.12(481)	5.00
1988.1(289)—1988.12(300)	0.65	2004.1(482)—2010.12(613)	6.50
1989.1(301)—1989.12(312)	1.10		

上世纪90年代，上涨幅度就明显加快，如1995年每本杂志的售价为2元，1996年每本就上涨了1.5元，达到了3.5元；1999年4元的杂志到2003年就涨到5元，2004年在5元的基础上，再上涨1.5元，达到了6.5元。杂志价格上涨的速度加快，一方面是纸张及人工成本增加，杂志社作为一个企业，肯定要考虑到其合理的收入；另一方面，1992年我国提出要建立社会主义市场经济的目标，开始由计划经济向市场经济转轨，因此价格开始跳跃式提高。

当然，还有一种特殊情况，就是合刊的价格怎么定的？如1961年第8期（总第121期）和第9期（总第122期）合刊，1961年第11期（总第125期）和第12期（总第126期）合刊。这4期杂志合为2期，内容是月刊的1.5倍，但定价是0.6元。这种合刊出现应该是三年困难时期，经费极其紧张、纸张极其缺乏所致。

第二章
特色形成和曲折发展（1951.1—1966.6）

从创刊到 1966 年上半年停刊，《历史教学》可分为三个时期。同人办刊时期：1951 年 1 月创刊到 1954 年 8 月这段时期，创刊经费均为同人多方筹措，效益、风险均为同人承担，属于典型同人办刊；政府改造时期：1954 年 9 月历史教学月刊社并入天津通俗出版社开始，到 1959 年历史教学社从天津人民出版社分离；曲折发展时期：从《历史教学》独立运行开始，到 1966 年上半年停刊为止。

第一节　同人办刊时期的"教"与"学"

初创时期的《历史教学》探讨历史教学的立场、观点和方法，连续发表学习苏联历史教学的文章，对少数民族史、亚洲及中国近代革命史进行研究，贯彻爱国主义思想。最大的特色就是学术与中学历史教学两者兼顾。这个时期的知识分子为了改造思想，主动地紧跟政治，学习和宣传马克思主义唯物史观。

一、主动紧跟政治形势

1.《历史教学》中的"社论"

《历史教学》创刊第一年，杂志着力宣传马克思主义和唯物史观等内容，受到了读者的热烈欢迎和喜爱，这与"马克思主义学习高潮"的出现密不可分。①

办刊必须有坚定的政治方向，因此紧跟时代的发展是编辑的基本原则。1951年下半年，每期第一篇文章都是政论文。从杂志创刊到发行到第18期，以教学研究和兼顾学术的内容赢得读者支持，形势一片大好。

1952年7月《历史教学月刊社声明》发表，认为"方向不够明确，刊登了许多学术性论文，忽略了思想性；编辑审稿不慎重，有些文章观点上有问题；在配合政治任务宣传上很松懈，有关武训这样重大问题的讨论，杂志只刊登两篇文字；因此中心任务是普及历史研究与提高教学质量上。"②声明之后，《历史教学》开始紧跟政治形势。

杂志的总编和副总编辑很快就在杂志上表明其政治立场。1952年第8期杂志上，主编吴廷璆在中国史学会成立一周年之际，就发表政治号召，要求史学研究者和中学历史教师"遵循着毛泽东思想前进"③。杂志的副总编辑李光璧在岁首献词中指出：历史教学工作者，必须加强爱国主义思想教育。"作为历史教育工作者加强向群众学习，加强向工农兵服务精神，更深入地学习苏联先进的教学经验和方法。"④

为了突出新闻性特点，刊期短的报纸有社论。但《历史教学》作为一种月刊，为了突出政治特色，也专门发表"社论"。社论最大特点是突出与历史相关的重大时事。

---

① 杨生茂：《〈历史教学〉创刊第一年》，《历史教学》2001年第1期，第11页。

② 历史教学编辑部：《历史教学月刊社声明》，《历史教学》1952年第7期，第1—2页。

③ 吴廷璆：《遵循着毛泽东思想前进——纪念中国史学会成立一周年》，《历史教学》1952年第8期，第1—2页。

④ 李光璧：《岁首献词》，《历史教学》1953年第1期，第1—3页。

1953 年 3 月 5 日斯大林去世以后，《历史教学》专门发表社论。社论指出，斯大林是当代最伟大的思想家，他发展了列宁关于资本主义发展不平衡规律的理论，社会主义可能在一个国家内首先胜利的理论及资本主义体系总危机的理论；苏联建设共产主义理论；现代资本主义和社会主义的基本经济法则理论；殖民地半殖民地的革命理论；发展了列宁关于党的建设理论。①

1953 年朝鲜停战协定签订，杂志及时发表社论。社论认为："为一种崇高的理想所鼓舞而英勇斗争着的朝鲜人民，在以苏联为首的民主国家及全世界进步人民的支持下，特别是中国人民志愿军的支持下，阻挡住一切帝国主义走向战争的道路，这具有伟大的国际意义。"②

社论要求学习总路线，并且与"提高教学质量水平"挂钩。在新中国成立到社会主义制度确立这段时期，中国要实行"一化三改"。毛主席教导我们："这条路线是照耀我们各项工作的灯塔，各项工作离开了它，就要犯右倾或'左'倾的错误。"社论最后号召："历史教师们，让我们在总路线这个灯塔的光辉照耀下，奋勇前进吧！"③

1954 年 8 月《遵循着毛泽东思想前进》的文章，明确"学习与宣传毛泽东思想""依据马克思主义的立场、观点、方法正确解释历史中与革命中所发生的实际问题"作为史学工作"长远、稳固的基础"。

1954 年第一届全国人民代表大会召开，杂志又发表社论，要求历史研究者和教育工作者认真学习精神，要求做到："第一，要明确认识，以最大努力在中国共产党的领导下为建设社会主义而奋斗。第二，要进一步认识我国进行社会主义建设的国内外条件和具体步骤。第三，要明确认识我国宪法和国家制度对于社会主义建设事业的巨大意义。第四，要明确认识建设社会主义是一个伟大而艰巨的事业，需要我们艰苦的努力。历史教育工作者，在政治思想教育方面，在培养学生科学的社会主义思想和明确的社

---

① 《悼念劳动人民领袖和导师 学习斯大林关于历史科学的理论》，《历史教学》1953 年第 4 期，第 7 页。

② 《和平战胜了战争——朝鲜停战协定签订的意义》，《历史教学》1953 年第 9 期，第 1 页。

③ 《认真学习总路线，提高历史教学工作水平》，《历史教学》1954 年第 1 期，第 1 - 2 页。

会主义政治方向方面、在培养学生正确的历史观方面，负有特殊的重要责任。"①

2. 宣传马克思主义新史学

《历史教学》宣传马克思主义新史学，为改造知识分子提供理论指导。荣孟源在国庆笔谈中提到，旧知识分子被"封建的、买办的思想、资产阶级的思想和小资产阶级的思想"长期地支配，甚至革命的知识分子"也还有或多或少的错误思想"。要加强知识分子的改造，"使他们转变立场为人民服务，或者使他们纠正缺点成为更加坚强的革命战士"②。

赵俪生在马克思主义新史学体系形成中作出了较大的贡献。在读《斯大林对史学新指导》后，当时在山东大学工作的赵俪生撰写了一篇论文，《论马克思主义在语言教学中的问题》，发表在《历史教学》第 1 卷第 4 期。山西大学的赵宗复在认真阅读斯大林的原文后，认为赵俪生在关于"上层建筑随基础的改变而改变的不迅速性"，是用自己的感觉来说明斯大林的论点，有粗枝大叶等错误的地方。③

赵俪生态度非常诚恳，认为自己的论文"上层建筑的改变导致基础改变的不迅速性的"观点，犯了严重的片面性错误；在联系实际上有右倾机会主义的嫌疑；但如果按照赵宗复的观点，把旧的意识风俗习惯等作为"破砖烂瓦"而摒弃在上层建筑之外，也有片面强调迅速性的弊病，会为"左"倾冒险主义提供机会。基于普列汉诺夫对马克思、恩格斯对基础与建筑之关系的见解，他详细解读了"上层建筑改变的迅速性与不迅速性"。

赵俪生曾在北京中国科学院编译局工作过，精通俄语，他对普列汉诺夫的"五大公式"信手拈来。五大公式是指生产力状况、被生产力所制约的经济关系，在这种经济的"基础"上生长起来的社会政治制度，半由于经济直接所决定的、半由于经济上生长起来的社会政治制度所决定的社会中人的心理，反映各种心理特征的意识形态等。

---

① 《认真学习第一届全国人民代表大会第一次会议的文件》，《历史教学》1954 年第 11 期，第 1—2 页。
② 荣孟源：《纪念国庆笔谈》，《历史教学》1952 年第 10 期，第 4 页。
③ 赵宗复：《细密地学习上层建筑和基础的关系问题》，《历史教学》1951 年第 8 期，第 18 页。

赵俪生认为，这五个公式犯了严重的机械论的毛病，也就是把三套辩证的统一体做了形而上学的割裂，再把割裂下来的五个残片，装配为一套机械杠杆。三套辩证法：第一套是生产，即生产力与生产关系；第二套是社会，经济基础与上层建筑；第三套是上层建筑，包含政治制度、社会心理和意识形态。普列汉诺夫的错误在于忽略了政治制度的观点内容、多余地添加社会心理的中介，把意识形态理解为单纯的形式。

上层建筑是由法律的和政治的各种制度，加上每一特定历史时期的宗教、哲学及其各种思想之综合所构成的。上层建筑的改变存在着多样性和复杂性。马克思的"或缓或急""或迟或速"的指示，是最全面的真理。赵俪生认为，在阶级社会历史上，每当基础改变之时，某些观点、制度和体系在某种条件下曾表现为迅速的改变，而另些观点、制度和体系在不同体系下则表现为不迅速的改变。一是由于某种观点、制度和体系之固有的顽固性；二是由于在阶级社会新基础中新统治阶级及其政策之有意保留。

对经济基础与上层建筑关系的理解，赵俪生可谓是高屋建瓴，令人信服；对回答赵宗复的疑问，他也颇具大家风范。在论文中的结尾，他还谦虚地说，关于上层建筑改变的迅速性与不迅速性，他的理解在目前只能达到如此程度。①

二、中华人民共和国成立之初《历史教学》中的"教"

《历史教学》中的"教"是研究如何讲授课程，也就是要研究教学问题。根据中共中央1948年关于新区学校的工作指示，提出"暂维现状，即日开学"② 要求。为满足学校立即开课的需要，教科书编写成为历史教学活动正常开展的重要环节。由于人力有限，方针未定，要在很短时间内，编辑出版一套新的历史教科书，适合中小学校需要，很难实现，因此这时期我国中小学历史教材主要是改编旧的教材，并为编写新教材积累经验。

中华人民共和国成立初期，中国正处于国民经济复苏和发展时期。这

---

① 赵俪生：《再论建筑与基础并答复赵宗复先生》，《历史教学》1951年第8期，第21－22页。

② 金铁宽：《中华人民共和国教育大事记》，山东教育出版社，1995年，第13页。

一时期的任务按照《共同纲领》的规定，是提高人民文化水平，消除封建的、买办和法西斯思想，为国家建设培养合格的人才。根据这一总体的任务，新中国对中学历史教学进行一系列改革。这次改革参照苏联十年制学校的课程，从课程设置到教材内容，对国民党统治时期的小学、初中到高中三个学段的历史教学进行全面调整。

1. 课程标准与配套教材的解读

（1）小学课程标准与教科书及解读

①小学课程标准。为总结小学历史教学经验，指导教科书的编写工作，1950 年 8 月教育部颁布《小学历史课程暂行标准（草案）》。

该标准从儿童的视角出发，如要求教科书中的文字通俗浅显，生动活泼，切实考虑到儿童的接受能力；内容要和时事、政治、地理、语文科有适当的联系，避免教材上过多的重复或同一个问题上的分歧；每课之后，附列必要的问题，以便教师指导儿童进行研究、讨论；帮助儿童理解和记忆；建议教师用演义体详细叙述历史事实，作历史补充读本等。

该标准开始强调教学法。如对学生的历史笔记做出了基本要求，它"应对记载和课文有关的必要的补充教材和重要问题为主要内容，切忌琐屑抄录，徒费工夫。教师对儿童的笔记，要随时检查、批改"。还建议引导儿童阅读课后的历史故事和通俗读物，丰富他们的历史知识，培养他们在历史研究中的兴趣和习惯。①

在全面学习苏联的背景下，教育部要求全面而系统地学习苏联的教育经验，编写小学四、五年级两学年用的课本和历史教科书指导用书。这些教材及指导用书深受苏联影响。

②新中国成立之初小学教材及解读

《新编高级小学历史课本》是华北人民政府教育部主编，华北联合出版社出版。这套小学教材曾在晋察冀边区使用的基础上修订，共三册。第一册和第二册介绍中国古代史，第三册介绍中国近代史，下限至军阀混战。1950 年 6 月，增加第四册现代史的内容，讲到新中国成立。

---

① 李隆庚：《20 世纪中国中小学课程标准·教学大纲编：历史卷》，人民教育出版社，2001年版，第 108 页。

　　1951年春季，教育部组织华北地区和华东地区承接中小学教材的生产和供应，并向其他地区的新华书店提供教材。人民教育出版社颁布《课程标准》后，将新的小学历史教科书修订为高级小学历史教科书。修订的内容是增加世界史内容，在原来"一战""二战"的基础上，增加"俄国社会主义革命"及部分文化史；随着时间的推移，教材下限讲到新中国第一部宪法公布。

　　（2）初中历史教材及解读

　　《初级中学中国历史课本》（全一册）由叶蠖生编著，1949年1月在华东新华书店出版发行。叶著以唯物辩证法为指导思想，对中国社会发展阶段分析得比较正确。编写体例符合教科书样式，如每编前有一节"本期概况"，便于学生了解每编的大致情况并能和前编互相联系比较。结构合理，他根据中国社会发展阶段将内容分四个部分，每个部分都有一个明确的标题，并与文本的内容相吻合。内容难度适中，适合初中学生水平。①

　　《历史教学》曾发表一系列文章，探讨叶蠖生编著的教材。辽中中学李升抚认为这本过渡性教材在指导思想、内容、编写体例等方面，有突出的优点。但教科书也有待改进，如教科书没有历史地理插图，影响学生对时间、地点及历史事实的学习；每小节之后建议设计讨论题，以培养学生钻研问题、掌握史实、独立分析问题的能力；每一编后面有一节总结，方便学生构建完整的知识体系。②

　　（3）高中历史教材及解读

　　新中国成立，要编写适合当时高中的教材条件还不成熟，因此选用名家编写的著作，代为教材使用。高一学生代用的教材是范文澜编写的《中国史简编》，吕振羽编写的《简明中国简史》（下）也作为一些地方代用的教材。胡华主编《新民主主义革命史》，是高二代用的教材。在教学实践过程中，教师和学生普遍反映《新民主主义革命史》内容过难、挖掘过深、要求过高，不适合作为高二学生的课本。

---

　　① 叶蠖生：《初级中学中国历史课本》（全一册），人民教育出版社，1951年版（1945年陕甘宁边区原版）。

　　② 李升抚：《对叶著初中历史课本几点意见的商榷》，《历史教学》1951年第11期，第25页。

高级中学使用的世界史教科书有两种版本。第一种版本是覃必陶、胡嘉编写的《外国历史》。这个版本由华东军政委员会选定，人民教育出版社修改并调整部分内容，1951 年由人民教育出版社出版，面向全国发行。第二种版本是王芝九、李纯武编写《世界近代史》，1952 年 12 月由人民教育出版社出版。

2. 新中国成立之初的中学历史教学

（1）坚持马克思主义唯物史观，指导中学历史教学

《历史教学》所讨论的问题具有时代的普遍性、广泛性和适用性。比如"历史教学与爱国主义"这个具有普遍性意义的问题，是每一时代历史教育工作者探索的问题。《历史教学》根据当时"在抗美援朝保家卫国日益广泛取得胜利的过程中，（人民历史教师）怎样贯彻爱国主义思想政治教育，才能收到一定程度的效果"这一问题，发表了许多关于"爱国主义和历史教学"的文章。对于中小学生在教育中如何创新爱国主义教育，传播爱国主义精神的问题，需要历史教师在课堂中实事求是地落实情感态度价值观的教育，培养学生的思维力和判断力，让学生深刻认识到中国历史的源远流长。《历史教学》坚持为中学历史教学服务，对基本的历史教育问题做出思考和解答，因此一直受到中学历史教师的青睐。

李光璧认为，历史教学"必须自觉地联系实际进行政治思想教育。不能设想，一个社会主义社会全面发展的成员，不懂得现在的阶级斗争形式，不懂得国家政策"①。

鞠秀熙在介绍世界近代史学习方法时，指出历史教师要加强政治理论学习。一是认真学习理论，尤其是列宁关于帝国主义的非均衡发展理论，社会主义革命在一个或多个国家中最先获得的理论，斯大林资本主义总危机理论等②，列宁、斯大林关于民族与殖民问题的理论，社会主义和共产主

---

① 石工：《改进历史教学的一点体会》，《历史教学》1955 年第 3 期，第 48 – 49 页。
② 斯大林在《苏联社会主义经济问题》中说："世界资本主义体系总危机，是在第一次世界大战时期，特别是在苏联脱离资本主义体系之后开始的。这是总危机的第一阶段。在第二次世界大战时期，特别是在欧洲和亚洲的各人民民主国家脱离资本主义体系之后，展开了总危机的第二阶段。第一次世界大战的第一次危机和第二次世界大战时期的第二次危机，应该看作不是个别的彼此隔离的独立危机，而是世界资本主义体系危机发展的两个阶段。"

义建设理论。二是要以生产关系与生产力性质相适应的经济原则为指导进行研究。三是需要掌握两个矛盾线索及其转化与发展。世界现代史是两种制度并存，进行尖锐斗争，资本主义必败，社会主义必胜的历史。这种斗争是在两种制度之间的矛盾和资本主义国家之间的矛盾，错综复杂地发展着。我们必须掌握这两种矛盾线索及其转化的过程，才能正确了解世界现代史中重大事件的发展规律。[①]

（2）试拟教学计划，指导中学历史教学

童维生介绍了五四运动的提纲，其提纲与20世纪八九十年代教材内容没有很大差别[②]，充分反映作者的高素质。穆林、谢理试拟初中《世界历史》第一册课时教学计划，并分四期连载。[③] 冯潜、董昌也试拟高级小学《历史》课本（第三册）课时教学计划，为当时的中学教师指点迷津。现在的老师对当时杂志刊发这种操作性极强的教学计划颇不以为然，其实当时教师教学水平参差不齐，教学辅助资料极其缺乏，对于基层中学历史教师而言，这种教学计划是"及时雨"。同时，从杂志的角度看，它彰显了《历史教学》为中学历史教学服务的宗旨，培养了一大批中学历史教师为杂志的忠实读者。

（3）围绕主题进行教学设计，提升教学质量

李大方设计的教学主题是"苏俄和德国签订布列斯特和约是和平需要，还是无原则的妥协"，并为此列出讲授提纲。[④] 1954年，李纯武在论文中指出，从十月革命的胜利到苏联新宪法的过渡时期，特别是到第二次世界大战后，苏联变得更强；在国内，正在实行社会主义向共产主义过渡。苏联的昨天是我们的今天，苏联的今天一定是我们的明天。[⑤] 从70年后的今天

---

① 鞠秀熙：《世界现代史的基本特点、教学任务与学习方法》，《历史教学》1954年第2期，第39页。

② 童维生（江苏高淳初级中学）：《谈怎样进行初中历史教学》，《历史教学》1951年第7期，第25页。

③ 穆林、谢理：《试拟初中〈世界历史〉第一册课时教学计划》，《历史教学》1954年第4期，第43页。

④ 李大方：《我怎样讲授苏联现代史第二章第一节〈德国强盗对苏维埃俄罗斯的进攻〉》，《历史教学》1955年第8期，第47页。

⑤ 李纯武：《试谈结合高中"苏联现代史"某些内容直接进行党在过渡时期总路线的教育问题》，《历史教学》1954年第5期，第26页。

看来，李纯武这个观点值得商榷。

梁进对 1953—1954 学年度进行了教学总结，并指明了改进的方向。他要求在教学中体现并为学生树立时间观念的经验，体现并树立空间观念的经验；讲清并使学生弄清史实的经验，从而分析总结并使学生理解历史的经验。① 梁进的总结还是很有前瞻性，内容中提到了"时空观念""历史理解"等学科的核心素养。

通过马克思主义学习，批判唯心主义历史观；以爱国主义思想教育为主题，开展社会改造运动。这些活动使历史教师政治立场和观点发生了根本性变化②

三、新中国成立之初《历史教学》中的"学"

"学"是指在马克思主义新史学体系指导下研习历史科学。当时《历史研究》等专业刊物还没有创刊，《新史学通讯》容纳的内容比较少，刊物远没有《历史教学》正规，因此著名学者就在杂志上发表专业学术论文，集中讨论社会热点问题。

1. 关于中国古代史分期问题

新中国建立初期，对知识分子的思想改造是新政权的主要任务。《历史教学》尽管是私人创办的同人刊物，但也注重政治学习，自觉地改造思想，始终与党中央保持高度一致。与此同时，旧社会过来的史学家还是没有适应新中国的政治氛围，继续沿用原来的惯性思维进行研究。郭沫若提出"战国封建说"的观点后，王玉哲、张正烺就明确表示不赞成这个观点。王玉哲在论文《两周社会形态的检讨》中，直接挑战郭沫若和翦伯赞。他在文中用大量的古文献批驳了郭沫若的观点所依据的《诗经》里的辞句和载臣仆事的各种器铭，同时也否认翦伯赞所说的西周灭商后废除奴隶制度，一跃成为封建社会的观点。他认为由于类似宗法组织这样氏族公社残余的大量长期留存，西周没有发展成完全的封建制度，同时前一代的奴隶制度

---

① 梁进：《试谈本学年历史课教学工作的总结问题》，《历史教学》1954 年第 6 期，第 25 页。
② 卢士林：《对中学历史教学的回顾和几点改进意见》，《历史教学》1981 年第 2 期，第 36 页。

也未能在这一代大规模地继续发展。由此，他进而提出西周既不是奴隶社会，也不是封建社会，而是奴隶制走向封建制的一个过渡阶段①。

张政烺表达的方式委婉一些，表达不赞同苏联专家的看法，其实是不同意郭沫若"战国封建说"的观点。他写《古代中国的十进制氏族组织》的目的，主要是说明商周家族形成并非奴隶制性质。叶玉华在论文中指出，先辨明战国时代社会的变动情况有助于我们解决中国古代社会的性质问题。他认为战国时代属于奴隶社会，因为在战国农业上存在耕作奴隶，不仅有掠夺而来的"乡子弟"，还存在由于抵押债务形成的"私隶"，源于流民的"氓"和"宾萌"等②。林志纯在《奴隶社会之两个阶段与六个时期》③ 中介绍了苏联科学院历史与哲学部着手编纂的《世界通史》前两卷的纲目和体例的内容，并详细阐述了奴隶社会的两个阶段和六个分期④。林志纯按照两阶段六分期法，认为公元前 20 世纪左右的殷商不可能是典型的奴隶制社会。王玉哲对此有完全不同的看法，他认为殷代的地下挖掘遗存和甲骨文确实已经正式出现，当时农业生产力还不是很高，奴隶主不能无限期地扩大他们的土地面积，没有空间容纳大量的农业奴隶，所以商朝的奴隶制发展得很慢，在商代处于较低的水平。

中国封建社会的分期对中学历史教学产生较大的影响，为了使中学历史教师了解分期的基本情况，《历史教学》也有几篇论文介绍社会分期。1955 年，在使用过程中教材采用了战国封建说和西周封建说两种观点。实际操作中，由于中学历史教师整体水平不高，对这种开放性问题教学方式不适应，结果教师反映不好教，学生更不好学。中学教师希望奴隶社会和

① 王玉哲：《西周社会形态的检讨》，《历史教学》1951 年第 7 期，第 15 页。

② 叶玉华：《战国社会的探讨——关于农业与奴隶劳动》，《历史教学》1952 年第 5 期，第 7 页。

③ 日知（林志纯）：《奴隶社会之两个阶段与六个时期》，《历史教学》1953 年第 3 期，第 13 页。

④ 奴隶社会在发展过程中经历的两个阶段是原始的奴隶制关系占优势的阶段和发展的奴隶制占优势的阶段。全部奴隶史的发展又可以分为六期：一、约公元前 30 至 16 世纪为上古奴隶社会之发生和发展的时期；二、约公元前 16 至 7 世纪为奴隶制度在广大地区扩展时期；三、约公元前 7 至 4 世纪为发展的奴隶制关系形成的时期；四、约公元前 4 至 1 世纪为奴隶制关系和原始公社制关系的地区入于发展时期，这时阶级斗争尖锐化。五、约公元 1 至 2 世纪，奴隶制关系向较落后地区扩展。六、约公元 3 至 5 世纪为奴隶制度全面危机和衰亡的时代。

封建社会的断限观点要统一。在一次综合大学中国古代史教学大纲研讨会上，为顺应中学教师的要求，教科书作者接受了范文澜和翦伯赞的建议，把公元前 475 年作为春秋战国时期的断限。自此，中学教材就采用郭沫若的战国封建说。

中学历史教师了解封建土地所有制的学术争论，并不是要教师把这些观点渗透到中学历史教学中去，而是要让教师在全面掌握封建土地所有制的观点的基础上，按照"复杂的问题简单化，简单的问题拓展化"的原则。高屋建瓴地去处理教材，由此学生获得的知识肯定就会更全面，理解肯定就会更深刻。

2. 对汉民族形成问题的讨论

20 世纪 50 年代中期汉民族形成问题再次被提出来讨论。温健批驳冯鸿①的观点。他认为冯鸿所说的中唐以后汉民族已经形成、宋代中国已是民族国家，到明代民族国家已经相当巩固的观点不符合中国历史史实②；赞成斯大林在《民族问题与列宁主义》中的观点，认为在资本主义社会之前没有民族的存在。范文澜发表在《历史研究》论文上的观点③引发了很多争议，有部分学者赞同早在中国古代已经形成汉民族，但也有很多学者坚守斯大林对民族的规定，不同意范文澜的观点。齐思和④、金宗祥⑤他们从少数民族的角度出发，认为少数民族是中华民族的重要组成部分，是中华民族的瑰宝。

3. 对朝鲜问题的研究

《历史教学》原主编杨莲霞在《杨生茂一生与〈历史教学〉》一文中指出，杂志在初创时期是"当时刊出世界史论文最多的杂志"。这一方面是因为创办者杨生茂是世界史研究专家，在征集世界史稿件方面有得天独厚的优势；另一方面，与当时中国面临的复杂的国际关系密切相关。

---

① 冯鸿：《中国民族萌芽于什么时候？形成于什么时候？》，《文史哲》1952 年第 5 期。
② 温健：《对"中国民族萌芽于什么时候，形成于什么时候？"的意见》，《历史教学》1952 年第 11 期，第 27－28 页。
③ 范文澜：《试论中国自秦汉时代成为同一国家的原因》，《历史研究》1954 年第 3 期。
④ 齐思和：《少数民族对于中国文化的伟大贡献》，《历史教学》1953 年第 7 期，第 9 页。
⑤ 金宗祥：《汉魏西晋时期北方各少数民族的内徙》，《历史教学》1956 第 11 期，第 2 页。

新中国成立初期面临着内忧外患的情况，中苏结盟，实行"一边倒"。由于朝鲜战争的爆发以及抗美援朝的需要，杂志发表了大量的研究朝鲜的论文。在1951—1954年的《历史教学》430篇文章中，刊载的世界史文章总共42篇，研究朝鲜的文章共15篇，约占世界史研究的36%。为论证朝鲜战争的合理性，中国学术界对朝鲜战争前朝鲜国内外的状况进行了分析。

为理解朝鲜战争的正义性，以及学术界在朝鲜史研究存在的问题，周一良在《历史教学》创刊号和第2期连载发表论文。他从新的视角和观点评估东学党运动。他认为东学党作为时代的产物，在融合儒教、佛教、道教三教的优势的基础上，以"诚、敬、信"为信仰，在宗教外衣下从事反对封建主义和帝国主义的革命斗争。①

周一良还总结东学党起义失败的原因：农民起义以"讨倭斥夷"为目标，没有得到人民大众的理解；对农民阶级以外的成分，如下级官吏、地主阶级以及其他成分等认识不清，对地主阶级缺乏警惕；军事上无武装根据地，也是犯"流寇主义"的错误；国外势力的侵入等。② 但因时代局限性，没有看到农民阶级的消极因素。

朝鲜战争是《历史教学》当时研究的重点。马超群、吉文焘详细阐述了朝鲜战争中朝鲜人民游击队在敌人后方发挥的作用。二战后，美国不顾朝鲜人民与世界人民的利益与要求，贸然发动朝鲜战争。而南朝鲜游击队为了支援金日成的行动，在敌人的后方进行的一系列活动，粉碎了美帝国主义和南朝鲜阻止人民游击队前进的阴谋，进一步得到了人民群众的支持③。

1953年，朝鲜战争是正义方最终取得了胜利。《历史教学》专门发表社论，从其世界民族解放战争以及社会主义事业的角度出发，探讨朝鲜战争产生的伟大意义。朝鲜人民军以及中国志愿军联合抗击美国的侵略，是世界争取和平的重要组成部分，打击了美国军事上的威望，使越来越多的人

① 周一良：《东学党——朝鲜的反封建反帝斗争》，《历史教学》1951年第1期，第1-4页。
② 周一良：《东学党——朝鲜的反封建反帝斗争（续上期）》，《历史教学》1951年第2期，第8-13页。
③ 马超群、吉文焘：《朝鲜人民游击队在解放战争中的英勇斗争》，《历史教学》1951年第7期，第2-3页。

认识到和平协商解决矛盾的重要性，有利于缓和世界局势，使世界朝着更美好的未来方向发展①。

第二节　学习苏联与坚持特色

20 世纪 50 年代的《历史教学》，时代痕迹明显。余元盦译《苏联教学法——思想战线的战斗领域》② 等，足见苏联史学对中国历史教育的影响。苏联的史学就是为政治服务，将历史教学视为思想战斗的领域。在学习苏联的大背景下，我们也照搬苏联模式。在培养无产阶级革命事业接班人方针的指导下，历史教学向学生灌输革命思想、斗争哲学。

一、政府接管后的办刊方针

1954 年 9 月，《历史教学》由政府接管，由通俗出版社领导。刊物的性质也从同人办刊私有性质，调整为社会主义性质的公有性月刊。

1. "切合实际"的办刊方针

《历史教学》编辑委员会对杂志过去两年多的工作进行小结，认为"办刊的方针并不切合客观实际"，没有达到"帮助中小学历史教师和一般学习历史的同志"，更没有达到"普及历史研究与提高教学质量"的目的。文章的思想性不够强，编辑工作缺乏必要的计划性。对于编辑方针，是按照既定的办刊，还是向国内一流学术刊物看齐，编委会一直争执不下。经过集体的思考，《历史教学》确定编辑方针还是"兼顾普及与提高，但以普及为主"③。坚持了为中学历史教学服务的宗旨。在中学历史教学这块沃土上耕耘，杂志换来的是忠诚的读者和来自中学历史教师阵容的高度评价。

基于此，《历史教学》指出了政府接管后的思路：明确《历史教学》为提高中学历史教学质量而服务的方针，提高本刊内容的思想水平，增加有

---

① 社论：《和平战胜了战争——朝鲜停战协定签订的意义》，《历史教学》1953 年第 9 期，第 1－2 页。

② 余元盦译：《苏联教学法——思想战线的战斗领域》，《历史教学》1951 年第 1 期和第 2 期。

③ 杨生茂：《〈历史教学〉创刊第一年》，《历史教学》2001 年第 1 期，第 11 页。

关教学参考资料等。如增加"作者与读者"栏目，加强与读者互动和交流。① 正如罗澎伟所说："价值的真谛，往往在于与众不同。"②

2. 思想宣传阵地

在同人办刊时期，编委会与时代同步，积极融入国家建设的氛围中，但是他们没有完全吃透中国共产党的政策。全面学习苏联后，政治意识形态抓得很紧，报纸杂志作为党的思想宣传喉舌，更加受到重视和关注。1954年9月，杂志被政府接管后，《历史教学》就成为党的思想宣传阵地。为了坚持正确的办刊方向，时任天津文教部副部长的梁寒冰，在《历史教学》七期连载《中国革命史讲授提纲》，对普及、提高历史研究者和历史教师的素质起到重要作用。③ 1956年他在《历史教学》连续开始区分唯物论与唯心论观点，大力宣传唯物论思想。④

3. "走俄国人的路"

毛泽东在人民政协第一届全国委员会第四次会议闭幕时强调要认知学习苏联的先进经验。文中指出，新中国三年来的历史完全证明"走俄国人的路——这就是结论"的正确性。⑤ 新中国成立初期，教育领域还没有全面向苏联学习，因此人民教育出版社只能在原有教材的基础上改编教材；但到20世纪50年代中期，人教社的主要任务则是全面学习苏联，编写适应当时形势的新教材。在国家"三大改造"即将完成的大背景下，历史课程标准原来的指导性计划，变成指令性的历史教学大纲，成为中学历史教学的教学方案。

---

① 《历史教学》编辑委员会：《给本刊的读者》，《历史教学》1954年第9期，第1－2页。

② 罗澎伟：《因为挚爱　所以收藏——我心目中的〈历史教学〉》，《历史教学》2011第1期，第3－6页。

③ 梁寒冰：《中国革命史讲授提纲（一）》，《历史教学》1954年第9期，第4页；梁寒冰：《中国革命史讲授提纲（二）》，《历史教学》1954年第10期，第3页；梁寒冰：《中国革命史讲授提纲（三）》，《历史教学》1954年第11期，第4页；梁寒冰：《中国革命史讲授提纲（四）》，《历史教学》1954年第12期，第1页；梁寒冰：《中国革命史讲授提纲（五）》，《历史教学》1955年第1期，第5页；梁寒冰：《中国革命史讲授提纲（六）》，《历史教学》1955年第2期，第5页；梁寒冰：《中国革命史讲授提纲（七）》，《历史教学》1955年第3期，第13页。

④ 梁寒冰：《什么是唯物论，什么是唯心论?》，《历史教学》1956年第1期，第2页；《什么是唯物论，什么是唯心论?》（续），《历史教学》1956年第3期，第10页。

⑤ 楚白（李光璧）：《在中国历史教学中有关贯彻苏联教材精神和实质的一些问题》，《历史教学》1953年第3期，第1页。

二、20 世纪 50 年代教材与课程设置

为了适应社会主义革命和社会主义建设的需要，毛泽东要求改编教材，编辑教学法，实行教学内容与教学方法的改革。1956 年，我国颁布了五个最完整、最全面、最系统的教学大纲。根据教学大纲，人民教育出版社历史编辑部编制了第一套小学、初中到高中的系列教材，这是中学历史教学体系探索的开始。

1. 1956 年教学大纲及历史配套教材的解读

（1）小学历史教材及解读

为了"使学生初步了解我国过去历史的一些事实"，并且通过这些事实向学生进行思想教育，在小学五年级、六年级，历史作为一门独立的学科进行讲授①。小学一年级到四年级，只是把历史知识融入平时课堂。

1955 年人民教育出版社编写小学历史教材。高级小学历史分四册，每期安排 30 个课时。五年级讲鸦片战争以前的中国古代史；六年级讲"鸦片战争到现在的中国历史，适当地安排一部分跟中国近代史和现代史相关的世界史知识。"②

教材中关于民族问题的内容，基本克服了汉族主义的倾向，有较大进步。插图不局限于革命领导人和农民，比原来教材内容更丰富。小学历史教科书突出的问题是要求高、内容多、负担重、教学难、效果差。教材缺乏针对性、统一性，没有适当的地方教材，无法适应因地制宜的情况。1957 年，根据《关于中学历史、地理、物理、生物等科教科书的精简办法》，为减轻学生负担，大量删减教学内容。因为课本已印刷，就在每册课本中删去 8 课，每册保留 22 课的内容。

（2）初中历史教材及特点

为培养"青年一代的共产主义"③ 接班人，人民教育出版社编写了初中

---

① 李隆庚：《20 世纪中国中小学课程标准·教学大纲汇编：历史卷》，人民教育出版社，2001 年，第 109 - 110 页。

② 李隆庚：《20 世纪中国中小学课程标准·教学大纲汇编：历史卷》，人民教育出版社，2001 年，第 111 页。

③ 李隆庚：《20 世纪中国中小学课程标准·教学大纲汇编：历史卷》，人民教育出版社，2001 年，第 135 页。

教材，其中初中中国历史教材有四册。

①1955 年版初中中国历史教材及特点

1955 年版初中中国历史教科书共四册，这是人民教育出版社编写得比较完善的一套初中历史课本。第一册由汪钱、邱汉生、陈乐素编写，主要讲述从远古到隋统一的历史；第二册由汪钱、陈乐素编写，主要讲述从隋唐至鸦片战争的历史；① 第三册由苏寿桐编写，主要讲述从鸦片战争至辛亥革命的历史；第四册由姚涌彬、苏寿桐编写，主要讲述从五四运动至三大改造完成的历史。

这套教材特点之一是弘扬了爱国主义精神。过去学生所使用的教材叙述外国的侵略和清政府的腐朽卖国，学生"越学越泄气"。② 苏寿桐编写的第三册教科书很好地突出了侵略与反侵略的线索，重点介绍中国近代的先进人物、爱国志士，特别是广大人民群众的英勇斗争等这方面的史实，学生就比较容易得到课本最后所提到的结论："中国近代史是中国各族人民不断反抗外国侵略者和中国封建势力的斗争的历史。"学生可以全面、正确地了解中国的近代史；同时教师也可以激发学生的革命英雄主义和爱国主义精神，培养他们的民族自豪感。

这套教科书的特点之二是关注了整体性。新中国成立之初的教科书存在整体性不强，系统性不够的问题，如教材按照朝代进行分期，再从经济、政治、文化方面去叙述，人为地割裂历史事件的发展线索。这种化整为零的编写方法，把本来可以完整的知识揉捏得支离破碎，学生无法完成整个的知识建构。姚涌彬等负责编写初中教材第四册，他们在内容选择上确定一个基本原则"确定地以革命史为中心，适当地配置政治、经济、文化的材料，使课本略具通史的规模"③。革命史不占有很大篇幅，文化史重点放在文学。安排相当数量的地图和插图来配合文字的叙述，以增加教材的直观效果。

---

① 石鸥、吴小鹏：《百年中国教科书（1949—2009 年）》，湖南教育出版社，2009 年，第 92 页。

② 张守常：《使初中学生掌握中国近代史知识的好课本》，《历史教学》1956 年第 7 期，第 15 页。

③ 姚涌彬：《关于初级中学课本中国历史第四册》，《历史教学》1957 年第 5 期，第 6 页。

这套教科书的特点之三是编写得具体、生动。教材中文字具体、明白、简洁、浅显，有的地方写得美丽、灵动。如初中中国历史第一册最后一节课文的末尾，教科书在描写云冈石窟的艺术时说道："在石窟中有一个浮雕，上面刻着佛教祖先晚上骑马回家的故事。马的四只蹄子被四个神抱着，好像不让它们醒来似的。"

这套教科书的特点之四是引进了最新研究成果。陈垣就用"有没有充分反映现有水平"，作为衡量教材质量的标准。中国古代史的编写者对于我国奴隶社会和封建社会阶段的分期问题，采用郭沫若的科研成果，将"战国封建说"作为教科书的观点。

新编的教材基本反映了当时历史科学水平，但开始呈现出"左"的倾向，如把无产阶级领袖的作品引入教科书；教材中存在前后矛盾，如在清朝，教科书中谈到韩鲜、越南和清政府的关系时，编写者用"藩属"代替了诸侯；但在《马关条约》中必须讲"中国承认朝鲜独立自主"；在中法《天津条约》中也必须讲"中国承认法国对越南的保护"。

②1956年版初中世界历史教材及特点

1956年版《初级中学课本世界历史》共分上、下册。上册是王芝九、姚涌彬编写的，内容主要是古代史（一至四编）和中世纪史（五至七编）；下册《世界近现代史》李赓序编写，内容主要是近代史（第八编）和现代史（第九编）。20世纪60年代初，中世纪的部分被简化，现代史的部分内容被增加。下限从1956年苏联共产党第20次代表大会扩大到1959年苏联共产党第21次代表大会。

世界史教材质量有所提高。齐思和认为，教科书的编写是一个极端重要的政治任务，"应该是每一个字和每一个定义都不苟且"。他举例说，原来《世界古代史》第107页讲中国养蚕的方法从中亚传到东罗马，在第112页又说，六世纪时东罗马从中国学得养蚕的方法。前后两种说法，显然矛盾。关于中国养蚕缫丝方法传入东罗马的经过，详见于东罗马六世纪历史家普洛科庇阿士的《哥特战记》，是公元552年由中国直接传入东罗马的。[1] 因此，与旧教材相比，这次编写的初级中学《世界历史》，其质量有显著的提高。

---

① 齐思和：《介绍初级中学课本〈世界历史〉上册》，《历史教学》1956年第7期，第18页。

作为社会意识的历史观点反映社会的客观存在。高中课本《世界近代史》（第一册）1955 年修订本第 97 页"美国内战的酝酿"一节中，教科书是这样叙述的："美国北部的工业资本家为了保护新兴工业起见，主张提高进口货的关税，以免外国输入品跟自己的产品竞争。但是南部的地主却主张压低进口税率，以便输入廉价商品，同时也避免英国的报复，他们怕提高了英国的进口税率，会妨碍自己输往英国的农产品贸易。"

关勋夏等认为，上面的材料很容易给人们形成这样一种错误观念：美国南北部关税纠纷，是导致美国内战的原因之一。他进一步表明自己的观点，在美国内战中，"南方与北部之间的斗争是两种社会制度的斗争。这场斗争只能以一种制度或另一种制度的胜利来结束"[1]。《世界近代史》对于美国南北关税矛盾的观点是正确的，但在当时紧跟政治的背景下，关勋夏等把本应属于经济制度之间的南北矛盾，错误理解为政治制度之间的矛盾。

这些教科书与国民党统治时期的历史教科书有着根本的区别。它们坚持以唯物史观为指导，体现了教育为工人阶级服务的基本宗旨，为新中国成立初期历史教育的恢复与发展，奠定了一定的基础。但这时期的教科书呈现出依赖苏联的特点。从编排制度的角度看，世界历史是直接以苏联教科书为基础的；中国历史上的历史事件和历史人物，虽然都有论述，但基本上也是按照苏联的编写方法。苏联作为欧洲国家，为了更好地融入欧洲，编写教科书时，外国史重于本国史的内容。中国历史教科书也不顾中国的国情，也重视外国的历史，轻视本国的历史。苏寿桐等认为，为了强调中苏友谊，删去历史上沙皇俄国侵略我国的历史事实，这是非常不恰当的。[2]

（3）1956 年版高中历史教材及特色

为了"使学生成为社会主义的自觉的建设者和保卫者"，培养学生的"共产主义世界观"[3]，人民教育出版社编写高中历史六册教材，其中中国史四册，世界史两册。《高级中学中国历史》共分四册，由邱汉生组织编写。

① 关勋夏等：《对高中课本《世界近代史》（第一册）1955 年修订本的一些意见》，《历史教学》1955 年第 12 期，第 46 页。

② 苏寿桐：《中学历史教材三十年》，《历史教学》1981 年第 1 期，第 1 页。

③ 李隆庚：《20 世纪中国中小学课程标准·教学大纲汇编：历史卷》，人民教育出版社，2001 年，第 182 页。

第一册、第二册讲述中国古代史，第三册讲述近代史，第四册讲述现代史，下限到 1949 年 10 月 1 日中华人民共和国成立。

教科书是几个人分工合作的结果，但在统稿时工作不细致，教材前后存在矛盾。如高中本国史第一册第 105 页，"王莽从公元七年到十四年间反复改变了四次币制"，可同书的第 187 页这样写道："公元九年到十四年王莽改制。"这样给历史教师处理教材带来麻烦，也给学生造成困扰。

《高级中学课本世界历史》分为上、下两册，李纯武、杨生茂等组织编写，讲述从英国资产阶级革命到 1954 年的日内瓦会议的历史。教材结构完整，兼顾了应届毕业生入学和就业需要。如世界史教材结构除内容外，还包含插图、地图和重大事件的年表，全书最后有"结束语"，以总结全书内容。教材编写原则作了必要的调整。原来编写世界历史教科书以苏联教科书为蓝本，但这个版本没有照搬苏联编写教科书的做法，而是进行了必要的调整。中外历史互相关联的史实，在中国历史教材中讲述；超出中国史范围而又与世界史联系的史实，则放在世界史教材中叙述。这样处理显得更加科学合理。

人民教育出版社第一次组织编写世界史课本，出现问题较多。雷海宗曾公开质疑新编的《高级中学课本世界历史》（上册）选材的局限性。他认为，高级中学课本世界历史名为"世界近现代史"，实为欧洲、美国的发展史。中国是亚洲的一个大国，在世界历史教科书中，编写者必须要考虑到亚洲国家的适当地位，仅谈日本和印度远远不够。[①]

2. 20 世纪 50 年代中期的课程与教材讨论

1956 年教育部颁布了中学历史教学大纲（草案）和新编历史教材。杂志用了两期的篇幅出版了"介绍新编历史教科书专辑"，约请了史学界专家撰写对新教科书的介绍评价文章，包括陈垣、侯外庐、邓广铭、齐思和、雷海宗等。这些人现在看来都是耳熟能详的人物，可见当时史学界对中学教材的重视。

（1）学制与历史课程的设置

---

① 雷海宗：《读高级中学课本〈世界近代现代史〉上册》，《历史教学》1956 年第 7 期，第 20 页。

时为北京第四中学历史教研组长徐健竹建议在学制上改进，实行高中文理分科，文科的学生学历史。1957 年开始，高中以上学校的入学考试，除了第三类文史类要考试历史学科外，理工类和医农类都不考试历史，导致学生更加轻视历史学科学习。学生想要在高中毕业只要能应付历史毕业考试即可，导致高三的历史课堂连正常学习都难以进行。

关于历史课程的设置问题，时为天津市一中历史教师韩时勉认为，教学质量不高的关键原因是大纲和课本有严重缺点。李家骥也认为"要提高历史学科的教学质量，就必须克服中学历史教学大纲和课本编纂中的教条主义"[1]。按照 1956 年中学历史教学体系，小学、初中和高中虽重复学习三次中国历史，学生的知识巩固问题还是没有有效解决。教学大纲要统筹安排，充分考虑各学段学习的内容、教学的方法，增加复习巩固时间，提高学习效果。如 1957 年课程设置是初三学习世界史，高一学习世界近代现代史，问题在于初中升高中的学生将在一年半以内重复学习这门功课，时间相距过近，给教科书的编写工作及教学带来较大的困难。

（2）教科书的内容与中学生的认知特点不相匹配

①教科书编写的内容偏难。在研究高中历史教科书时，侯外庐发现，教科书中有些的古文献资料没有翻译就直接引入书中，还有更多的史料尽管翻译成白话文，但引用不规范，没有注明资料的出处。侯外庐建议"编者和教者合作的办法，编者有义务对教者帮助，教者也有权利对编者提出商榷意见"[2]。教者编者相互讨论，相得益彰，编辑者应主动多给教者帮助。

②教科书的内容过多。浙江瑞安中学历史教师项竞认为，新编高中中国历史课本是新中国成立以来唯一的好教本，但是分量过重，材料过多，学生消化不良。历史课本要尽量避免与高中语文课中的文学史重复。高一的语文课中已经涉及这时期的文学史，高二历史再重复就没有必要，因此高中历史文学史要大力精简。[3] 教师对胡华的《中国新民主主义革命史》和廖盖隆的《中国人民解放战争和新中国五年简史》，反映最激烈。教师们普

---

① 钱海一等：《笔谈"改进中学历史教学"》，《历史教学》1957 年第 7 期，第 6 页。
② 侯外庐：《介绍高级中学中国历史教科书》，《历史教学》1956 年第 7 期，第 10 页。
③ 钱海一等：《笔谈"改进中学历史教学"》，《历史教学》1957 年第 7 期。第 9 页。

遍认为它们分量重、内容多、头绪繁、语言深、难理解，体例上不适合做教材，内容也不符合高中学生实际。①

③教材内容调整太频繁。如初中中国近代史课本从出版后大改了四五次，在教材分量和重点的叙述上改变都很大。教师不容易熟练地掌握教材，给教学带来不少困难。天津第二十四中教导主任郑广荣老师认为，1957年的教材与考试大纲不统一，教师无所适从。如中国史的分期问题，1957年高二本国史的分期，课本上封建社会的开始，已由西周改为战国，但1957年高等学校招生考试大纲上还是采用旧教本，还写着"周初分封诸侯和战国时期铁器的广泛使用"②。

（3）改进历史教学策略

从实践反馈的信息来看，中小学历史教学效果堪忧，如何改进教学质量？《历史教学》专门组织了"改进中学历史教学"的笔谈。

一是要提高历史教师的师资水平。新中国成立初期，因历史课时增加，只要具有一定的语文基础，任何教师都可以兼任一两个班的历史。中学政治课取消后，历史教师逐渐走向专业化。但凡行政认为思想水平较高的人，不问其业务基础如何，都被聘为历史教师。这些因素导致历史教学质量难以提高。③

北京第八女中副教导主任朱仲玉更是直言不讳，她认为中学历史课教学质量差的原因就是教师业务水平太低。有的教师只能照本宣科，有的教师脱离教学参考资料就寸步难行，有的教师在课堂教学中笑话百出，如有人讲叶名琛屠杀广州人民武装力量是因为他是湖北人，是报太平天国革命中广东人杀湖北人之仇。④

二是要改革课程设置，让学生重视历史课程。上海第57中学历史教师钱海一认为，由于课本脱离实际，学生反映上课呆板无趣，课后复习死记硬背，历史课变为困难课，"小测验，鬼门关。大测验，阎王殿。还要一考

---

① 郑广荣：《笔谈"改进中学历史教学"》，《历史教学》1957年第7期，第11页。
② 郑广荣：《笔谈"改进中学历史教学"》，《历史教学》1957年第7期，第8页。
③ 钱重六：《改进中学历史教学》，《历史教学》1957年第7期，第4页。
④ 郑广荣：《笔谈"改进中学历史教学"》，《历史教学》1957年第7期，第11页。

一学年"。① 这就是当时历史课程在学生心中的真实反映。

三是要重视教学设计和教学策略。初三学习世界史内容，高一又是学习世界史，如何处理初中与高中两个学段的教学问题？王芝九认为，处理这个问题的原则就是从教科书的编写和教法的角度进行研究。在教科书的编写方面，考虑到与高一所学习的内容的重复性问题，因此在近代现代部分，"主要是根据历史发展线索，叙述一些典型性的或是关键性的例子，不作面的铺陈"②。在初三世界史的教学法方面，既要给学生强调世界史的完整知识，又要跟高中有适当的分工。

高中历史教学要拓展知识体系，正确处理历史观念和具体史实，使学生更深入地了解社会发展规律和群众斗争；引导学生充分运用文献资料学习历史；协调高等院校文史之间的联系，适当增加经济史和文化史的比重。③

四是形成编写教科书的基本理论，重视评估职能。徐寿桐认为，历史教科书的编写本身就是历史科学的一部分，要经常注意和吸收新的科研成果，充分反映历史科学发展水平；历史教科书要与教学实践密切结合，集中和总结教师在教学里的优秀经验，符合教育科学的要求和实际的教学情况。通过对教科书的钻研和教学经验的交流，通过教学研究活动，提高教师的科学知识水平和教学业务水平。这些正是教科书本身不断改进的源泉。④

编写教科书的实践过程中，要重视其评估职能。该职能在提高教科书质量和学术素质方面起着决定性的作用。对教科书的评价主要有两个非常不同的层次。第一个层次是评估教科书的质量和使用情况。第二个层次是学生学业成绩的评价。⑤ 1956 年中小学历史教科书向全国发行后，教师注重教材的科学内容，探讨教材中的思想教育因素，重视每一章在整个教材中

---

① 郑广荣：《笔谈"改进中学历史教学"》，《历史教学》1957 年第 7 期，第 2 页。
② 王芝九：《关于初中课本世界历史下册的一些说明》，《历史教学》1957 年第 4 期，第 2 页。
③ 苏寿桐：《中学历史教材三十年》，《历史教学》1981 年第 1 期，第 4 页。
④ 人民教育出版社编辑部：《中学历史教科书编写工作中的几个原则问题》，《历史教学》1956 年第 7 期，第 25 页。
⑤ 弗朗索瓦－玛丽·热拉尔、易克莎维耶·罗日叶：《为了学习的教科书》，汪凌、周振平译，华东师范大学出版社，2009 年，第 103 页。

的地位，加强教学计划和思想内容。在课堂上，注意启迪学生思维，运用直观教学原则，在学生知识掌握基础上，形成正确的历史观。教师要结合中国具体国情，改进中学历史教学。

三、全面学习苏联的教学法

1. 学习苏联凯洛夫教学模式

苏联教育家到中国宣传其教学模式，中国也派教师到苏联学习。学习苏联教育经验，主要是学习凯洛夫的教学模式，即"五步教学法"。新中国成立初期，在教学师资缺乏，教学质量亟待提高的前提下，凯洛夫教学模式对提高我国教学质量起到了重要作用。但随着教育改革的深入，传统的教学模式逐渐成为推广新课程新理念的主要阻碍。

2. 学习苏联的直观教学方法

苏联特别重视直观教学法，普希金认为："一个历史教师如果不使用适当的实物直观教具去上课，教导主任可以停止他的讲授。"[1] 因此，直观教学法在历史教学中得到推广和普及。谈话法是中学主要教学方法的一种，它被广泛地运用到历史教学中。[2]

电影教学法也是直观教学法中的一种。20 世纪 50 年代初，苏联历史教师开始利用相关电影与历史教学合作，卡尔·曹夫的教学方法提到了电影在历史教学中的应用。在历史教学方面，最有价值的当属具有文献意义的纪录片，如"抗美援朝""1954 年国庆节"，以及一些新闻短片；还有那些以重大历史事件或著名人物传记为主题的文艺片，如苏联拍摄的"伊凡雷帝"等。电影没有广泛利用的原因，主要是近数年来我们几乎还没有提倡这项工作。[3]

3. 学习苏联的备课及总结等教学操作性程序

（1）苏联历史教师备课的基本要求。苏联强调"为完成历史任务，教师应创造性备课，根据课题中心补充具体事例或材料，以便于学生理解某

---

① 鲁民：《普希金教授对中学历史教学的意见》，《人民教育》1953 年第 8 期，第 19－21 页。

② 柯科维：《作为七年制学校历史教学法的谈话（沙兰斯克市学校历史教师工作经验）》，《历史教学》1955 年第 10 期，第 44 页。

③ 张守常：《如何指导学生看电影》，《历史教学》1956 年第 9 期，第 45 页。

些原则概念。如果不照顾学生接受能力，即使旁征博引堆积史料也是枉然"①。

（2）苏联十年级的学生的总结。《学校考试的总结》中指出，在历史教学中，教师曾经注意阐述最重要的历史科学概念，学生表现出完成这些概念所达到的程度，表现为如何正确深刻地理解人民群众在历史上的决定作用和共产党的组织领导作用。② 这篇文章是从苏联《历史教学》杂志摘录的，由孙寿玮翻译的，主要是关于十年级学生的历史知识的几点结论，用以指导我国的历史教学。

4. 学习苏联教学方法要注意的问题

（1）坚决反对教条主义和形式主义。历史学科定位要清晰，在指示方式上不能过于简单化，不能矫枉过正，过于强调某一方面，结果带来另外的问题。例如强调启发性教学，注意提问的"人次"数量，结果问题泛泛而谈而难以深入探究。有时强调联系实际，结果牵强附会，淡化了历史课堂教学。强调政治性思想性，结果历史课堂重结论，轻史实，历史课就成了政治课。后来过分强调基础知识，要求重视年代史实，结果有些课堂变成史料堆砌。学校领导只注重形式，不重教材内容；只注意玩花样，不重教学效果，容易形成只重教法不重内容的风气。③

（2）反对机械照搬凯洛夫教学模式。有的人强调凯洛夫教学五环节，要求用一个模式解决所有的问题。当时的苏联作者列宾格鲁布就撰文，对每一堂课照搬五步教学法表示质疑。他认为，尽管苏联当时理论水平有了显著的提高，教学方式更加多样化，但存在教学方法模式化、课程结构的公式化的问题。如听了八年级讲授的"十八世纪末法国资产阶级革命"，莫斯科一位校长认为，学生基本了解了法国大革命，全班学生都参与了教学活动，成功地复习总结了许多材料，但是他批评该老师，你这节课一点新的内容都没有讲，难道你不了解，每一课都需要提问学生与讲授新知吗？

---

① 苏联《历史教学》杂志：社论《教师要创造性地准备历史课程》，《历史教学》1955 年第 11 期，第 47 页。（笔者注：宋子海将苏联 1953 年第 6 期《历史教学》的文章，翻译为《教师要创造性地准备历史课程》）

② 果拉：《学校考试的总结》，《历史教学》1955 年第 4 期，第 44 – 45 页。

③ 徐健竹：《笔谈"改进中学历史教学"》，《历史教学》1957 年第 7 期，第 10 页。

另一个学校教师在教学会议上也受到了批评。因为他在讲"十九世纪六十至七十年代俄国文化的发展"（九年级）这一问题时，整节课上全是讲新材料，缺失了复习旧知导入新课的环节。①

四、"大家小文章"与问题解答

《历史教学》秉承为中学教学服务宗旨，坚持正确的办刊方向，在出版之初，就得到读者的认可。历史学界名家为杂志赐稿，如赵俪生、夏鼐、贾兰坡、陈瀚笙、雷海宗等。这些人有的就已经是史学界的名家、大师，有的是年轻人，后来都成为历史学界的翘楚。还有岑仲勉、杨志玖、蔡美彪、胡如雷等大家专门回答读者提出的问题。"大家小文章"与"问题解答"最受读者欢迎，至今仍为读者津津乐道，传为美谈。

1. "大家小文章"

（1）中国史研究专家赵俪生。

赵俪生外语水平高，尤其以英语和俄语见长。当研究"五朵金花"成为热点时，赵俪生也开始转向研究农民运动，读完《南宋初的钟相杨幺起义》，认为其文笔生动，观点独到，发人深省，启发思考。谈到起义的原因时，他认为，宋朝没有大规模的农民起义，主要原因是与均田府兵制解体有关，还有大规模的农民宗教尚未成熟、异族入侵在地理上造成阻隔等。起义爆发的主要原因与金军南侵密切相关。讲起义经过时，不拖泥带水，而是简单明了。他对岳飞处理荆湖事件高度评价，正因为岳飞真诚地缓解与农民的矛盾，使农民与政府产生良性互动，有助于后面的八字军归顺朝廷、抗金得到人民的支持。②

（2）考古学专家夏鼐和贾兰坡

夏鼐是新中国考古工作的主要指导者和组织者，外文功底深厚，治学极为严谨。齐思和将埃及阿·费克里教授的演讲稿进行翻译，并在1956年第12期《历史教学》发表。③但夏鼐也有这次演讲的原稿，他发现齐思和

---

① 列宾格鲁布：《关于中学八年级至十年级历史课的类型问题》，《历史教学》1955年第5期，第45页。

② 赵俪生：《南宋初的钟相、杨幺起义》，《历史教学》1954年第11期，第15–17页。

③ 阿·费克里：《埃及六千年史简述》，《历史教学》1956年第12期，第28–33页。

的翻译有 9 处错误，赶快发表一篇小文章予以纠正①。这既避免了以误传误，又体现了他治学严谨，更说明这些大学问家对杂志读者的尊重。

贾兰坡也是大名鼎鼎的考古界专家，他和王建认为火的利用对人类的生产和生活都有巨大的意义。在生产力极为落后的旧石器时代，火对人类的生存和发展起着不可替代的作用。在周口店第十三和第十五地点，都发现了人类最早的用火遗迹。"火是一个伟大的动力，从旧石器时代的初期到我们现在的原子能时代，它一直是为人类服务着。"② 自从有了火，人们从吃生食转变为吃熟食，大大提高了人的生理机能。火成为人类生产物质的动力，加速了人类从旧石器时代向新石器时代的转变，促进了人类的发展，对人类的生产和生活有着重大的意义。

（3）世界史研究大家陈翰笙、雷海宗

1955 年后，《历史教学》受国际环境影响，重点研究转向了民族解放运动，学界以研究印度民族解放运动为重点。陈瀚笙，精通英、法、德等多国语言，曾是中国社会科学研究院世界史研究所的筹建者。他通过对英国公众舆论和政府进行分析，认为英国对于印度的殖民统治与压迫，是这次起义的主要原因，而英国还误认为是宗教政策上的失败而导致了这次起义③。因此在大起义被镇压后，英国政策开始挑唆印度教徒和伊斯兰教徒之间的情感，以达到"分而治之"的目的。

谈到五十年代的《历史教学》杂志，必须要说雷海宗。1927 年，他从芝加哥大学毕业并获得博士学位。1952 年，全国高校和部门进行了调整，雷海宗成为南开大学历史系世界历史系主任。雷海宗成为杂志的早期编委，新中国成立后他的主要学术论文都是发表在《历史教学》上，当时提出的许多观点到现在都具有启迪意义。

1953 年《历史教学》杂志的第 10 期、第 11 期、第 12 期连续三期对世

---

① 夏鼐：《"埃及六千年史简述"译文的商榷》，《历史教学》1957 年第 4 期，第 52 页。
② 贾兰坡、王建：《人类用火的历史和火在社会发展中的作用》，《历史教学》1956 年第 12 期，第 9 页。
③ 陈瀚笙：《1857 年印度大起义时期英国人的态度》，《历史教学》1957 年第 12 期，第 14 – 19 页。

界上古史的概念①进行解释。1956 年雷海宗对公元纪年的西方名词及中文译名问题②进行阐释，比较研究世界立法起源的问题和先秦立法③，对基督教宗派及其性质④进行探究。这些文章对从事世界上古史研究的教师和中学教学都有很大帮助，"看似写来不难，实则非高手莫办"⑤。

雷海宗认为"地理大发现"一词源于纯粹的欧洲立场，具有强烈的侵略性和轻蔑感，该名词把欧洲以外的地方视为发现、发展和开发的对象。他建议，"地理大发现"一词不应被用作中学《世界历史》篇章中的题词。中学历史教学用书就用"新航路开辟"取代"地理大发现"一词。这些思考充分体现了历史学家对普通中学历史教育事业的关注，展示了其渊博的知识和深邃的洞察力。

历史是残酷的。1957 年 7 月雷海宗还在《历史教学》发表论文，讨论世界史的分期及上古史中古史的问题⑥。仅隔一个月，也就是 1957 年《历史教学》第九期杂志上，雷海宗成为"反资产阶级右派分子斗争特辑"中的主要人物，天津科学界⑦及吴廷璆等对雷海宗公开进行批判。尔后，杨生茂、魏宏运、祝瑞开及京津史学界对右派分子雷海宗等展开斗争⑧。1958 年大跃进运动开始，历史教学科研工作基本停滞。⑨

2. 问题解答

按照 1954 年 9 月的办刊方针，编辑委员会鉴于教师课本外讲解的材料缺乏，对旧参考书又不敢信赖，教师感兴趣的人物批判和历史名词解释不能满足需要，编辑委员会为了使历史教师的课堂讲解变得丰富和生动，决

---

① 雷海宗：《关于世界上古史一些问题及名词的解释》，《历史教学》1953 年第 10 期，第 28 页；第 11 期第 27 页；第 12 期第 27 页。

② 雷海宗：《关于公元纪年各种西文名词的意义及中文译名问题》，《历史教学》1956 年第 6 期，第 20 页。

③ 雷海宗：《立法的起源和先秦的立法》，《历史教学》1956 年第 8 期，第 25 页。

④ 雷海宗：《基督教宗派及其性质》，《历史教学》1957 年第 1 期，第 20 页。

⑤ 江沛：《雷海宗的最后十年》，《中华读书报》2016 年 05 月 25 日 07 版。

⑥ 雷海宗：《世界史分期与上古中古史的一些问题》，《历史教学》1957 年第 7 期，第 41 页。

⑦ 《天津科学界对雷海宗进行斗争》，《历史教学》1957 年第 9 期，第 2 – 15 页。

⑧ 《京津史学界对右派分子向达、雷海宗、荣孟源、陈梦家展开斗争》，《历史教学》1957 年第 11 期，第 32 页。

⑨ 巩绍英、邱汉生、陈乐素：《历史教材跃进的道路》，《历史教学》1958 年第 7 期，第 2 页。

定多发表教学计划、讲课实录、名词解释等。编委会特别重视读者的提问，专门开辟了问题解答栏。

为保证问题的准确性，杂志邀请全国著名专家回答读者的问题。这些问题影响极大，获得读者一片赞誉声。据魏宏运回忆，"有的读者为了进一步了解某些问题，还来天津询个究竟"①。可见这个栏目在当时的影响之大。《历史教学》开设"问题解答"栏目以后，读者来信很多，有的问题邀请国内著名专家如安志敏、王玉哲、唐长孺、岑仲勉、胡如雷、程溯洛、杨志玖等回答，以确保答案的权威性。

温州读者李庆霖问，新石器时代与旧石器时代怎么区别？考古专家安志敏回答说，区分新旧石器，不能局限于石器的制法，必须根据地层关系和共存遗物决定。② 讨论新石器与旧石器时代距今多少年，考古专家安志敏认为："旧石器时代因为年代久远，其年代在地质学或考古学上只是一个估计的数字。一般公认的说法是开始在五六十万年以前，甚至有人主张旧石器时代的开始应该在一百万年以前。由此可见它的绝对年代的误差数字是如何悬殊了。"③ 最近虽然可以采用碳十四测定法来测定比较正确的绝对年代，也只限于两万五千年，其中仍有许多误差，但在我国古代遗址的研究上（如测定新石器或较早文化的绝对年代）还没有采用。

中国历史参考地图（二十八）是王玉哲对先秦铜器铁器文化遗址分布图的说明④，贺学恒认为，有的地址应当列的没有列进去，不应当列的反而列进去。⑤ 王玉哲认为关于山西永济县薛家崖遗址问题，时代应是战国时期，而贺学恒认为其是汉代的，缺乏一定的证据。安徽寿县出土的铜器，有些是乡民发掘，有些也已流传国外，数量还是很多的。关于李三孤堆遗

---

① 魏宏运：《〈历史教学〉不寻常的 50 年》，《历史教学》2001 年第 1 期，第 15 页。
② 安志敏：《新石器、旧石器区别怎样？》，《历史教学》1956 年第 2 期，第 54 页。
③ 安志敏：《中国的旧石器时代距今五十万还是五六十万年？新石器时代距今一万年还是五六千年？》，《历史教学》1957 年第 3 期，第 56 页。
④ 《中国历史参考地图》（28），《历史教学》1956 年第 8 期，第 53 页。
⑤ 贺学恒：《"先秦铜器铁器文化遗址分布图和说明"的意见》，《历史教学》1956 年第 11 期 51 页。

址，经研究，推断是楚国末年的君主墓葬，根据三点推测不可能为窖藏。①

文登六中于雷等问春秋战国的断代的依据，邱汉生的回答是：《春秋》《资治通鉴》《史记》。② 集宁辛景高问西晋的占田制的问题，唐长孺回答是：继承历史上防止私有土地扩张的历史传统而颁布的限田制，表示当时的封建国家与大土地所有制所进行的斗争。③

岑仲勉是隋唐史研究专家。西南军区梁光裕问唐代两税法的问题，岑仲勉抓住其核心回答说，废除原来的租庸调制，实行分春秋两季收税的两税法。坚持不问原籍，只问现籍；不问年龄，只问资产；行商大致与本地相同，征税三十分之一；三年收集一次基础数据。④ 四川柏星荟问大秦景教，结合自己的研究，岑仲勉是这样回答：景教是基督教一支，唐太宗时期传入我国。但它不拜祖先，与中国传统的伦理观念对立，难于被群众接受，同时被佛道排挤，在中国很难立足⑤。

什么是驿站？唐史研究专家胡如雷对这个概念进行了解读，唐代为了传达政令和提供官吏使臣来往食宿及交通工具，特设立驿传制度。他对驿站的路线、驿站的管理、经费的来源十分了解。1000 余字的短文把驿站的前世今生梳理得清清楚楚。⑥

曹县王树勋问南宋的车船和海船桅杆的改进问题，程溯洛回答：南宋的车船战斗力强，杨幺起义军用车船作战，"浮舟湖中，以轮激水，其行如飞"。南宋海船桅杆可以安装在转轴上，灵活起倒，不怕风折。这种先进技术是我国传到外国商船上去的。⑦

---

① 王玉哲：《答贺学恒先生对"先秦铜器铁器文化遗址分布图"的意见》，《历史教学》1956 年第 11 期第 52 页。

② 邱汉生：《新篇中学历史教科书中关于春秋、战国的起讫年代是怎样确定的?》，《历史教学》1957 年第 1 期第 55 页。

③ 唐长孺：《西晋占田制的目的和内容是什么? 其作用如何?》，《历史教学》1957 年第 1 期，第 55 页。

④ 岑仲勉：《唐代两税法内容和产生背景简单说来是怎样的?》，《历史教学》1956 年第 3 期，第 54 页。

⑤ 岑仲勉：《大秦景教的创立及其影响如何?》，《历史教学》1956 年第 4 期，第 52 页。

⑥ 胡如雷：《什么是驿站?》，《历史教学》1957 年第 3 期，第 56 页。

⑦ 程溯洛：《南宋的车船和海船桅杆的装置及使用如何?》，《历史教学》1956 年第 5 期，第 55 页。

杨志玖是南开大学元宋史专家，积极回答读者提出的问题。山西石优才问南宋户数比金国多，但人口却少于金国，原因何在？杨志玖是这样回答的：有宋一代，户数与人口不成比例，是因为政府根据人口多寡摊派"差役"，百姓不堪重负，因此多变为"单丁贫户"。①

杨作新问西夏是否属于羌族，杨志玖引经据典认为西夏不是羌族。② 华东军区王榕问唐代的绢的作用。杨志玖认为绢在棉花没有普及时可以做衣服，可以作货币使用，有时是官吏的薪俸，还是对外的行销货。③

第三节 国家政策影响下的曲折发展

一、曲折发展时期的中学历史教学

1. 曲折发展时期的历史教学政策

随着"左"的思想发展，正确探索很快终止。1958 年，有关部门批评新中国成立以来的哲学社会科学研究，批评高等学校的历史教学。这种极"左"思潮迅速蔓延，已经开始影响历史科学和历史教学的地位。党中央和国务院提出"教育为无产阶级政治服务，教育与生产劳动相结合"的教育方针，批判教育脱离生产，脱离现实，忽视政治的错误。

1959 年历史课程教学计划暂时没有变化，但 1956 版的教科书受到批评和指责。有些地区甚至运用群众运动的方法，对教材进行"砍、换、补"。1960 年历史教科书又被要求进一步修订，中国史删除中国古代史和近代史，仅保留中国现代史的内容；高中删除世界近代史内容，只保留世界现代史。小学六年级开设历史教学，教学内容是现代史。历史教科书开始出现大量的引文，或者引证，中国近代史也创造了一个关于毛泽东写作风格的特殊

---

① 杨志玖：《为什么南宋比金国户数多而人口少？》，《历史教学》1956 年第 2 期，第 54 页。

② 杨志玖：《西夏是不是羌族》，《历史教学》1956 年第 4 期，第 53 页。

③ 杨志玖：《唐代和庸调中所征之绢，在当时有什么用处？为什么要征收这些东西？》，《历史教学》1957 年第 1 期，第 55 页。

介绍。①

　　人民教育出版社历史编辑室起草了教科书编辑计划，开始编制十年制中学历史教科书。这套教科书受到极"左"思潮影响，遭到老一辈史学家的抵制。1961 年，教育部决定停止印行受"左"倾思想影响的教科书。1963 年，《全日制中学暂行工作条例（草案）》《全日制小学历史教学大纲（草案）》《全日制中学历史教学大纲（草案）》正式公布，这是对 1958 年以来"左"的错误思潮的拨乱反正，是在总结新中国成立以来的教育工作经验上，拟定的基本符合教育教学工作的客观规律条文。

　　由于"左"倾政策严重扩大化，中学历史课程地位不断被削弱。在缩短学制及"七三指示"②的背景下，毛泽东建议"学生负担太重，影响健康，学了也无用，建议从一切活动总量中，砍掉三分之一"③。在"教育必须彻底改革"的冲击下，历史课程大为减少，只在初中三年级开设历史课程。为满足现实的教学需求，人民教育出版社历史室将中外历史合编为一本。

　　1966 年 6 月 13 日，中共中央、国务院在批转教育部党组《关于 1966—1967 学年度中学政治、语文、历史教材处理意见的请示报告》时批示：中学历史课暂停开设④。历史课被取消，课堂教学形式不复存在，以辩论课、现场课、讲座课等来代替系统的课堂教学，唯心史观充斥课堂，经努力探索获得的教改成果，又被淹没在激进的社会改革潮流之中。

　　这个时期的政治运动严重影响到《历史教学》杂志的正常发展，但杂志还是坚持为中学历史教学服务的宗旨，继续刊登了有关教学方面的认识、心得、课堂教学体会等。在"三面红旗"带来的三年特别困难时期，《历史教学》苦撑待变的办刊思路也无法继续，1961 年上半年暂时停刊。在天津市政府的支持下，1962 年杂志的编辑发行恢复正常，杂志的纸张和印刷质

---

　　①　苏寿桐：《中学历史教材三十年》，《历史教学》1981 年第 1 期，第 5 页。
　　②　笔者注："七三指示"是毛泽东对《北京师范学院一个班学生生活过度紧张、健康状况下降》材料做的批示。
　　③　陈汝惠：《新中国成立三十三年高等教育大事记》，厦门大学高等教育科学研究室 1982 年，第 107 页。
　　④　石鸥、吴小鹏：《百年中国教科书（1949—2009 年）》，湖南教育出版社 2009 年，第 151 页。

量都得到较大提高。1961—1962 年在国家的"调整、巩固、充实、提高"的宏观调控下，经济得到一定程度的恢复。1963—1964 年的《历史教学》杂志遇到了一个"小阳春"，历史学术大家，如吕振羽、缪钺、韩国磐、傅衣凌等都在该时期在杂志发表论文，论文的内容大多为与阶级斗争有关的农民起义，或对农民起义原因的探究等。

根据毛泽东对文艺界的两项指示，自 1964 年夏天以来，意识形态领域进行了最大规模的批判运动，从文艺逐渐扩展到哲学、经济、历史等多个领域。在历史学界，主要批判周谷成的时代精神和翦伯赞的"历史主义""让步政策"。1965 年的《历史教学》杂志都用了大量的篇幅刊登了一些与历史教学"风马牛不相及"的文章，本应为历史教学服务的杂志却刊登了这些内容。

6 月号刊登了天津市一中校长韦力的文章《对教学改革几个问题的一些认识》，除去体现时代特征的内容，观点基本正确，如在教与学方面强调教学与教育的统一，教与学的关系强调师生在政治上的平等，实行教学民主，教师应以适当的方式倾听学生有益的意见。杂志在介绍历史知识方面做了不少工作，如 1965 年 5 月号刊登了杨建芳《我国古人类的发现和研究综述》，1965 年 6 月号刊登了北京师范大学历史系刘宗绪的《1948 年巴黎无产阶级的六月起义》、刘泽华的《董仲舒的政治思想》等论文。在今天看来不伦不类，而在当年则合情合理。

这是编辑自保、杂志生存的基本之道。

1966 年 5 月的《历史教学》第一期杂志中，王玉哲等在《天津市史学界座谈"让步政策"问题发言摘要》几乎占到该期杂志内容的一半，历史教学类的论文基本被政治宣传所代替，内容从 64 页增加到 96 页，但定价还是只能 3 角，《历史教学》杂志被迫停刊。

2. 1963 年版历史教材及解读

1963 年历史教学大纲的教学目的是要培养学生"热爱中国共产党和毛主席，憎恨帝国主义和一切反动派"，具有爱国主义和国际主义精神①。

---

① 李隆庚：《20 世纪中国中小学课程标准·教学大纲汇编：历史卷》，人民教育出版社 2001 年，第 239 页。

20 世纪 50 年代末和 60 年代初的风云变幻的岁月中，历史课程几经沉浮，历史教材也命运多舛。1958 年版的教科书只是压缩内容，1960 年版的教科书充斥着"左"的内容。人教社编写了一套 1962 年版新十二年制历史教科书，供十二年制学校使用，该版教材在业内评价相当高。

小学方面。高级小学课本《历史》按照"厚今薄古"的原则进行编写，其中中国史三册，世界史一册。这套教科书比较适合小学生的基本学情，增加了不少具体史实，特别是小学历史以事件、人物为主，文字精练；引用历史典故、成语，内容丰富生动，对学生进行历史唯物主义教育。

初中方面。在国民经济恢复和调整的过程中，"左"思潮受到了一定程度的抵制。邱汉生、苏寿桐主持编写了十二年制初级中学课本《中国历史》一至四册。大字讲述了历史的主要知识，小字围绕主要内容展开，实现点面结合、语言简洁、生动形象。李纯武主持编写两册《世界历史》试教本。遗憾的是书已编好，但没有机会出版。

高中方面。历史教科书受到"左"倾思想的严重影响。1960 年在原高中《中国史》第 4 册的基础上，删除了古代史、近代史，修改高中《中国现代史》教材。同年，在原高中《世界现代史》的基础上，将其改写为高中《世界现代史》教材。这两本书都引用大量的语录和政治术语，为马恩列斯毛的著作安排专节、专目介绍。

1963 年秋，十二年制全国通用的中小学教材在北京、天津四所中学和一些小学正式试用，整体反响较好。这种版本的教科书，是在吸收 1954 年编的十二年制中小学历史教材优点的基础上进行编写的。尽管在使用过程中教师反映内容深、任务重、教学困难，但这是新中国成立以来，人民教育出版社投入了大量资金，花了最长时间编写的一套高质量的中小学教材。①

3. 60 年代中学历史教学改革策略

1963 年 3 月 27 日《人民日报》社论指出，"提高中小学教学质量是一项具有战略意义的任务"。作为历史教师，要在贯彻党的教育方针，理清历

---

① 石鸥、吴小鹏：《百年中国教科书（1949—2009 年)》，湖南教育出版社 2009 年，第 147 页。

史课程与其他课程之间的相互关系，减少学生历史课的课外复习时间，保证在学好重点学科的前提下学好历史课。

（1）理论层面上"约""博""精"。历史学家吕振羽从理论层面探究学习历史的问题。他在《怎样学习历史》中认为，学习历史，可以分"约""博""精"三步走。"约"是为马克思主义理论和方法及历史知识奠定基础，选择和阅读相关经典著作和历史著作。"博"是拓宽知识领域和视野，浏览经典著作并阅读与其他学科有关的重要历史著作。"精"是选择一个（或特殊的历史或历史记录），深入研究、掌握和运用马克思主义的观点来阅读书籍，做到博览、细读、深钻。[1]

（2）知识层面上强调学好基础知识。为了适应当时的教学形势，1962年《历史教学》组织了"关于中学历史基础知识问题的讨论"[2]。

哈尔滨第六中学林崇旺认为，历史课程的基本知识包括两个方面：具体知识和规律知识、历史概念和历史规律。在教学过程中，教师应指导学生学会教材中的历史知识，并掌握正确的学习方法，引导他们逐步把握教材的整体，从而获得重点而又全面的知识。[3]

杨志栋认为，基础知识就是历史的主干知识。教师不能任意删减或增加主干知识，可以从内涵上进行深度挖掘，而不可在外延上无限扩大。就知识系统而言，要找到"一根红线"，把史实串联起来。史实之间有些"间断"，需要教师理解教科书内容安排的意图，要形成完整的知识体系，就必须补充历史事实之间的内在联系。[4]

在教材处理方面，强调师生共同活动，通过不同的途径，让学生反复接触关键问题，加深对知识的理解水平。教材有三种，一是重点、难点明确的教材，二是一般教材，三是承前启后、前后照应的教材。对于第一类教材，重点要讲得明确，难点要讲得透彻。对于第二类教材，首先指导学生阅读自学、思考，提出问题，继而对共性问题进行讲解。对于第三类教

---

①　吕振羽：《怎样学习历史》，《历史教学》1961 年第 10 期，第 2 - 7 页。

②　石工：《加强中学历史课程基础知识教学的几个问题》，《历史教学》1963 年第 12 期，第 33 页。

③　林崇旺：《使用历史教科书的几个问题》，《历史教学》1963 年第 8 期，第 50 页。

④　杨志栋：《教师的讲述跟教科书的关系问题》，《历史教学》1963 年第 1 期，第 39 - 40 页。

材，教师在引导学生阅读之后，只要画龙点睛就行。① 主要探讨教材中最重要的、关键性的问题。选择问题要考虑学生的年龄特征和接受能力，如果问题太难，还需要提一些辅助性的问题，为学生进行知识铺垫。②

（3）学习形式上突出精讲多练。真正解决学生课业负担过重的问题，教师就要不断地改进教学方法，做到"少而精，突出重点，新旧知识联系，因材施教"③。赵恒烈就从实践操作层面提出要精讲多练。要把握教材的本质重点和难点，深入讲解，使学生在理解教材的同时，掌握历史的本质，把握历史的客观规律。更多的实践，主要是让学生积极独立地理解教材，巩固历史的基本知识，加深对历史规律的认识。这两者是密切相关，相辅相成的。精讲，便于学生理解知识。通过练习，可进一步巩固和加深理解。④

60 年代"左"的思潮影响历史教学。教育创新方面主要体现在理论联系实际方面，但有人认为"中学历史课是一门政治课"，片面强调思想政治教育，忽视科学和历史知识的教学，删去了历史教科书中其认为不恰当的内容。在教学形式上，企图用所谓的辩论课，甚至是社会调查的现场课去取代课堂教学，这是不现实的。

二、曲折发展时期的学术研究

1959 年《历史教学》从天津人民出版社分离出来，开始独立门户。政治运动渐渐平息，进入了一个调整期。1960 年《历史教学》第 2 期，潘梓年号召进一步学习毛泽东思想。⑤ 第 3 期杂志被要求在历史教学工作中更高地举起毛泽东思想的红旗，该内容共 13 个版面，占第 3 期版面的 1/4。1961 年 7 月编辑出版了《历史教学》第 10～12 期，学习《毛泽东选集》第四卷文章专辑。1961 年底到 1962 年初，七千人大会在北京召开，党中央开

---

① 谢建明：《改进历史教学的一些做法和体会》，《历史教学》1964 年第 10 期，第 52－53 页。
② 王椿梧：《对历史课堂提问的几点体会》，《历史教学》1962 年第 9 期，第 53 页。
③ 编者的话：《减轻学生负担　提高教学质量》，《历史教学》1965 年第 5 期，第 38－39 页。
④ 赵恒烈：《略谈历史课堂教学中的"精讲多练"》，《历史教学》1960 年第 8 期，第 33 页。
⑤ 潘梓年：《进一步学习和研究毛泽东同志的思想和著作》，《历史教学》1960 年第 2 期，第 2 页。

始实行"调整、巩固、充实、提高"的政策，《历史教学》杂志编辑风格迅速转变。1962 年开始关于中学历史基础知识问题的讨论，北京师范大学的孙恭恂参与讨论；深受读者喜欢的"问题解答"栏目又开始出现，专业论文开始出现，如《自然条件和人类社会发展有什么关系?》①。1962 年、1963 年历史研究又出现新气象，主要表现在以下几个方面：

1. 中国古代社会农民战争问题

一方面，他们对一些著名的农民起义及其领袖人物进行了史料的整理，对教科书进行了补充。如杨志玖的《黄巢大起义》，指出了如何看待《旧唐书》和《资治通鉴》中关于黄巢起义记载的问题，并分析了起义失败的原因，进一步反驳了教科书中说黄巢入侵长安后"他本人和部下的生活为地主所腐蚀，人民就逐渐离开他，不再拥护他"的说法。

另一方面，他们对农民起义和战争中的一些重要理论问题进行了思考和探讨，如农民起义的原因、农民战争的性质、农民政权的特点、农民战争失败的原因等。1960 年 1 月天津师范大学历史系组织了一次全系科学讨论会，参加讨论会的还包括中国社会科学研究院历史研究所，以及北京、天津市的部分历史教师。在报告的 5 篇文章中，对漆侠先生的论文《中国农民战争发展的规律问题》进行了深入的讨论。与会者认为，要深入了解农民战争，必须把毛主席在《中国革命与共产党》一书中对中国农民战争论述作为研究农民战争的钥匙。

古史分期的问题始终存在争议，对于奴隶社会究竟是哪一段时期，中国何时进入封建社会诸如此类的讨论始终未能取得一致的结论，1951—1965 年的《历史教学》中仍有不少探讨奴隶社会和奴隶制度具体问题的文章。马子庄在《商代奴隶的反抗斗争情况如何?》② 中认为从甲骨文的记载里来看，至少有五处体现了奴隶对奴隶主的反抗③。这类记载如此多，说明了当时奴隶逃亡和暴动已经成为一个严重的社会问题。

---

① 崔连仲:《自然条件和人类社会发展有什么关系?》，《历史教学》1962 年第 1 期，第 64 页。

② 马子庄:《商代奴隶的反抗斗争情况如何?》，《历史教学》1965 年第 9 期，第 60 页。

③ 第一处为"丧众"，奴隶用逃亡的方式反抗；第二处为"告众"，奴隶在暴动，吓得商王向鬼神祝告；第三处为"途众"，奴隶直接进行了反抗奴隶主的斗争；第四处为"擒众"，说明奴隶逃亡而被擒获；第五处为"逆众"，奴隶逃亡而被追逐。

2. 近代太平天国运动的研究

五六十年代《历史教学》中关于农民战争的文章都建立在对封建社会基本矛盾运动的共识上。《历史教学》中发表与太平天国运动相关的论文共有 111 篇，史学界对李秀成及其自述评价问题的讨论集中在 60 年代。《历史教学》编辑部认为这不仅是如何评价李秀成这个历史人物的问题，也关系到在历史的研究与教学工作中，应当怎样对待曾经参加过革命斗争的历史人物的叛变行为，怎样通过对正面的和反面的历史人物的讲述来教育青年一代的问题。

1964 年第 10 期开辟了"笔谈李秀成评价问题"的专栏，刊载了来自中学历史教师、大学教员和教育局教研人员的 15 篇文章。而这 15 篇文章的作者一边倒地认为李秀成是"投降变节分子""革命的叛徒"，甚至有人提出应当把李秀成当作反面教员，向学生进行坚持革命气节、做革命接班人的教育。可见对李秀成的评价已经不单纯是一个历史学问题，而是上升成了重大的革命问题和政治问题。在 1964 年前史学界对李秀成的评价，大家一致认可罗尔纲观点。罗尔纲在论文①中认为李秀成投敌是效法蜀汉大将"姜维"做的"苦肉计"，以图复兴太平天国。

3. 封建土地所有制问题

在杂志的"学术动态"栏目，杨志玖介绍了中国封建土地制度问题②。主张土地私有制的学者认为，战国以来，中国封建社会拥有土地私有制，在中国封建社会的历史上起着主导作用。例如，商鞅改革"废井田"，土地自由出让是建立私有土地的标志。

根据杨志玖的论述，这两派的主张至少在五个论题上针锋相对，截然不同：对经典作家关于"东方"或"亚细亚"土地制度的理解；对封建社会土地所有权性质的看法；对土地所有权的限制问题；地租和课税的合一问题；封建的中央集权和土地制度的关系问题。杨志玖在文章中详细阐述了两派在这些重要问题上的分歧，同时也指出，两派内部在某些地方也存

---

① 罗尔纲：《忠王李秀成自传原稿笺证》，《忠王李秀成自传原稿笺证》增订本，中华书局，1957 年。

② 杨志玖：《关于中国封建社会土地所有制问题的讨论情况简介》，《历史教学》1961 年第 10 期，第 50 页。

在着分歧（如自耕农有没有土地所有权问题）。

金宝祥①认同封建地主土地所有制是封建社会土地占有制的主要形式。其逻辑顺序是生产力的发展导致公社财产公有制的解体，进而导致农村公社的解体，农村公社是我国奴隶社会的生产组织。这种解体的标志是私有土地的出现。国家所有制由公社所有制向私有制的转变，是我国历史上由奴隶制向封建主义过渡的最显著标志之一。奴隶制属于古代东方模式。因此，探讨中国封建社会的土地所有权是以国家所有制为主，还是以地主土地所有权为主，具有十分重要的意义。

4. 对武汉国民政府研究

魏宏运教授是南开大学著名历史学家。从内容专题分期来看，集中于对武汉国民政府的研究，其关于大革命时期武汉政府问题及工农革命问题论文数量最多也最集中，集中发表于1950年代末及1960年代初。魏宏运发表了十余篇论文。50年代末，开始分析武汉革命政府的几个问题②。然后，他对武汉国民政府进行"梯级开发"，论述武汉国民政府反封锁斗争③，探究大革命失败的原因④、武汉革命政府的北伐⑤、武汉革命政府怎样走向反动⑥、武汉革命政府的颠覆活动⑦，宁汉合流后，南昌武汉之争的实质⑧等论文，集中在1963—1964年的《历史教学》上发表。对论证武汉国民政府的性质和特点，作出了令人信服的评价。这些先驱成果被历史学家誉为"开辟了武汉国民政府研究的先河"。

需要指出的是：由于受时代和某些因素的影响，魏宏运的某些文章及

---

① 金宝祥：《关于中国封建社会土地私有制的形成问题》，《历史教学》1962年第2期，第2-7页。

② 魏宏运：《关于一九二七年武汉革命政府的几个问题》，《历史教学》1958年第5期，第17页。

③ 魏宏运：《1927年武汉革命政府反经济封锁的斗争》，《历史教学》1963年第9期，第23页。

④ 魏宏运：《略论中国1927年大革命的失败》，《历史教学》1963年第5期，第14页。

⑤ 魏宏运：《1927年武汉革命政府的北伐》，《历史教学》1964年第2期，第22页。

⑥ 魏宏运：《1927年武汉革命政府是怎样走向反动的》，《历史教学》1963年第11期，第18页。

⑦ 魏宏运：《1927年蒋介石匪帮对武汉革命政府的颠覆活动》，《历史教学》1964年第4期，第27页。

⑧ 魏宏运：《1927年南昌武汉之争的实质》，《历史教学》1964年第6期，第26页。

文章中的观点在当今看来有些不足甚至是错误之处。如 20 世纪 50 到 60 年代期间，对南开史学大家雷海宗发表了攻击极强的政治攻击性的文章①。但魏宏运后来在《惨痛的 60 年代历史现实》一文中也对此进行了反思。敢于面对历史，这是难能可贵的一点。

1964 年第 10 期杂志开始，《历史教学》为培养无产阶级革命接班人，培养革命的后代而努力。一直到 1965 年第 10 期，毛泽东思想占领历史教学阵地，对历史人物的评价受到"左"的思潮影响。对李秀成人物进行评价时，有人认为，李秀成的成就是最重要的，他的投降和叛逆是有历史局限性的。这种观点在当时受到批判，它涉及两种世界观、历史观，还涉及用什么政治标准教育人民的问题、历史研究应如何为无产阶级的政治工作服务的问题。《人民日报》发表文章批判杨献珍的"综合经济基础论"。此时，阶级斗争趋势有些抬头，开始批判周谷城《中国通史》的史观，即以"生存竞争"代替阶级斗争；掩盖阶级压迫、宣扬阶级合作；讴歌统治阶级；为统治阶级服务反动宗教观等。②

---

① 魏宏运：《雷海宗发表"世界史分期与上古中古史中的一些问题"一文的政治目的何在》，《历史教学》年第 10 期，第 6 页。

② 胡昭静：《评周谷城著〈中国通史〉中的反动史观》，《历史教学》1965 年第 1 期，第 22 页。

第三章
缓慢恢复和特色重建时期（1979.1—1991.3）

1979 年 1 月，《历史教学》正式复刊。根据当时的形势，杂志由天津市教育局主管。吴廷璆要求调整《历史教学》主管单位，1986 年《历史教学》归新闻出版局管理，杨宝林担任社长。根据杂志的隶属关系及内容的主要特点，1979 年 1 月—1985 年 12 月为杂志的缓慢恢复时期，主要进行拨乱反正；1986 年 1 月—1991 年 3 月为特色重建时期。

第一节　复刊时期的拨乱反正

1971 年《全国教育工作会议纪要》中提出"两个估计"①的政策，使广大知识分子长期受到严重压抑。"文革"结束以后，党和国家开始纠偏。党的十一届三中全会召开以后，党和国家开始肃清"四人帮"的流毒，对一些历史人物进行平反，在教育及思想领域等全方位的拨乱反正。

一、历史教学逐渐恢复到正常轨道

1. 复刊时期的中学历史教学指导思想

"文革"期间，"四人帮"等篡改党的教育方针，宣称"学校只有一个

---

① "两个估计"是 1971 年《全国教育工作会议纪要》中提出来的，即：新中国成立后十七年"毛主席的无产阶级教育路线基本上没有得到贯彻执行""资产阶级专了无产阶级的政"，大多数教师和解放后培养的大批学生的"世界观基本上是资产阶级的"。

专业，就是斗走资派专业"，实行政治任务带教学的错误政策。《历史教学》复刊第 1 期，石工旗帜鲜明地指出，搞好历史教学，必须要拨乱反正。复刊词中指出，《历史教学》要为大中学历史教学服务，恢复正确的教学内容和教学形式，坚决反对"战斗任务带教学""开门教学""以兼学代主学"等错误形式。①

青少年一代是社会主义事业的接班人，是四化建设的主力军。历史教学是以事实为基础的学科，能培养人们高尚的道德情操；历史是一面镜子，对当前的社会实践有着重要的指导意义。② 我们要依托历史学科，进行社会主义精神文明建设。历史课堂是渗透爱国主义、国际主义和历史唯物主义的重要途径，启发学生坚持四项基本原则，使爱国主义的思想境界得到提高；教师充分发挥历史课的熏陶作用，有意识地教给学生历史地看问题的思想方法，增强爱国主义的实效。③ 1983 年 5 月，邓力群在中国史学会上呼吁史学界承担起爱国主义教育的任务，增加青年人的知识，丰富他们的爱国情感，激发他们的爱国热忱。④

1983 年 10 月 1 日，邓小平提出了"三个面向"的方针，它为我国教育改革指明了方向。苏寿桐认为，"三个面向"以实现现代化为核心，现代化必须面向世界，而现代化和面向世界的最终目的是实现社会主义和共产主义。⑤ 在"历史学科如何贯彻'三个面向'加速改革步伐"座谈会上，天津市五中教师马绍刚认为，历史课在进行爱国主义教育、革命传统教育、思想教育方面是其他学科不能替代的。天津市一中的王庆源老师认为，要帮助学生系统地掌握知识，培养学生运用历史唯物主义观点分析历史和现实问题的能力，使学生受到社会发展规律教育和革命传统教育⑥。

---

① 石工：《拨乱反正，搞好历史教学》，《历史教学》1979 年第 1 期，第 18 - 22 页。

② 郭圣铭：《历史科学与社会主义精神文明》，《历史教学》1984 年第 1 期，第 7 - 11 页。

③ 韦力：《在历史课中进行爱国主义教育的成果和方向——对学生学习历史情况的调查》，《历史教学》1982 年第 6 期，第 4 页。

④ 邓力群：《一个呼吁，一个请求》，《历史教学》1983 年第 5 期，第 2 页。

⑤ 苏寿桐：《学习"三个面向"，改进历史教学》，《历史教学》1984 年第 6 期，第 16 页。

⑥ 马绍刚：《"历史学科如何贯彻'三个面向'加速改革步伐"座谈会发言摘要》，《历史教学》1984 年第 8 期，第 2 页。

2. 1978、1980 年《全日制十年制学校中学历史教学大纲（试行草案）》及配套教材解读

（1）1978 年试行的《全日制十年制学校中学历史教学大纲（试行草案）》及教材解读

①1978 年试行的《全日制十年制学校中学历史教学大纲（试行草案）》

1977 年，教育部确立中小学学制为 10 年制。1978 年《全日制十年制学校中学历史教学大纲（试行草案）》出台。大纲目标坚持在唯物主义的指导下，对四人帮的映射史学的流毒进行拨乱反正，给学生以必要的、基本的历史知识。大纲要求中学历史课本和世界历史课本坚持阶级斗争为基本线索，对过去儒法斗争贯穿整个古代史的错误做法不予采纳，只体现在战国时期百家争鸣的内容中；通过阶级斗争、生产斗争和科学文化活动来体现人民群众的伟大作用；全盘否定法家路线决定一切的错误观点，强调经济基础与上层建筑的辩证关系。① 这是"文革"结束后的第一个教学大纲，提出了历史学科的目标、任务和要求，明确了历史课程的内容，并确定了处理教材中几个原则性问题的初步意见。主要目标是清除"四人帮"的流毒，但是清除很不彻底，教材的编写线索仍然坚持阶级斗争为纲。

邱汉生以农民战争是历史推动力为基本线索，论述了课本对农民战争的评述，指出农民战争打击了地主阶级，推翻了旧王朝的黑暗统治，使农民与地主的人身依附关系逐渐减轻。农民起义由"王侯将相宁有种乎"，到黄巢的"均平""平齐"，到王小波等的"均贫富"，"等贵贱，均贫富"，均田免粮，再到触及封建土地所有制的《天朝田亩制度》，从这些口号涉及"封建社会内部历史发展的质的推移"，可以看到农民战争本身发展的规律。文章仍然强调阶级斗争，对农民起义基本上是拔高，因此这篇论文鲜明地反映了时代特点。②

②1978 年试行的历史教材及解读

教育部确定了以十年制为基本的学制，编制配套教材。在原来全日制

---

① 苏寿桐：《介绍新编中学历史教学大纲》，《历史教学》1979 年第 1 期，第 23 页。

② 邱汉生：《新编中学〈中国历史〉课本对农民战争的论述》，《历史教学》1979 年第 2 期，第 24－25 页。

十年制学校课本《中国历史》的基础上，陈光中编写了《中国历史》（第一册）、王剑英等编写了《中国历史》（第二册）。人民教育出版社编辑在杂志撰文，解读当时的教材，以指导中学历史教学的基本方向。

王宏志总结了《中国历史》课本里的三大类历史人物编写问题。关于农民战争领袖，她认为应该从农民战争中所起的作用和所作的贡献大小角度来评价，评价时不能离开农民阶级本身固有特点无限拔高，要从他们对地主阶级的斗争和对封建势力的打击程度评价农民领袖的功过。王宏志立场鲜明，她认为要歌颂为反抗地主阶级斗争而牺牲的农民领袖，如陈胜、吴广、李自成等；对在起义过程中立场发生动摇或被政府招安的农民起义领袖，要实事求是地肯定他们在起义中的功绩；对农民战争曾起过一定作用，而又背叛农民起义的人物，也要肯定其前期所起的作用。

对于历史上的科技文化人物，要从他们对于我国古代文化发展所作的贡献大小来衡量，不能将他们纳入到"儒法斗争"的轨道。"四人帮"将北宋科学家沈括捧为"法家"代表人物，而且认为他的科技成就"卓有成效地为法家路线服务"，然而沈括的科技成就与"法家"没有任何关系，是他总结前人及当代的科技成果，加之自身实践的产物。当然，他的科研成果也掺杂了一些唯心主义的糟粕。

对于帝王将相，要从对国家的统一、民族的团结、生产的发展、社会的进步所起的作用等方面，评价其功过。"四人帮"把秦始皇当成伟大的法家代表，将他比如作成"犹如耸入云霄的高山"，谁要批评秦始皇，就说谁是"攻击无产阶级专政"。江青为了当上女皇帝，让她的御用文人极力抬高武则天的地位。对历史人物的评价要符合实际，既不能过高，也不能只抓一点而全盘否定。对历史人物的或褒或贬，要将史实寓于其中。①

颜文也谈了新编中学《中国历史》课本近代部分的体例及编章结构，教材讲述两次农民运动（太平天国运动和义和团运动）、两次资产阶级的革命运动（戊戌变法和辛亥革命）；在近代西方科学技术内容方面基本形成教材的特色。处在摹拟阶段的近代西方科学技术还是亮点频出，詹天佑是第

---

① 王宏志：《略谈在新编中学《中国历史》课本中写历史人物的几个问题》，《历史教学》1979 年第 2 期，第 28 – 32 页。

一批在美国学习的中国学生，直接接受西方先进教育，因此他在修筑京张铁路时屡有创新之举。教材还分析了李善兰、徐寿和华蘅芳在科技领域取得卓越贡献的原因，因为他们较早接受资本主义学校的教育。①

李纯武是编写世界史教材的专家，他立志把高中《世界历史》编成简明通史。高中世界历史采用通史体例，选取各发展阶段的能体现经济形态变化的历史事实，写成是世界人民的历史，充分体现殖民地半殖民地人民的民族解放运动，重点突出无产阶级反对资产阶级的斗争。同时坚持知识教育与思想教育融于一体，理论与实践相结合，共性与个性相统一，既反对"左"倾，又反对右倾，实事求是地撰写世界史。② 陈启能、浓永兴指出，"四人帮"为达到目的，用打着红旗反红旗的方法，歪曲巴黎公社的历史经验，借此攻击老一辈无产阶级革命家和老干部。我们要弘扬巴黎公社的伟大业绩和经验，不能恣意歪曲巴黎公社的社会经验。③

（2）1980 年修订《全日制十年制学校中学历史教学大纲（试行草案）》及教材解读

①1980 年修订《全日制十年制学校中学历史教学大纲（试行草案）》

考虑到初中学生的学情，教科书对阶级斗争史从略，对原教科书繁难偏旧的知识进行大规模的删减。太平天国运动在"文革"时期改动较大，1980 年版的教科书对太平天国几位重要领导人洪秀全、杨秀清、石达开、李秀成等作了一些切中肯綮的论述和评价，对《天朝田亩制度》也作了实事求是的评价。党中央为刘少奇平反昭雪以后，教科书恢复刘少奇应有的地位。对犯了错误，甚至是成了叛徒的人物，根据历史唯物主义原则，作了实事求是的处理，对林彪也没有因为其错误而抹杀其在历史上所作的贡献。

②1980 年修订的历史教材及解读

初级中学《中国历史》课本是在粉碎"四人帮"以后，1977 年编写

---

① 颜文：《略谈新编中学〈中国历史〉课本近代部分的几个问题》，《历史教学》1979 年第 8 期，第 55 页。

② 李纯武：《从实践中不断提高——试探高中〈世界历史〉编写的几个基本问题》，《历史教学》1979 年第 1 期，第 32 页。

③ 陈启能、沈永兴：《巴黎公社革命经验不容篡改》，《历史教学》1979 年第 3 期，第 2－4 页。

的。如对孔子的评价，当时仍然受到极端"左"思潮的影响，删去其阶级出身和思想保守及"天命论"的内容。这些说明孔子在"文革"时期歪曲的形象得到矫正。① 为了尊重历史，刘少奇的《论共产党员的修养》作为1942年整风运动的文件得到补充。②

1982年全日制高中十年教材《世界历史》（试验本）进行了调整。教师普遍反映《世界历史》教材过深、过难，处理教材困难。基于教材过于抽象，实行复杂的问题故事化、抽象的内容具体化。1982年教材修改时增加用故事的形式，体现《伊利亚特》《奥德赛》的大体内容。基于史实无法概括，教材调整就减少细微末节，突出事件发展的主线。在"拉丁美洲独立革命"一节中，修改后的教材突出战争持续时间长，分两个阶段，三个中心③。这样拉丁美洲的独立战争的发展就清晰地呈现在师生面前。有些历史事件因没有展开叙述而带来的浓缩的问题，教材就进行适当地扩展，如"法兰西第一帝国的兴亡"就由一目扩展成一节，在一定程度上缓解浓缩带来的影响。④

北京师范大学附属中学张静芬认为，教材修订突出了重点，减少了头绪，避免不必要的重复；重视历史事实，拓展知识领域，加强思想教育；知识前后相互呼应，纵向和横向联系；翻译更科学，更严谨，将"僧侣""国会军""保皇党"等，分别改译成"教士""议会军""保王党"等。⑤

3. 恢复中的历史教学法研究

（1）各地的中学历史教学研究会逐渐成立

1978年关于真理标准的大讨论，重新恢复了马克思主义历史学的主导地位。1979—1985年六年间，中学历史教学研究会成立活动在全国各地召

---

① 苏寿桐：《初级中学〈中国历史〉课本第一、三册正式本修订说明》，《历史教学》1982年第4期，第11－14页。

② 苏寿桐：《锲而不舍，继续攀登——谈初中〈中国历史〉二、四册修订本的一些情况》，《历史教学》1982年第12期，第2－4页。

③ 战争持续时间是16年（1810—1826年），前后分为两个阶段（高涨与受挫期：1810—1815；发展与胜利期1816—1826年），三个中心（墨西哥、委内瑞拉和智利）。

④ 李纯武：《高中〈世界历史〉上册修改说明》，《历史教学》1982年第4期，第15－16页。

⑤ 张静芬：《读高中〈世界历史〉上册修订本的几点体会》，《历史教学》1982年第9期，第51－53页。

开。在《历史教学》杂志上，最先登载重庆历史教学研究会成立的消息。该组织 1979 年 9 月在重庆师院正式成立。尔后，辽宁高中历史教研会 10 月在旅大市（现大连市）成立。

由于各地的中学历史教学研究会纷纷成立，缺乏一个统一的全国性组织指导，各地的中学历史教学研究活动显得松散，大家都渴望成立全国性的组织，以便加强对全国各地中学历史教学研究活动的指导。1981 年 7 月 7 日至 8 月 2 日，全国历史教学会议在北京召开。来自 24 个省和市的 106 名代表出席了大会。在大会上，白寿彝当选为协会会长，赵恒烈为秘书长，会议总部设在北京教育学院。

教育部对全国历史教学大会成立非常重视，当时的教育部董纯才副部长与会，希望大会成立后，能促进大学、中学及小学历史教学水平的提高。为了响应教育部的号召，大会通过了《关于改进中小学历史课程的建议书》，提出了当时棘手而紧迫的问题。执行教育部颁布的教学计划，确保历史课程的教学时间，提高中小学历史教师的教学水平。为此，大会还提出了解决这些问题的具体措施。如有领导、有组织，多编高质量的历史教材，提供可视化教学工具，以提高历史教师的教学水平。

在全国历史教学大会成立后，地方性历史教学研究会如雨后春笋般大量涌现。在 1982—1985 年，就有河南、广西、河北、天津、浙江、陕西、甘肃、广东、江西、四川、福建、新疆等省、市及自治区，先后成立省级历史教学研究会。

省级中学历史教学研究会一般挂靠在省级教育科学研究所（院），由当地的历史教研员或所在的师范院校的历史教学法教师组织开展活动。如江西省中学历史教学研究会上，江西师范大学的徐积庆要求中学历史教学要以"面向现代化、面向世界、面向未来"为指导，积极开展教学改革。四川省历史教学研究会在南充成立。会议坚持课堂教学结构改革与开辟第二课堂相结合、知识与发展智力培养能力相结合、课内与课外活动结合，同时还交流了乡土史教材编写方面的经验。

这些研究会认真贯彻党的教育政策，倡导课堂教学改革、论文写作等形式，按照教学大纲开展历史教学和研究活动。这些组织的成立，有力地促进了历史教师在教学与教研方面形成共同体，在提高教师的教学及科研水平方面发挥了重要的作用。

（2）各地历史教学法培训会议逐渐召开

1979 年《中学历史教学法讲义》讨论会在北京召开，由北京师范大学、北京师院、天津师院、北京教育学院等教师主讲，主讲的内容是中学历史教学的地位和作用、历史知识特点、教学过程的本质、教学方法、现代化教学手段的运用、教师的备课和进修等。这是传统教学法大教学论的框架下的教学法，为历史教学法在我国的发展奠定良好的基础。① 上海教育学院历史系举办"中学历史教学法专题讨论会"，主要讨论历史基础知识和基本训练、思想政治教育的问题及启发式教育的问题等。②

1980 年 5 月 6 日至 12 日，全国教学法会议在河南师范大学（开封）召开，有 48 个单位 64 名代表参加。大会围绕建立历史教学法课程体系，提升中学历史教学质量，发展学生的智力等问题，分小组展开热烈讨论。大会的焦点问题集中在两个方面：一是关于历史教学法课程的性质，有的认为属于教育学，有的认为属于历史学，有的将其划归边缘学科；二是关于中学历史教学的目标，有的认为要把历史教学培养智力的功能摆到首位，有的认为知识传授、思想教育、智力培养三者都要并重，不能偏废一方。有的则认为学会掌握知识是基础，是进行历史唯物主义教育、政治思想教育、培养智力的基本前提，突出基础知识的重要性。有的开始探讨培养学生智力的具体途径。这个会议的召开，说明全国的历史教学法课程正处于重建过程，这也是在拨乱反正的过程中，提升中学历史教学质量的重要途径。③

1984 年 7 月吉林市史学会举办的东北三省历史教学法讲习班开班，课程内容有中学历史教学论、中小学历史教材编写原则、中学历史教材与科学研究、中学历史教学的信息反馈与兴趣的形成、教师进修等。培训班要求以"三个面向"为指导，立足"两个课堂"，加速课堂教学改革。④ 1984

---

① 《〈中学历史教学法讲义〉讨论会在北京召开》，《历史教学》1979 年第 7 期，第 79 页。

② 上海教育学院历史系：《上海举行"中学历史教学法专题讨论会"》，《历史教学》1980 年第 2 期，第 14 页。

③ 孙恭恂、陈玉昆：《历史教学法科学讨论会在开封召开》，《历史教学》1980 年第 7 期，第 41 页。

④ 荆璞、树田：《吉林市史学会举办东北三省历史教学法讲习班》，《历史教学》1984 年第 10 期，第 6 页。

年 8 月，在辽宁大连举办历史教材教法暑期研讨班。

（3）教学法及学习能力的培养提到议事日程

复刊后的杂志在介绍历史知识，配合中学历史教学和高考复习方面做了大量的工作，刊登了大量的文章和图片，对现在中学历史教学都有参考作用。1982 年的第 4 期、第 5 期、第 6 期、第 7 期，赵光贤先后发表关于《历史研究法讲话》的文章，引起较大反响。赵光贤是北京师范大学教授，先跟随陈垣治明清史，后专攻先秦史，在学术界有较高的地位。

北京教育学院历史教研室采取多种形式，开展教师进修和教研活动。教师进修班开设历史知识讲座和专题讲座，组织教研活动如教材教法讲座、组织观摩课、组织编写教案、深入教学第一线听课等，统一编写高考复习资料，发挥"市中心教研组"和"市联合教研组"的作用。① 江苏无锡市教育局教研室历史教研中心组织集体备课、研究课等，深入各校调查研究，举办专题讲座、召开学术讨论会、编写历史复习资料等。②

历史教研组为吸引学生喜欢历史，专门开设"历史之窗"，以丰富学生知识。教研组编辑橱窗围绕一个中心，注意"两个结合"，力求版面活泼，主题突出。即围绕实事求是，宣传历史唯物主义。上海市五十九中历史教研组设置"北京猿人"立体橱窗，宣传"劳动创造人"的唯物观点。曹杨中学宣传"人民群众是历史的主人"这个主题，注意展示主题与历史课的教学相结合，与当前的实际问题相结合。③

范玉清介绍法国历史课堂教学经验。他介绍说，法国课堂教学方面，反对教师讲、学生写的听写课，讲课不是教师的独白，教师应该成为交响乐团的指挥，组织学生讨论，使他们从言语障碍，变为主动参与的辩论者，要学生在课堂中"奏出最美妙的乐章"④。

陈相武也翻译日本书籍，介绍日本方面培养学生学习能力的经验。日

---

① 北京教育学院历史教研室：《采取多种形式，开展教师进修和教研活动》，《历史教学》1979 年第 3 期，第 63 页。

② 江苏无锡市教育局教研室历史教研中心组：《我市历史组是怎样开展教研工作的？》，《历史教学》1979 年第 3 期，第 64 页。

③ 上海市第五十九中、曹杨中学历史教研组：《开设"历史之窗"，丰富学生知识》，《历史教学》1979 年第 11 期，第 56 页。

④ 范玉清：《介绍法国中小学的历史教学》，《历史教学》1980 年第 3 期，第 58 – 59 页。

本二谷贞夫认为学习能力的获得＝能力×努力×指导力。① 学习能力是真实的，必须将能力培养落实在具体的教学过程之中。历史课培养的能力，可分为三个层次：自学能力和基本技能；历史思维为核心的创新能力；借助历史知识和经验，引导学生认识现实，预见未来的能力。②

　　尽管在教学领域的拨乱反正全方位地展开，但是经过"文革"摧残的历史学科仍然没有恢复到应有的状态。1983 年 4 月 16 日天津市教育局教研室的马荣惠等 9 位教师联名，在中国史学会召开期间，发出了"为加强爱国主义教育，吁请各方面关心中学历史教学"的呼吁，希望国家明确办学思想，重视历史教学，增加历史的课时和容量，在初中增加世界史教学时数，建立一支高素质的历史教学队伍，优先出版历史方面的书籍，扩大学生的知识视野。这种呼吁说明国家对历史学科重视不够，投入不足，还要进一步加大拨乱反正的力度。③

二、及时反映史学界的研究动态

1. 学术研究动态的发布

《历史教学》复刊后，为历史学术研究恢复做出了不懈的努力。在学术活动信息主要依靠纸质媒体传播的时代，拥有众多读者群的《历史教学》无疑是发布信息的重要渠道，历史教师则通过杂志了解历史学术会议的基本动态。

（1）20 世纪 70 年代末 80 年代初的中国史学会议动态

"文化大革命"时期，历史学研究领域受到较大的冲击，上世纪 70 年代末 80 年代初史学活动处在一个恢复时期，有三次重大会议，历史教师都比较关注。

　　一是全国历史规划研讨会。这次大会是 1978 年 6 月在天津召开的。该

---

　　① 二谷贞夫著、陈相武译：《社会科学习能力的探讨》，《历史教学》1985 年第 12 期，第 48 -54 页。

　　② 崔粲、张韵昌：《贯彻"三个面向" 改革历史教学——论历史教学的能力培养问题》，《历史教学》1985 年第 11 期，第 48－49 页。

　　③ 马荣惠等：《为加强爱国主义教育，吁请各方面关心中学历史教学》，《历史教学》1983 年第 7 期，第 2 页。

会制定了中国历史规划，同意着手筹备和重建中国现代史研究会、清史研究会等十三个学术研究会。这是"文化大革命"结束后历史学科方面的一次重要会议，170 多位历史学家与会，盛况空前。

二是中国新民主主义研究会。该研究会是 1978 年 10 月在北京成立。成立伊始，研究会就以统一对历史人物，特别是对陈独秀的评价研究为突破口。由于"文革"期间肆意篡改党史，因此就对陈独秀在新文化运动时期及在党建时期的贡献予以彻底否定，陈独秀的问题成为研究的"禁区"。中国新民主主义革命史研究会对陈独秀等评价问题进行专题研讨，以达到褫其华衮，示其本相，肃清"四人帮"流毒的目的。

三是中国历史学会大会。该会于 1980 年 4 月在北京召开，会议级别非常高。胡乔木出席了开幕式，郑天挺、周谷城等五位主席团成员在主席台就座。

此后，在中国历史学会领导下，中国史专题会议在各地召开。1980 年《历史教学》杂志重点介绍了四次：1980 年 5 月在开封召开了先秦史学术讨论会，重点探讨了夏文化的问题，就如何评价历史人物问题原则及方法交流了思想。同年 5 月第一届中国农民战争史研究年会在成都召开，该会主要讨论了社会发展的动力问题。7 月中共党史研究会成立大会在京举行，它标志着中共党史研究被提到了议事日程。

地方史的研究也悄然兴起。1978 年 8 月，中国蒙古史学会在内蒙古呼和浩特市召开成立大会。这次会议是"文革"结束后，成立得比较早的地方性的学会。1980 年 9 月下旬，北京史研究会成立。

（2）20 世纪 70 年代末 80 年代初的世界史学术会议动态

世界史学研究是以国别史研究为突破口的。1978 年 10 月 10 日至 13 日，法国历史学会筹备会议在上海举行。1979 年 4 月 6 日至 12 日，英国历史学会预备研讨会在南京大学举行。会议由南京大学的蒋孟引和北京师范学院的戚国鑫主持。该月 21 至 27 日美国史筹备会议在武汉召开。南开大学杨生茂就如何研究美国史作了学术报告，武汉大学的李世洞介绍了美国史发展情况。

世界区域史的研究也有较大起色。1978 年 7 月，在厦门举行了东南亚科学研讨会。1980 年 3 月，中国非洲历史学会成立大会在湘潭市举行。为了更好地推动对世界历史的深入研究，1979 年 4 月 17 日至 24 日在北京召开了世界历史专题规划全国会议，为世界史的发展进行顶层设计。

2. 史学领域的拨乱反正

《历史教学》复刊后，侯外庐期待"深入批判四人帮，在史学领域拨乱反正，正本清源，把大是大非的问题搞清楚"①。运用唯物史观指导历史教学，反对伪造史实，歪曲历史的唯心史观。

（1）在历史唯物史观指导下评价历史人物

弗兰茨·梅林（1846—1919）是一位马克思主义者，他对杰出人物在历史上所起到的作用作了精辟阐述。他认为，杰出人物是历史的执行者；杰出人物依赖于环境超过依赖于他们的意志；他们的个性只有通过特定社会条件才能影响历史的进程；杰出人物可以是天才，但不是神。②

如何评价历史人物？评价人物要有基本的标准。评价人物时，要分析人物所处的时代和各种社会条件。要处理个人与群众的关系。正如邓颖超所言，人民是大海，领导人是浪上的"白色泡沫"，大海不存在，泡沫也会随之消失。评价人物要分析人物思想发展的各个阶段。评价人物不能回避和篡改事实。要透过现象看到本质，不苛求，也不必溢美，评价人物要进一步拨乱反正。③

（2）运用历史唯物主义和辩证法研究孔子与儒学

对孔子思想的评价，有观点认为，政治思想保守，教育思想正确；有观点认为孔子整个思想体系都是错误的。对孔子的历史作用，有的认为孔子的思想是反动的，有的人认为后人尊孔，多半是利用孔子，但他们都对孔子保存文化遗产方面的贡献都予以充分的肯定。④ 研究孔子要坚持全面及辩证的观点。

首先，我们从本体论出发，研究在春秋时期真正的孔子。作为教育家，他做到了极致，被称为"至圣"先师。根据统治阶级的需要，孔子这位历史人物随着时代需要不断"重构"，儒学成为中国古代社会的正统思想之

① 侯外庐：《实事求是，搞好史学研究工作》，《历史教学》1979 年第 1 期，第 1 页。
② 陈世滢：《梅林论杰出人物在历史上的作用》，《历史教学》1984 年第 1 期，第 12 - 15 页。
③ 彭明：《如何评价历史人物》，《历史教学》1980 年第 6 期，第 2 - 7 页。
④ 蔡尚思：《对几种有关孔子思想评价的看法》，《历史教学》1979 年第 2 期，第 2 - 5 页。

后，孔子便是"神"，但在儒家法家战线的特殊时期，孔子成了"鬼"。

其次，立足客观条件，对孔子和孔子的思想进行现实分析。我们必须在一定的时间和空间里认识孔子，而不能因为斗争的需要去篡改历史。

最后，要全面客观地评价孔子和儒家思想，改造儒家思想过程中，正确评价孔子及孔子思想的要支持，错误评价的要坚决反对。这就是唯物主义和辩证法的态度。①

（3）坚决反对历史虚无主义和影射史学

"四人帮"为了达到他们自己的目的，对人物评价随心所欲。江青为达到个人目的，指示御用文人美化武则天。熊德基力图恢复武则天的本来面目，把真实的武则天与御用文人笔下的武则天分离出来，这是难能可贵的一面，② 但他也存在着"矫枉过正"的倾向，对武则天的全面否定也值得商榷。武则天作为历史上唯一一位女皇帝，其在位期间经济继续发展，为唐玄宗的开元盛世奠基，这是历史事实，应予以肯定。吴泰指出，抗金名将岳飞的历史地位应该恢复。江青曾评价岳飞是儒法合一，具有披着儒家外衣，推行儒法合流政策的反动性。③

"文革"期间，陈独秀也遭到各种批判，学术界对他的正常研究也被迫中断，被人为地贴上一些标签，如"混进党内的蒋介石的帮凶""从头到脚每个毛孔都沾满着人民鲜血的刽子手"等。陈独秀是新文化运动的主将，是社会主义的宣传者，是成立中国共产党的发起者，但也是右倾机会主义者。④ 因为陈独秀曾经犯过路线错误，在五卅运动时有人也给陈独秀扣帽子，讲他是"十足地暴露了阶级投降主义的丑恶面貌"。陈独秀在五卅运动前后，有着上佳的表现，在理论上，他对五卅运动中的资产阶级和工人阶级之间的矛盾有清晰的认识，参与领导五卅运动的过程中有积极的表现，积极主张武装民众。⑤

---

① 张慕岑：《中华孔子研究所成立大会暨第一届孔子思想学术讨论会综述》，《历史教学》1985 年第 10 期，第 60－61 页。
② 熊德基：《武则天评价问题答客难》，《历史教学》1979 年第 1 期，第 59 页。
③ 吴泰：《应该恢复岳飞的历史地位》，《历史教学》1979 年第 5 期，第 43 页。
④ 林茂生、王树棣、王洪模：《略谈陈独秀》，《历史教学》1979 年第 5 期，第 7 页。
⑤ 郭绪印：《重评五卅运动的陈独秀》，《历史教学》1981 年第 6 期，第 29 页。

太平天国运动中的人物，成为影射史学的重灾区，在李秀成问题上开了映射史学的恶劣先例。李秀成是一位出色的农民领袖，也是一位晚节有污点的人物。① 福建师范大学历史系学生专门开座谈会讨论杨秀清的问题时，愤怒声讨"四人帮"对杨秀清的歪曲，影射老一辈无产阶级革命家。② 李大钊是中国马克思主义理论家，中共早期的重要创始人，四人帮污蔑他是"叛徒"③。"四人帮"批林批孔批周公，批大儒宰相，其目的就是影射攻击周恩来④，这是人所共知的事件。

3. 学术研究的缓慢恢复

（1）中国史学术研究的恢复

《历史教学》复刊后，学术研究还是处在逐步恢复的过程中，研究领域仍聚焦在农民战争、阶级斗争是历史发展的推动力、封建土地所有制问题等方面，尤其在中国封建社会的农民战争方面产生了更广泛更深入的争论。80 年代初，洋务运动研究成为一个新的热点，在《历史教学》的综述中有体现。

对新中国成立三十年中国史学的总结。李侃在《三十五年来中国史学的简单回顾和展望》中指出，中国史学确立了马克思主义史学，并对一些重大问题如古代史分期、农民战争的评价、历史发展动力、洋务运动等，进行再认识再探讨；出版了学术著作和知识读物，整理了历史古籍和编纂各种资料；培养大批人才，建设了宏大的史学队伍。⑤ 此外，陈振江对新中国成立三十年来中国近代史的社会性质，太平天国运动研究、历史人物评价等发展情况进行了总结。⑥

社会发展的动力问题。阶级斗争是阶级社会发展的动力，这是当时社会的主流观点；也有人认为生产力是最活跃、最革命的因素，生产力是历史发展的根本动力。有人认为应该是生产力和生产关系的矛盾运动是推动

---

① 李庚其：《如何评价李秀成》，《历史教学》1979 年第 9 期，第 40 页。

② 福建师范大学历史系：《讨论杨秀清的评价问题》，《历史教学》1979 年第 3 期，第 19 页。

③ 罗宝轩、张莹：《革命先烈李大钊》，《历史教学》1979 年第 3 期，第 39 页。

④ 邓廷爵：《论周公》，《历史教学》1979 年第 10 期，第 40 页。

⑤ 李侃：《三十五年来中国史学的简单回顾和展望》，《历史教学》1984 年 10 第期，第 2－5页。

⑥ 陈振江：《三十年来中国近代历史学发展的情况》，《历史教学》1979 年第 10 期，第 36 页。

社会向前发展的动力。有的认为社会历史发展基于"合力"，它是由生产力与生产关系，经济基础与上层建筑的矛盾运动综合形成的。① 1980 年召开的成都会议与会代表的立场和观点说明阶级斗争社会发展仍然是社会主流，但也说明学术界也开始意识到阶级斗争给国家、社会、家庭带来的负面影响，试图用"生产力论""合力论"来解决社会发展的动力问题。

封建土地所有制问题的综述。启循对"文革"以前史学界关于中国封建社会土地所有制问题的研究和讨论作了总结。② 其论文分别介绍了封建土地所有制主张的具体内容和依据，充分体现了《历史教学》面向中学历史教育的普及性特点。

新中国成立以来农民战争问题综述。纪程全面综述了关于新中国成立以来的中国农民战争的性质、农民政权的性质、农民战争中的皇权主义思想、平均主义思想、农民战争与宗教的关系、农民战争的作用。③ 从另外一个侧面说明史学工作者工作努力，贡献突出，以历史事实说明，这也是对"两个估计"的一种否定。

关于义和团的问题。李侃指出，义和团没有推翻清朝统治，不能因强调农民起义，就人为地拔高；对于义和团的"灭洋"，我们在充分肯定其革命性的基础上也不能否定其落后性和守旧性；至于义和团的"反孔"问题，是梁效和罗思鼎等之流炮制出来的，根本不值得一驳。把义和团运动与反孔区分开来，正本清源，恰恰体现了纠正文革遗毒的目的。④ 李世瑜还考查了义和拳与白莲教之间的关系。白莲教崇拜无生老母，而义和拳崇拜玉皇大帝；白莲教的掌教祖师是弥勒佛，而义和拳崇拜关圣帝君；白莲教用观音、济公当弥勒佛的助手，而义和拳也用观音、济公、托塔天王做关帝的助手；白莲教宣传降"道"救渡善信，宣传降"劫"收杀恶孽，而义和拳宣称天降神兵，大劫临头，把洋人视为妖魔和鬼子。义和拳以八卦作为队

---

① 吉敦谕：《关于社会发展的动力问题——中国农民战争史研究会成都年会讨论综述》，《历史教学》1980 年第 8 期，第 62 页。

② 启循：《关于中国封建土地所有制问题的讨论综述》，《历史教学》1979 年第 6 期，第 36 页。

③ 纪程：《新中国成立以来关于农民战争的讨论综述》，《历史教学》1983 年第 6 期，第 53 - 57 页。

④ 李侃：《义和团运动研究中的几个问题》，《历史教学》1979 年第 2 期，第 12 - 16 页。

伍的标志，这也是白莲教各种秘密宗教所特有的。①

有关太平天国运动的研究。张焕宗在论文中简要综述了新中国成立以来史学界对太平天国革命史研究中争论较多、分歧较大的八个重要问题。这八个问题分别是：太平天国革命的性质；太平天国政权的性质；关于"天朝田亩制度"评价问题；关于太平天国运动的土地政策问题；关于"资政新篇"评价问题；关于太平天国领导集团的评价问题；关于洪秀全早期思想评价问题；关于几个领导人物的评价问题。② 李宏生就太平天国重要领导人物杨秀清的若干争议问题以及太平天国"有无八位万岁"问题的讨论进行了较为细致的介绍。③ 王纪河在论文中对韦昌辉的评价进行了总结，指出他不是一个投机革命的异己分子，并对韦昌辉的个人品质，其诛杀杨秀清的动机，在"天京事变"中的作用等，进行了深入分析。④ 这些论题不仅是学术界争鸣的热点，也是在中学历史教学中无法回避而又难以解释的问题。

洋务运动研究。1964 年，杂志分三期介绍洋务运动。1979 年以来，史学界对洋务运动的研究更深入、更广泛、更为全面。对洋务运动的目的、性质及作用问题、洋务运动是不是彻底破产、洋务运动与太平天国、戊戌变法和辛亥革命的关系问题等进行全面的梳理，还对洋务运动的思想渊源、维新派是不是洋务派的继承者、洋务派与顽固派的异同、洋务派的主要代表人物李鸿章等问题的评价进行整理，全面展示了 1979 年以来史学工作者研究洋务运动的科研成果。⑤

此外，戚其章是甲午海战的研究专家。其论文介绍了除熟知的黄海海战邓世昌等英勇献身外，还有济远号的方伯谦、广甲号的吴敬荣临阵脱逃；致远号的邓世昌、经远舰的林永升等爱国将士浴血奋战；定远舰在刘步蟾的指挥下击中日本的旗舰松岛号，致日本舰队势穷力尽而先逃，粉碎了日

---

① 李世瑜：《义和团源流试探》，《历史教学》1979 年第 2 期，第 23 页。

② 张焕宗：《新中国成立以来太平天国革命史讨论中几个问题的综述》，《历史教学》1981 年第 8 期，第 58 页。

③ 李宏生：《有关太平天国史中两个问题的讨论综述》，《历史教学》1979 年第 10 期，第 56 页。

④ 王纪河：《关于近年来韦昌辉评价综述》，《历史教学》1985 年第 12 期，第 26 页。

⑤ 梁义群：《关于洋务运动若干问题讨论综述》，《历史教学》1983 年第 6 期，第 57 页。

本聚歼的计划。①

王民对严复的研究颇有特色，其对严复的几个具体问题进行了研究。严复何时赴英国留学？王民认为应该是凑足留学费用后，由福州船政学堂选送英国留学，最早于 1877 年 5 月中旬到英国。严复提前回国，是不是成绩极为优秀？王民认为不是成绩突出，而是因为福州船政学堂教师奇缺，严宗光（严复又名）除掌握驾驭船舶技术外，还能探本溯源，完全能胜任水师学堂教习的职务。至于与伊藤博文是同学，而且成绩每次考第一，这是以讹传讹。严复 23 岁出国，伊藤博文当时是 36 岁，而且没有书信往来和其他交集。②

（2）世界史学术研究的恢复

"文革"结束以后，中国世界史研究的政治与学术环境逐步改善。这时期《历史教学》的世界史研究主要集中在工人运动、资产阶级革命方面。

工人运动的研究。主要集中在巴黎公社和国际共产主义以及英美的工人阶级的特点的阐述上。谢建明在论文中着重介绍了巴黎公社的教育措施。在与资产阶级进行战争中，巴黎公社就通过了教会同国家、学校分离的决定。③

英国宪章运动是指 1836—1848 年在英国发生的争取实现人民宪章的工人运动。江宗植在论文中探讨了英国的宪章运动。他认为，1832 年议会改革中资产阶级的背叛表明工人阶级要获得解放，只有靠自己。④ 这篇论文明显带有阶级斗争的色彩，目前的主流观点认为，1832 年议会改革完善了英国的代议制，具有进步意义。吴木生在论文中就对英国工人贵族进行了研究，探讨了工人阶层的形成过程，认为工人阶级蜕化为特权阶层后，对英国工人运动产生严重的危害。⑤

对资产阶级革命研究。资产阶级革命是指由资产阶级领导的反对封建

---

① 戚其章：《甲午海战始末》，《历史教学》1981 年第 2 期，第 17 - 22 页。
② 王民：《谈谈严复研究中的几个问题》，《历史教学》1983 年第 5 期，第 18 页。
③ 谢建明：《关于巴黎公社改革教育的措施》，《历史教学》1979 年第 8 期，第 38 - 41 页。
④ 江宗植：《英国工人运动的新篇章——宪章运动》，《历史教学》1981 年第 1 期，第 32 - 34 页。
⑤ 吴木生：《近代英国工人贵族的形成及其危害》，《历史教学》1982 年第 4 期，第 30 - 34 页。

社会制度的革命。法国资产阶级革命波澜壮阔，具有世界性历史意义。管佩韦在论文中，主要探讨了法国资产阶级革命后，解决土地问题的措施。法国大革命时把土地分配给农民，彻底摧毁封建制度的经济基础。[①] 而土耳其作为一个近代封建军事色彩浓厚的国家，对它的研究也有利于我们了解资本主义列强侵略的面目。在论文中，汪宏玉、徐正就十月革命背景下土耳其资产阶级革命产生的原因、过程、结果进行论述。

（3）古人类学、考古学与中学历史教材的关系研究

中学历史教学与人类学、考古学、训诂学等密切联系。臧嵘认为古人类学、考古学对中学历史教材具有重要作用，能够丰富某段历史内容，改观整段历史，澄清、纠正一些历史史实。历史教科书在内容上的编写应紧跟古人类学和考古学的发展。在对历史教科书的内容进行编写时，紧跟古人类学和考古学的研究发展动态，不断吸收史学界、古人类学和考古学界的新成果，以弥补现行教科书的不足。中学的文化史部分教学，要充分运用考古学等知识，使历史变得鲜活、灵动。如敦煌石窟的发现，使课本中提出的《金刚经》成为我国现存最早的雕版印刷作品；马王堆汉墓的发掘丰富了历史教材中国古代文化史方面内容。[②]

关于陕西蓝田人的研究。蓝田人的化石材料来源于两处：其中一处是1963 年 7 月在蓝田县泄湖镇陈嘉窝村被发现，当时找到一只猿猴的下颌骨；另一处是 1964 年 5 月和 10 月在该县公王岭发现的一只类人猿的头骨。[③] 从地质力学研究所测定的数据来看，蓝田人生活所处的时间就现在的科技水平而言，比较准确地接近蓝田人生存的实际年代。考古发现蓝田人有四批石器，从石器类型看来，山西芮城圈河的石器、襄汾丁村石器极有可能与蓝田人石器有着千丝万缕的传承关系。游学华对蓝田人的共生动物群与生活环境也作了介绍，他认为蓝田人的共生动物群带有南方动物群特点，缺少北方动物群的特点。从蓝田人化石埋藏的古土壤层研究，作者认为蓝田人适合于热带及亚热带气候区。

---

① 管佩韦：《法国资产阶级革命和土地问题》，《历史教学》1982 年第 2 期，第 26 - 30 页。
② 臧嵘：《古人类学、考古学与中学历史教材》，《历史教学》1987 年第 2 期，第 46 页。
③ 游学华：《陕西蓝田人研究综述》，《历史教学》1980 年第 8 期，第 41 页。

1950 年和 1976 年，中国科学院考古工作者两次在河南安阳市武官村发掘一座商代晚期墓葬，该墓葬为我们研究商代的社会提供了重要的资料，充分反映奴隶社会时期尖锐的阶级矛盾。①

第二节 教学特色的重建与学术文章水准

一、教学特色的重建

1. 重建时期的教学指导思想

1985 年中共中央发布了关于教育体制改革的决定。1986 年第六届全国人民代表大会第四次会议通过了《中华人民共和国义务教育法》。这些都是中国教育的大事。与此同时在资产阶级自由化思潮在潜滋暗长之时，《历史教学》具有高度的政治敏锐性，立即发表社论《坚持四项基本原则的教育是深刻的爱国主义教育》。社论指出：方励之等人大量散布资产阶级自由化的言论，否定思想基本原则，对部分青年产生恶劣的影响。我们要培养社会主义事业的接班人，《历史教学》就应该为此作贡献，在历史教学中进行四项基本原则的教育。②

2. 1986 年教学大纲、1990 年过渡大纲及教材解读

（1）1986 年过渡性《全日制中学历史教学大纲》的修订与解读

①1986 年过渡性大纲的修订

为保证历史课程的精神与义务教育法等基本一致，国家教委决定在新大纲和九年制义务教育教材编写之前，对 1978 年大纲进行修订，因此 1986 年修订的大纲称为过渡大纲。

1986 年国家开始实行九年制义务教育。为了充分体现《义务教育法》的基本精神，过渡大纲对教学目的和要求做了必要调整，要求"培养学生

---

① 陈玉崑：《武官村大墓》，《历史教学》1984 年第 7 期，第 43 页。

② 本刊编辑部：《坚持四项基本原则的教育是深刻的爱国主义教育》，《历史教学》1987 年第 3 期，第 2 页。

热爱社会主义祖国，热爱社会主义事业，热爱共产党的真挚感情……树立为社会主义现代化建设献身的精神"①。

对历史上起过重要影响的人物，要充分具体地讲，实事求是地写；对起过消极作用的人物也要具体分析，不能一概而论。如李鸿章在洋务运动就做了不少推动历史进程的大事。在民族问题方面指出各族人民平等、互相帮助、共同进步。新教材应充分体现这些内容。但大纲仍维持阶级斗争是历史发展的基本线索。在原来"铁板一块"基础上，出现了一些松动，过渡大纲指出，"马克思主义经典作家在讲阶级斗争是历史发展的直接推动力的同时，提出生产力的发展是历史发展的根本动力"。

课程设置方面，过渡方案规定在初中第二学期增加世界历史，以培养最合格的社会主义公民。在历史教学课时不变的前提下，压缩中国史的内容就成了关键。删除冗长和过于详细的内容。中国近代史原要求学习 38 个条约，过渡大纲进行大规模的删减。删除反对机会主义和修正主义斗争的内容，删除理论性较强的内容，如新民主主义论。继续清除"左"的影响，删除因"左"影响而讲述过多的内容。腾出了更多的空间来容纳更多的政治、经济及文化史方面的内容。删除与社会发展史重复的内容，对民族问题进行了一些修改。

②1986 年过渡性教材的调整与解读

王宏志认为，历史教学中必须改变传统观念。基础知识的教学不应过分强调学科的系统化和知识的完整性。适度的教师教学使学生通过生理和心理的结合和调整，内化知识。过多的教学会严重影响学生的生理、心理活动发展。讲课要生动有趣，要对学生有吸引力。由于教材内容比较多，教师补充内容应着眼于生动性，而不是扩大知识面。补充的内容一定要有益于突出重点、突破难点。补充的内容要有可靠的史料根据。②

中国史的内容要由四个学期压缩成三个学期，中国史教材编写主要作了三方面的调整。一是删减头绪。新教材人物精简 20%，时间和地名减少

----

① 李隆庚：《20 世纪中国中小学课程标准·教学大纲汇编：历史卷》，人民教育出版社 2001 年，第 448 页。

② 王宏志：《历史教学中的一些传统观念必须改变——修订初中〈中国历史〉第一、二册教材有感》，《历史教学》1988 年第 1 期，第 32 页。

40%，历史事件和概念大量减少。为改变近代史一般是战争开头，条约结尾的写作模式，新教材条约数量精简 1/3，其内容得到明显简化。二是对教材中有语病的句子进行修改。三是对不科学的内容进行调整。第二次鸦片战争《北京条约》内容是"割九龙司给英国"，过渡性教材改写为"割九龙司地方一区"，以避免学生造成认识上的误区。在人物称谓方面，过渡性教材将"那拉氏"改为"慈禧太后"。这里面不含任何褒贬，只是符合习惯用语。①

1986 年 10 月，为培养更多合格的公民，加大世界史知识的普及力度，国家教育委员会规定在初中开设世界历史课程。过渡大纲还规定：初中二年级第二个学期增设世界史教学内容。初中历史没有世界史教材，人教社编写教材时间上来不及，于是将高中教材稍作调整后，作为初中世界史的应急教材。②

高中两个学期的内容要在初中一个学期上完，因此教师在教学实践中遇到很大困难。1989 年初中《世界历史》又在 86 版教材的基础上精简了 2 万多字。突出主干知识，砍去"枝杈"；删去不符合初中学生特点的理论；避免与小学课本内容重复，删除金字塔、斯巴达克；因考虑内燃机的制成者是"卡尔·本茨"的资料有争议，把内燃机的制造者改为"奥托"等。③

（2）1990 年《全日制中学历史教学大纲（修订本）》及教材解读

①1990 年《全日制中学历史教学大纲（修订本）》的修订

义务教育法通过以后，初中没有专门适应义务教育的历史教材。农村初中学生家庭作业负担过重、内容丰富、教学要求偏高，因此 1990 年教学大纲修订要求就是降低过高的要求，解决教材青黄不接的情况（九年制义务教育教材还正在编写），切实减轻学生的负担，满足广大农村学校义务教育的需要。

---

① 邢克斌：《〈中国历史〉第二册中国近代史部分修订说明（续）》，《历史教学》1988 年第 4 期，第 30 页。

② 严志梁：《关于中学世界当代史教学内容的若干问题》，《历史教学》1987 年第 5 期，第 33 - 36 页。

③ 严志梁：《初中课本〈世界历史〉修订情况简介》，《历史教学》1989 年第 8 期，第 34 - 35 页。

修订的基本原则是减少初中教学大纲的内容，增加高中历史的知识容量，强化思想教育。初中一年级减少了60多个知识点，初中二年级减少了50多个知识点，高中世界史减少了120个知识点。1986年的大纲中删除了一些农民起义，但由于"左"倾思想的残余，删除还是不彻底。① 20世纪90年代，为淡化阶级斗争，教科书中的农民战争进一步被删除。减少教学内容和要求的主要目的是适应农村的教学形势。

针对会考和高考，对高中部分内容进行调整：与高中会考制度的衔接，与高考命题范围接轨。根据高中教学计划的调整建议，高中历史课程分为必修课和选修课两部分。历史必修课是高中会考和高考命题的内容；选修课程的内容则是高考命题的范围。②

②1990年初、高中历史教学内容的调整

1990年国家教委决定调整1981年颁布的高中教学计划。虽然该计划强调在高中开设选修课程，但它没有编纂相关课程的大纲和教材，而只对已出版教材中的选修课内容进行标注。《调整意见》公布后，人教社编制了相应的教科书和选修教材。

1992年11月，高中教科书《中国近代史》（上册）作为必修教材，由人民教育出版社出版。与此同时，高中世界史古代部分的内容，也是继续进行大规模的删减。原始社会、古代非洲、古代美洲等内容都不列入考试范围；并将罗马文化的文学和史学、封建等级制度和西欧封建庄园、十字军东侵、法国农民起义、工场手工业等知识点划上横线，降低要求，落实减轻负担的要求。

3. 活跃的历史教学法

在历史教学研究方面，由于基础教育惯性，国家基础教育体制改革的滞后性，教学法研究没有与时代同步。尽管教学法研究方面的书籍增多，教学方法多样化，教学模式规范化，但依然处在重视总结、缺乏创新的阶段，习惯于解读结论，而不是提高思维素质。历史的课堂停留在记忆型层

---

① 李隆庚：《对〈全日制中学历史教学大纲（修订本）〉的说明》，《历史教学》1990年第7期，第8页。

② 李隆庚：《20世纪中国中小学课程标准·教学大纲汇编：历史卷》，人民教育出版社，2001年，第539页。

面，命题的研究尚处在知识立意阶段。《历史教学》还是以研究教材、结论作为重点，强调知识的重要性而忽视能力的培养。尽管当时中学历史教材极不稳定，但教学探索热情高涨，新的方法不断推陈出新。

（1）中学历史教学研究内容

为贯彻"三个面向"的问题，河北省历史教研员段富生对历史教学研究曾做过整体介绍。历史教学研究应该包含以下四个方面：一是课程与教材，如教材内容改革、课程设置、教材编写及补充教材等；二是教改教法，如改革历史教材、改革历史教学法、改革教学手段等；三是培养能力、智力问题，对学生进行爱国主义共产主义教育等；四是其他内容，如关于历史的第二课堂问题、对历史课堂教学对象心理的研究、国际学术交流等。[①]

（2）中学历史教学的改革

包启昌提出"一课一中心"的观点。为了与重点区别，他强调重点是一部分的内容，一个中心就是一节课可以有一个中心囊括一节课的知识内容和思想内容，如果是一些细枝末叶，则可以采取"抓大放小"的措施将其扬弃。实行一课一中心，就必须对全书有一个透彻的理解，随时整理知识，对每一节课的中心都要作周详的安排。[②]

上海师范大学历史系的陈宝琪从概念教学入手，创造性地从讲授到训练，从培养分析能力到指导学习方法，从课堂教学到课外活动等环节，对学生进行综合性训练。使知识更系统，逻辑更严密，教师、学生更容易接受，形成"一堂课一个中心"的理念，并以此来组织教学素材，进行课堂教学。[③]

（3）上海教育科学研究院的郭金扬将教学方法进行分类总结。[④]

以龚奇柱、赵恒烈为代表的传统革新派教学法研究专家，在以教师为主体、学生为主体的"双主体"的指导下，采用了新的启发式教学形式，使传统的课堂灌输模式发生了变化。教师要加强"指导"，引导学生用字、

---

①　段富生：《关于当前历史教学研究中几个问题的情况简介》，《历史教学》1986年第9期，第57页。

②　包启昌（上海敬业中学）：《一堂课一个中心》，《历史教学》1988年第4期，第44页。

③　陈宝琪：《略谈包启昌老师的教学特色》，《历史教学》1989年第3期，第2页。

④　郭景扬：《中学历史教学流派分类研究》，《历史教学》1989年第11期，第42－45页。

用手、用脑，培养学生的能力，培养学生的智力。

《历史教学》复刊以来，介绍的第一部教学法专著就是龚奇柱编著的《中学历史教学法概要》，它主要分析历史教学法理论与实践结合的案例，对中学历史教学产生较大影响。①《历史教材教法举要》是赵恒烈研究教材教法的文集。该书分教科书编撰政治、经济、农民战争和民族关系等五个主题，就教学方法进行了分门别类的阐述。

为了进一步总结教学经验，1985 年赵恒烈主编的《中学历史教案选》出版，对提高课堂教学质量起着重要的推动作用。为进一步推广以讲为主的启发性教学方法，宋毓真、时宗本、陈毓秀等编写并出版了三本总结教学经验的论文集，而后在教师实践中得以推广。

纲要图表教学派。1984 年，以纲要信号为特征的图示教学法开始了系统实验。《中学历史图示教学法》就是由 1987 年夏在黑龙江大庆市专门讨论图示教学法的会议而结成的论文集。1988 年夏在呼和浩特市召开会议，又专门讨论图示教学法。这种教学法整体教学效果是好的，增强了教学的生动性、直观性和概括性，但如果考虑不周全，图示设计不精密，容易造成科学性的错误。② 随着多媒体辅助历史教学的广泛运用，图示教学法基本鲜人问津。

情感教育派。情感教学派以北京三中朱尔澄老师为代表，她把情感态度及价值观与历史知识融为一体，出色地设计历史教学案例，1988 年在全国中小学教育改革中荣获金奖。③

二、重建特色的两难处境

1. 编委会制度开始弱化

在 20 世纪 80 年代初，因为有老编辑"坐镇"，编委会审稿权力得到编辑部的认可。杂志能秉承为中学历史教学服务的宗旨，坚持教学与学术并重。杂志的原有特色基本得到恢复，就得益于严格的编委会制度。

---

① 龚奇柱：《中学历史教学法概要》，陕西人民出版社，1982 年，第 20 页。
② 赵恒烈：《历史课中的图文示意教学法》，《历史教学》1987 年第 6 期，第 31 页。
③ 赵恒烈：《中学历史实践四十年》，《历史教学》1989 年第 9 期，第 5 页。

　　1986 年杂志由天津教育局移交天津新闻出版局接管后，编委会制度开始弱化。编委会年龄增大，老一辈的编辑基本退休，参加审稿工作多有不便。杂志社先后增加 7 位编委。尽管编委会的队伍扩大，但编委会制度被削弱是不争的事实，主要表现是对编辑的文章没有严格审查，1986 年后杂志发表编辑文章明显增多。

　　罗宝轩对 1979 年以来史学理论与史学方法进行摘编①，发表在 1986 年的第 7、8、9 三期杂志中。这些连载的文章只是摘录整理，不是真正意义上的论文，如果有编委会审查机制，这些摘编的文章会分解成问答的形式或者通过史学文摘的形式，分成"小方块"呈现给读者。这样处理既能留出版面发表更需要的文章，又能满足读者的需求，也能更好地发挥编辑的功能。1987 年第 6 期"问题解答"

　　栏目中，编辑杜汉鼎对东汉党人的解读②、徐勇对《秦史稿》正误③进行说明，这些就是编辑的应尽之责。

　　冯士钵、于伯明对达洪阿等台湾抗英名将进行研究，讲述清代台湾镇总兵达洪阿与台湾备兵道姚莹同心协力，坚决反抗英国入侵台湾，但被清廷中的投降派制造了台湾"冒功"冤案。④ 但这类专业论文与中学历史教学有距离，不能发挥对中学历史教学的指导作用。

　　为他人作嫁衣，是编辑的本分，这并不意味着编辑不能研究，不应撰写稿件。《历史教学》是专业性很强的杂志，编辑必须撰写能引领中学历史教学相关稿件，而质量达不到水准的稿件可以暂缓发表。创刊时期李光璧在稿源不足的情况下，自己补充杂志需要的相关稿件；资深编辑李世瑜，对义和团与白莲教的关系研究极为深入，在杂志中就发表过《义和团源流

---

　　① 罗宝轩的论文主要为：罗宝轩：《1979 年以来关于史学理论和史学方法探讨的摘述（一）》，《历史教学》1986 年第 7 期，第 4 页；罗宝轩：《1979 年以来关于史学理论和史学方法探讨的摘述（二）》，《历史教学》1986 年第 8 期，第 8 页；罗宝轩：《1979 年以来关于史学理论和史学方法探讨的摘述（三）》，《历史教学》1986 年第 9 期，第 29 页。

　　② 杜汉鼎：《东汉党人有"三君""八俊""八顾"之称，是什么意思？指什么人？》，《历史教学》1987 年第 6 期，第 45 页。

　　③ 徐勇：《〈秦史稿〉正误一则》，《历史教学》1987 年第 6 期，第 30 页。

　　④ 世博（冯士钵）、伯钧（于伯明）：《达洪阿等台湾抗英及"冒功"冤案》，《历史教学》1986 年 8 期，第 20 页。

试探》①和关于白莲教方面的文章。在 20 世纪 90 年代，任世江也撰写大量的文章，而且他的文章基本能引领中学历史教学，如初中教材能力培养研究的系列论文。②

1986 年以后，杂志的内容没有明显的变化，但对封面设计、开本和内文版式设计作了较大的调整。1987 年的杂志编辑在排版上更突出教学和学术的特色，学术论文的版面与教学类论文的版面大致相当。1988 年杂志在栏目设置上做了较大的调整，改变了原来栏目缺乏整体规划的状况，如第 1 期，学术论文 6 篇，约占杂志一半的版面；余下的版面主要是教材、教学参考及教学类文章。1988 年第 2 期的杂志的内容更清晰，学术论文 5 篇，教材教法 4 篇，教学参考 2 篇，综述 4 篇。第 2 期学术论文 3 篇，教学研究 2 篇，教学参考 2 篇，综述 3 篇，读史札记 2 篇。综述文章的数量显著增加。

2. 学术论文没有关注社会热点

当时史学类专业的刊物及大学学报，如雨后春笋般地涌现，权威性的历史学类杂志主要有《世界历史研究》《中国史研究》《近代史研究》等。高质量的专业性强的稿件一般不会在《历史教学》杂志上发表，但是它面对社会需求的急剧变化，无动于衷，使杂志的独特的优势没有得到充分的发挥。

二十世纪五六十年代不乏大家的文章，八九十年代大家写的文章多为一些书序，如 1990 年第 6 期王玉哲写的序言③，1990 年第 11 期杨志玖写的序言④。这时期，整体而言学术方面名家论文少，学术水平下降明显。当然，从局部来说还是不乏新生代的论文。

（1）中国史方面，《历史教学》出现如杨天石、茅海建、李喜所、雷颐等名家的论文。

茅海建经过研究后认为，鸦片战争期间，从清军指挥人员的出身基本能分析出战争的走向。最愚笨的指挥官是叶名琛，最优秀的指挥员是僧格

---

① 李世瑜：《义和团源流试探》，《历史教学》1979 年第 2 期，第 23 页。
② 任之初（任世江）：《人教版义务教育初中〈中国历史〉教材能力培养研究（一）》，《历史教学》1992 年第 8 期，第 28 页。
③ 王玉哲：《〈商周家族形态研究〉序言》，《历史教学》1990 年第 6 期，第 10 页。
④ 杨志玖：《〈元代分封制度研究〉序》，《历史教学》1990 年第 11 期，第 2 页。

林沁，但他们都落后于时代。在制度不如人，武器不如人，指挥员落后于时代的背景下，鸦片战争清政府失败具有必然性。① 这个内容与中学历史教学的关系紧密，有利于提高教师的素养。

上海的《时务报》是维新变法运动期间一份重要的宣传刊物，它与天津的《国闻报》南北呼应，共同宣传维新变法思想。雷颐对《时务报》筹办、成立后的运营及被张之洞控制的过程，梳理得非常清楚。而且作者文笔流畅、语言生动。论文的内容又能深化中学历史教学的相关内容。②

学习西方学习过程中，有四种态度，一是"食洋不化"，不分好坏，盲目地照搬西方一切。二是顽固不化，不睁眼看世界，排斥一切新生事物。三是像辜鸿铭那样，站到近代革命运动的对立面，原因是他把中外文化简单化、绝对化。四是科学的态度，批判地继承，创造性地吸收。③ 平时在中学历史教学过程中对待西方的态度一般总结为照单全收、笼统排外、批判继承，李喜所增加辜鸿铭这一种态度，并分析其原因，中学历史教师在饶有兴趣之余，不知不觉地扩大了知识视野，深化了对中国人对西方态度的认知。

杨天石对光绪皇帝与康有为的戊戌阴谋展开实证研究，对袁世凯提供的戊戌史料进行甄别，认为哪些史料是可靠的，哪些史料有可能存在作伪的嫌疑。④ 朱凤瀚对秦都雍城考古进行研究⑤等。这些论文观点新、内容新，丰富教学内容，拓展了教师视野。

（2）世界史方面，《历史教学》开始关注二战以来的国际关系。

研究二战后的国际关系，离不开美苏"冷战"、美国的霸权政策等内容。徐国琦整理翻译了美国知名学者托玛斯·佩特森的有关演讲稿⑥，看到当代修正主义修改了苏联挑起"冷战"的说法。他们通过大量的数据表明，苏联在二战经济濒临崩溃，军事技术比美国落后，"苏联威胁论"的做法只

---

① 茅海建：《第二次鸦片战争中清军指挥人员刍议》，《历史教学》1986 年第 11 期，第 12 页。
② 雷颐：《略论〈时务报〉》，《历史教学》1986 年第 11 期，第 19 页。
③ 李喜所：《辜鸿铭与中西文化》，《历史教学》1988 年第 4 期，第 12 页。
④ 杨天石：《光绪皇帝与康有为的戊戌阴谋》，《历史教学》1986 年第 12 期，第 11 页。
⑤ 朱凤瀚：《秦都雍城考古述要》，《历史教学》1986 年第 11 期，第 2 页。
⑥ 托玛斯·佩特森，徐国琦译：《冷战的起源》，《历史教学》1987 年第 11 期，第 24－27 页。

是美国的夸大而已，这与美国称霸政策密切相关。

徐国琦整理翻译的托玛斯·佩特森有关《杜鲁门主义与遏制战略》①，看到美国企图以遏制苏联为借口，实行"冷战"。伊朗危机直接导致杜鲁门对希腊和土耳其危机抛出杜鲁门主义。杜鲁门一意孤行，使用欺骗的手段隐瞒了苏联的实际情况，让美国民众认为苏联等社会主义国家在世界范围内的确立就是在实行扩张政策。

谋求全球利益是美国对外政策的主旨。张象在《第三讲　战后初期美国的全球战略（上、下）》②③ 两篇文章中谈论了美国的霸权政策。他认为，随着美国国力增长，美国的野心也增长，"美国必须楔入世界的中心，或者开创世界的中心"④。孙晖在《浅析美国的霸权政策》中对美国霸权主义进行了评价。他认为美国推行"霸权政策"是二战期间美国经济军事实力膨胀的必然结果。⑤

（3）专业精深的学术论文与读者群体阅读水平的矛盾

《历史教学》发行量主要靠中学历史教师支撑，读者群体有很大一部分也是中学历史教师。由于学术研究与中学历史课程内容逐渐拉开距离，一般中学教师读者不太关注与中学历史无关的学术研究。上述所举例的杨天石、茅海建的论文学术性很强，但多少与中学有关联。再如一些学者的文章，过于专深，如丁鷛孙、丁柏传、武建国、李治安、李卓、吕万和都是史学专门领域的大家，他们撰写的论文尽管能在一定程度上提高历史教师的素养，但因这些论文过于专业，很难引起中学教师的读者共鸣。

丁鷛孙对《尚书》训诂的研究。该论文认为《尚书》是我国现存最早的典籍之一，由于年代久远，字句难免错误；《尚书》使用的词，多为古义，颇费周折；加之极少用虚词，理解难度增加。理解《尚书》就必须借

---

① 托玛斯·佩特森，徐国琦译：《杜鲁门主义与遏制战略》，《历史教学》1988 年第 4 期，第 27 - 30 页。

② 张象：《第三讲　战后初期美国的全球战略（上）》，《历史教学》1987 年第 11 期，第 44 - 47 页。

③ 张象：《第三讲　战后初期美国的全球战略（下）》，《历史教学》1987 年第 12 期，第 28 - 31 页。

④ 岁伯特·达莱克：《罗斯福与美国对外政策（上）》，商务印书馆 1984 年，第 16 页。

⑤ 孙晖：《浅析美国的霸权政策》，《历史教学》1999 年第 3 期，第 40 - 43 页。

助训诂，根据《尚书》材料分析，以求得正确的含义。①

丁柏传对石勒的研究。石勒是十六国割据政权后赵的建立者，他是雇农出身，最后当上了皇帝。他重视历史的经验教训，并且将其融于自己的治国方略之中。作者还注意到这篇论文的注释，韩国磐《谈谈石勒》的论文发表在《社会科学战线》上，张秀平《关于石勒的再评价》问题发表在《民族研究》上，石勒是羯族人，论文发表在《民族研究》是专业对口，发表在《历史教学》上过于专业。②

武建国对孟昶的研究。孟昶是五代十国时期后期最后一个皇帝，在他统治四川 31 年期间，积极作用大于消极和破坏作用。③ 这个历史人物可能在四川文化史上是一个比较重要的人物，但是发表在杂志上就不太适宜。在 80 年代的教材中，五代十国只是涉及，要教师了解后蜀的末代皇帝，纯粹是增加教师的负担。

李治安对元代质子军的研究。所谓质子军，就是在蒙古国时期，为执行征伐、镇戍等职司而从河西、河北、山东等被征服地区的将校或白身富户子弟中征集而来的比较特殊的军队。④ 这篇论文属于专题论文，学术性很强，可惜与中学历史教学关联度不大。

李卓对日本大化时期户籍制度的研究。日本古代户籍制度是指大化改新期间学习唐朝，改革日本的户籍制度。日本古代户籍制度有自己的特色，因此中日户籍存在差异，但也被作为班田制的基础。⑤

吕万和对"秩禄处分"的研究。"秩禄处分"是指日本明治维新期间，逐步革除封建武士俸禄的制度。因为 1869 年"奉还版籍"、1871 年"废藩置县"以后，华族和士族仍坐食俸禄，给日本财政带来严重的负担，因此明治政府实行"金禄公债"制度，将大量俸禄转化为资本。⑥

这正是《历史教学》办刊面临的问题：如果不刊登学术论文，杂志的

①　丁緜孙：《谈谈〈尚书〉训诂》，《历史教学》1986 年第 3 期，第 5 页。
②　丁柏传：《石勒与史学》，《历史教学》1986 年第 8 期，第 15 - 17 页。
③　武建国：《略论孟昶》，《历史教学》1986 年第 6 期，第 7 页。
④　李治安：《元代质子军刍议》，《历史教学》1988 年第 5 期，第 6 页。
⑤　李卓：《日中古代户籍制度浅议》，《历史教学》1987 年第 9 期，第 34 页。
⑥　吕万和：《明治初年的"秩禄处分"》，《历史教学》1986 年第 3 期，第 27 - 28 页。

学术标准必然受到影响；如果《历史教学》单纯刊登教学类文章，杂志势必会归类到教育类刊物，而不是史学类杂志。这种"脚踩两只船"的现象，有些人认为是《历史教学》的特点，也有人认为这是《历史教学》必须正视且必须解决的问题。

杂志创刊很长一段时期，坚持教学与学术并重，学术主要体现在"大家写小文章"及所刊登的学术论文与中学历史教学密切相关，读者并没有感觉到学术论文与中学历史教学的矛盾。20 世纪 80 年代中后期以后，史学研究与中学历史课程内容越来越远。杂志坚持《历史教学》特色，同时刊登学术论文，并将学术论文一直放在每期的最重要的位置，占到杂志的一半版面，后面才是安排中学历史教学类的文章。如果不刊登学术论文，直接影响到《历史教学》的学术性质，以大学教授为主体的编委也不会同意。如果刊登学术论文，中学教师看不懂，对杂志的订阅也会产生影响。因此。在重建特色时期，《历史教学》面临的两难处境。20 世纪 90 年代以后，《历史教学》以刊登教学类文章为主，导致刊物的学术地位迅速下降。2007 年《历史教学》分为高校版和中学版，也是试图解决这些矛盾。

第四章
偏重教学和学术"滑坡"（1991.4—2001.5）

　　1991 年 4 月侯万鸣担任《历史教学》社长。天津历史研究所的左建继续担任总编。1994 年 10 月左建去世以后，岳林、李梦芝担任杂志的副主编。这个时期《历史教学》的发展喜忧参半。喜的是 20 世纪 90 年代前期杂志为中学服务意识更强，围绕中学培养能力做了许多有益的探索。忧的是杂志的学术论文质量继续下降，不能满足杂志受众群体的基本要求。主编对编辑的管理失控，杂志出现乱象。

第一节　高考的能力立意与能力培养的教学

一、教学大纲与教材内容的渐趋稳定

1. 20 世纪 90 年代的初中和高中历史教学大纲

（1）1992 年《九年制义务教育全日制初级中学历史教学大纲（试用）》

　　1992 的教学大纲与 1988《九年制义务教育全日制初级中学历史教学大纲（初审稿）》、1990 年《全日制中学历史教学大纲（修订本）》大致相同。大纲的目标就是要贯彻德智体全面发展的方针，培养"四有"① 的社会主义建设者和接班人。大纲对初中学生的历史能力提出了明确而具体的要求，学生要初步掌握分析、综合、比较及概括的能力；学生要有初步运用历史

---

① "四有"即有理想、有道德、有文化、有纪律。

唯物主义观点分析和解决问题的能力。①

在课时和内容方面作了调整。根据 1992 年教学大纲，三年制和四年制的初中二年级历史课每周从 3 个课时减少到 2 个，课时总数减少 34 课时。初中二年级讲授中国近现代史的内容，因此教学内容就要减少"中国近代历史知识要点"。为了突出突出历史主干知识，1992 年教学大纲删去了一些过细、过偏，以及涉及国民党方面的相关知识点，如"建立特务组织""中国国民党第六次全国代表大会"。

（2）1996 年全日制普通高级中学历史教学大纲（供试验用）

高中课程有三个大纲，分别为 1978 年、1980 年和 1990 年。按照这些大纲编纂的教材与初中历史教学不相适应，给教学带来较大困惑。1994 年上半年到 1995 年底，与九年义务教育制度相配套的全日制高中历史教学大纲被提交审查。

1996 年 3 月，国家教委发布了高中课程计划和《全日制普通高级中学历史教学大纲》。

该大纲规定，高中历史课程属于较高层次的基础教育内容，在提高国民素质、贯彻教育方针、培养社会主义事业的接班人和建设者方面具有重要意义。在初中的基础上，对能力方面提出了更高的要求，"培养学生阅读、理解、分析历史资料的能力和阐述历史问题的能力"，在历史思维能力方面，提出要进一步提升运用唯物史观观察和分析问题的能力。②

高中历史教学大纲将教学内容分为必修和选修。中国近现代史课程作为必修内容被安排在高中一年级，每周 3 课时；世界近代史和中国古代史是文科学生必修的课程，分别安排在高二、高三进行。中国文化史和世界文化史为选修课，安排高中一年级和高中二年级进行，为学有余力的学生提供更多的选择机会。③

---

① 李隆庚：《20 世纪中国中小学课程标准·教学大纲编：历史卷》，人民教育出版社 2001 年，第 656 页。

② 李隆庚：《20 世纪中国中小学课程标准·教学大纲编：历史卷》，人民教育出版社 2001 年，第 656 页。

③ 李隆庚：《20 世纪中国中小学课程标准·教学大纲编：历史卷》，人民教育出版社 2001 年，第 690 页。

2. 建立了初、高中配套的历史教材

（1）初中的"八套半"教材

根据九年义务教育教材编写方案，计划编制初中历史教科书八套半。

人民教育出版社两套义务教材。出版社编了一套全国六三系统教材，并在此基础上又出版了一套五四系统教材。1992 年，新版九年制义务教育教科书《中国历史》（三册）问世。该套书由人民教育出版社编辑，经国家教育委员会中小学教材审批委员会正式通过。

本套教材具体许多鲜明的特点：一是编写体例新颖，用单元代替原来的编、章、节体例，便于教师教学。每课课文包含九个部分，课前提示、文本、阅读文本、文献资料、绘画、历史地图，在课堂上思考问题、注释、课后练习等。二是编写新教材应借鉴历史研究的新成果。三是编写注重科学性。四是通过生动的标题、灵动的文字、有趣的故事等，创设主题、浅化教材，启发学生思考。[1]

发达地区教材。上海市教育局、上海教育出版社承担编写发达地区义务教材的重任。上海版历史义务教育教材学习了欧美先进的教学经验，呈现明显"海派"风格。上海教材编写的思路之新主要体现在以下几个方面：扉页设计新颖，运用章节体的体例，使历史的学科性与认知能力大致平衡；上海版教材每一章的开头都有一段简短的导言，对该章的内容起了提纲挈领的作用。正如李大钊所说："过去的事实是死的，历史的事实是活的"，教材不断吸收学术研究新成果，与时俱进，以达到完善学生知识结构的目的。[2]

内地版教材。川教社面向内地广大农村和城镇学校出版了一套教材。根据龚奇柱 1990 年提供的数据，重庆的初中历史教师专业不对口现象严重，重庆市大足县应配备历史专职教师 56 人，实际只有 9 人。永川县应配备农村初中历史专职教师 144 人，结果全日制教师只有 8 人。江北县历史教师缺口 161 人，专职教师仅 36 人。因此，内地版的教材要符合内地的教师及学

生的水平，"接地气"的教材才能真正激发教师教学和学生学习的潜力。

北京师范大学出版社教材。北师大版是一套五四制教材，在实验区试用后面向全国发行并使用。①

沿海版教材。这套教材由广东省教委、福建省教委、海南省教育厅及华南师范大学合编，是面向沿海地区发行的一套教材。

综合版教材。浙江省教委编写了一套历史与地理学科综合的《历史与社会》。

农村复式教材。该教材为双师型农村复式教材，小学用书由河北省教育科学研究院编制。只有小学教材，没有初中教材，因此只算半套。

原计划八所高等师范院校出版社出版一套教材，但半途而废。因此，实际面世的是"七套半"，但习惯上仍然称之为"八套半"教材。

"八套半"教材从 1989 年逐步推出，1992 年通过全国中小学教材委员会审定，1993 年秋季开始官方供应。八套半教科书的建设是我国中小学教材多样化的开端，为教材多样化奠定了基础。然而，这些教材产生于我国教材编写权力开放的初级阶段，作者之间缺乏经验和相互模仿，使得这些教材或多或少是相同的，没有形成鲜明的特征。经过近 10 年的市场测试，八套半教材多数退出市场的竞争。②

（2）高中历史课程的调整、试验与推广

①高中历史课程的调整。1991 年，高中阶段开始全面开设历史课。在正式教材没有出版之前，使用彭明编著的《中国近代现代史讲座》作为过渡教材。自 1992 秋季以来，高中一年级开设了世界近代史，第二年开设了中国近现代史，第三年高中开设了中国古代史。高中实施学业水平能力考试以来，为保证文理科的学生都能进一步了解中国的国情，高一与高二开设的历史课程互相调换，高一开设了中国近现代史，并将它作为学业水平测试的内容，高二文理分科以后，文科生选修世界近代史和中国古代史。

基于中国历史是世界历史的重要组成部分，从世界历史的角度来看待

---

① 石鸥、吴小鹏：《百年中国教科书（1949—2009 年）》，湖南教育出版社 2009 年，第 335 页。

② 石鸥、吴小鹏：《百年中国教科书（1949—2009 年）》，湖南教育出版社 2009 年，第 337 至 345 页。

中国历史的发展的思路，上海市高中使用中外混编的教材。这种与世界接轨的教材能拓展学生的视野，但中外历史的编纂体系存在着难以克服的缺陷。以中国历史为主线，就无法勾勒出世界历史的内容；以世界史为主线，中国史许多重大历史事件与世界史没有联系，跳跃性太大，难以形成中国历史发展的清晰线索，以及完整的知识系统。

②高中"两省一市教材"的试验。"两省一市教材"是指1997年开始在津晋赣等地试用的教科书，是人教社在1990年调整的基础上试行的新教材。这套教材坚持历史的科学性，纠正历史事实的谬误。① 历史分期上在保持传统中有些许创新，如关于世界近代史的划分，一些世界史专著将世界近代史的开端推进到1500年，世界近代史的开端推进到19世纪末20世纪初。②

③调整后高中历史课程的推广。自1999年下半年以来，教育部基础教育司组织专家对实验教学大纲进行了一定程度的修订和调整。新修订的全日制普通高中历史教学大纲（实验修订版）自2000年9月起在江苏、江西、山西、辽宁、黑龙江、安徽、河南、山东、青海、天津等10个省市进行新一轮调整。王宏志论述21世纪高中历史教学大纲的指导思想。坚持以马克思主义为指导思想，体现时代精神，注意区分高、初中历史教学的层次性，提高高中学生的思想教育和能力培养的层次，使大纲富有弹性，以适用于因材施教③。叶小兵认为，高中历史课程调整的核心就在于通过历史学科教学，强调培养学生的创新学习能力、合作探究性能力④，同时吸收历史研究新成果。

3. 地方教材

为了建设完整的国家和地方、学校级课程等三体系，《九年制义务教育教材编写规划方案》规定，"乡土教材是本地区需要的补充教材，由地方编

---

① 马执斌：《高中〈中国近代现代史〉上册修订说明》，《历史教学》1995年第8期，第24页。

② 臧嵘：《面向21世纪的全日制普通高中历史教学大纲的编写原则和特点》，《历史教学》1996年第2期，第29页。

③ 王宏志：《21世纪高中历史教学大纲的指导思想》，《历史教学》1997年第6期，第5页。

④ 叶小兵：《关于高中历史教学大纲（试验修订版）的一些重要调整》，《历史教学》2000年第6期，第21 – 24页。

写，省、自治区、直辖市中小学教材审查委员会审查通过后，在本地区推荐使用。"历史学科与地理学科联合起来，由各省、自治区的教科院（或教科所）组织编写乡土史教材。这些乡土教材是教科书的重要补充，对完善学生的知识结构，激发学生的学习潜力，促进中学历史教学理念、教学内容和教学方法改革等，起着重要的推动作用。

二、以能力立意的考试测量与评价体系形成

20 世纪 80 年代，历史学科的教学过分重视知识的传授，忽视能力的培养，产生了较大的消极影响。1990 年高考历史命题思路突变，由传统的知识立意向能力立意转变，加之高考改革方向与中学教学思路南辕北辙，致使高考历史成绩迅速降低。

1. 能力立意测量方式出台的背景

1977—1984 年全国高考历史学科平均分在 60 分以下，在合理区间的分数不影响高考的选拔。1986 年随着高考试题的绝对难度提高，其他学科的成绩下降，而历史学科成绩不恰当地上升，其"死记硬背"所占的分值与学科地位不相匹配，在社会上引起空前关注。传统的测量维度思路是按照"知识掌握程度"命题，与国家素质教育的培养目标相悖离。① 吴景平参加过高考命题工作，对中学历史教学状况有基本了解，认为历史教学的客观性、全面性的要求与应试性之间的矛盾突出，对中学历史教学组织提出了挑战。②

历史学科短时突击见效的得分方式为时代"诟病"，并对国家政治生活产生影响。1987 年，党的十三大报告第三部分的第一条就明确指出，要提高教学质量，"克服教育脱离实际和片面追求升学率的倾向"。1988 年 8 月教育部考试中心对 11 年以来的高考进行总结。当时对历史学科的命题要求，是在突出历史学科特点基础上，下决心降低历史学科的平均分。为达到这个目的，会议决定采取增加材料分析题、增加多项选择题、改造问答题等

---

① 史斯（梁育民）：《求获而务耕——历史高考能力考查刍议》，《历史教学》1991 年第 4 期，第 33 页。

② 吴景平：《执着治学 上下求索》，《历史教学》2004 年第 3 期，第 6 页。

三项措施。在不改变知识立意的前提下，命题组成员希望改变题型，考查学生深度记忆及知识整理能力。

1989 年高考结束后，为了进一步寻求突围，"全国中学历史教学考试改革研讨会"在山东临沂召开。会议决定增加材料分析题的比例，测试学生从材料中获取有效的信息、分析问题的能力。在问题设计方面，主要运用历史唯物主义观分析问题、解决问题；同时改变传统的采分点计分法的方法，由原来不问逻辑不问观点，看到采分点就给分的机械评分方式，增加了答题的条理、层次及逻辑的要求，使评卷工作相对更加科学合理。这次研讨会标志着命题思路开始由"知识立意"向"能力立意"转变，具体成果体现在 1990 年高考命题上。

命题专家对高考进行深入的研究和调研，1990 年的考试结果依旧不乐观，试题考查能力的要求过高，难度过大，平均分仅为 48.3 分。这次考试引起历史老师的强烈反响："题目过难、过偏、超纲"；"今后中学历史教学不要以教科书为依据了；"有的教师干脆认为，1990 年的高考试卷是"与教师和学生为敌"；"高考题出成这样，不知道怎样上课了"。

1990 年开始，首都师大的刘新成持续十余年参加北京的高考命题工作。其命题期间，基本处于从"考知识"到"考能力"的转变过程，他对高考命题及评卷有真真切切的感受。他认为试题难度位于 0.55～0.6 区间，最利于人才选拔。尽管命题的难度符合要求，但阅卷评分尺度没有把握好，就会得到错误的反馈信息，给高考命题带来一些不良影响。如有时题目难，考生得分反而高，主要是制定细则的评卷教师，没有严格执行教育部考试中心参考答案，担心学生得分低，便放松对考生的答题要求。但是，从成绩的绝对值而言，题目已经很难，分数反而越来越高，命题者在设计题目时，会越来越深，这样形成一个"死结"，对中学历史教学越来越不利。①

这些反映了近年来中学历史教学的教与考中存在的深刻矛盾，特别是命题专家以"能力立意"进行命题，而教师、学生仍按原来"知识立意"方式进行备考，造成教与考的目标严重脱节。中学历史教学重视记忆，忽视能力的培养。这种根深蒂固的传统思想与当时的高考不适应，因此我们

---

① 刘新成：《一个中国学者对世界历史的思考》，《历史教学》2005 年第 10 期，第 12 页。

要改变教学的指导思想，依托历史知识，努力培养学生的学科能力。

2. 能力立意的测量方式的发展

能力是指社会上的个体分析和解决问题的水平。1990 年，在国家教委考试管理中心的组织下，刘芃等一批历史命题专家开始以历史学科为突破口，探索"能力立意"的考试命题之路。

1986 年的《教学大纲》及 1990 年的修订本中，要求学生拥有"运用历史唯物主义基本观点观察问题和分析问题的能力"[①]。这种能力本来就很抽象，而且没有具体指出怎样培养这些能力，明显缺乏操作性，历史教师始终没有把培养能力当作历史课程的重要任务，依旧是围绕知识点的落实来展开历史教学。这充分说明，教学大纲的能力目标与高考能力的要求相差甚远。教师严格执行教学大纲要求，历史教学培养的学科能力则达不到高考的基本要求。

1991 年史斯（梁育民）对历史学科要考查的能力就有比较完整的认识。他认为历史学科的能力应当包括以下三个方面：在本体论方面，学习历史的基本知识；在方法论方面，主要体现在对史料的解释和应用；在认识论方面，将知识、概念和已知材料与特定的历史思维活动进行无缝对接。按照测量与评价专家刘芃的观点，要把能力变成有形的考核方式，就必须要与历史思维有机结合。通过培养学生的历史思维，达到提升学生能力的目的。这种方式便于操作，有利于教师培养学生的能力。[②] 聂幼犁反应迅速，针对梁育民提出的问题，他在论文中谈到

历史学科能力目标的具体化、学科化、可操作性的问题。他从学生学习历史的学科思维特征出发，形成了识记鉴别、领会诠释、分析综合、辩证评价共 4 个方面 36 条的体系，使能力目标更具操作性。[③]

1992 年，在当时命题处的梁育民和刘芃的主持下，考试中心出台了历史《考试说明》，并对考查目标进行了学科化的界定，提出十项指标。

---

① 课程教材研究所：《20 世纪中国中小学课程标准·教学大纲汇编：历史卷》，人民教育出版社，2001 年，第 540 页。

② 史斯（梁育民）：《求获而务耕——历史高考能力考查刍议》，《历史教学》1991 年第 4 期，第 34 – 35 页。

③ 聂幼犁：《关于历史学科高考能力目标问题》，《历史教学》1992 年第 1 期，第 38 页。

1995 年进行修订。为方便操作，将十项内容总结成四个方面，具体内容则进一步细化。第一目"再认、再现历史知识"，包含两条内容。在 1992 年的第一条的"再认、再现重要历史事实"的基础上，增加了"历史概念和历史结论"的内容，并对 1992 年的第二条内容进行调整。这是明晰且具体的内容，要求学生不但要掌握基本的知识点，而且还要从整体上把握历史发展的基本规律和特征，这个内容就是历史教学中的重点。

第二目是"材料处理"。对 1992 年的三条内容进行修改，修改后的头条内容则是提出"阅读理解历史材料"，指出阅读史料是学习历史的基本途径；然后就是递进关系，要求整理材料，全面获得有效信息，就比简单地阅读史料的思维层次要高一些；至于对材料进行论证说明，这是对高中学生处理材料，提出了比较高的要求。

第三目是"历史阐释"。1992 年的考试说明是对历史事件和历史人物进行比较和评价，概括历史事件过程及历史事件背后的基本动因。1995 年的说明，则在"比较"的基础上，增加"归纳"和"概括"的内容，说明对考生的能力考核进一步加强；评价历史事件和历史人物，增加了"在特定的历史条件下"的限定语，更加符合历史学科的基本特征；在概括历史事件和历史本质时，提出"初步运用辩证唯物主义和历史唯物主义的观点"来进行理论的指导和分析，从而提升了能力考核的理论层次。

第四目是"文字表达"。1995 年的考试说明，与 1992 年的内容大同小异，没有很大区别。只是 1995 年概括比 1992 年的更到位、更精准，提出要"语言准确、逻辑严谨"，要做到"史论结合"。[①]

经过 20 多年发展和完善，2016 年高考考核的能力已经发展到四个方面12 个层次。很明显，这四个层次是上世纪 90 年代能力内容的升级版，"获取和解读信息"与原来的"材料处理"思维层次相当；"描述和阐释事物"与原来的"历史阐释"相当。后面两个层次被"调动和运用知识""论证和探讨问题"取而代之。这些说明现在高考历史对考生的能力考查要求更高。这四个思维层次相对来讲还是比较好判断，但是同一个层次的三个方面分

---

① 任世江：《理解高考改革　深化教学改革——从 1995 年〈考试说明〉的能力要求看历史教学改革的方向）》，《历史教学》1995 年第 3 期，第 30 – 32 页。

得过细，下一个层次的思维，肯定包含上一个层次的思维在内，但在具体层面上还是比较难操作。吴景平参加过高考命题工作，对中学历史教学状况有基本了解，认为历史教学的客观性、全面性的要求与应试性之间的矛盾突出，对中学历史教学组织提出了挑战。①

3. 对考试测量与评价的研究

（1）梁育民、刘芃及聂幼犁对考测量与评价的研究

梁育民是国家考试中心的负责人，因此对高考的认识高屋建瓴。他认为，高考考查能力是革除时弊，发扬历史传统，尊重教育规律，迎接未来挑战的需要。就如何考查能力，提出运用多项选择题，考查重点内容；推出材料分析题；改造问答题，避免活题死答和活答死评。1990—1992 年历史考试改革三年面临着逻辑上、学术上、情感上和政治上的压力。特别是高考能力考查先行一步，这样有利于中学加强能力的培养，体现高考对历史教学的反拨作用。②

刘芃是高考历史学科具体的操盘手，他认为，高考命题基本意图就是考查学生掌握考试大纲和教材所提供的知识信息和理论，要求重视历史理论的运用，重视历史概念的考查，强调对历史现象进行相对完整的叙述、多角度分析、发掘现象之间的隐性联系及与其他学科的联系。③

1990 年上海市试题开始明显变化，到 1997 年逐渐形成了"海派"特色，这与聂幼犁的研究密切相关。早在 1988 年，他就撰写了《中学历史学科学业评价》，较为科学地评述现代测量评价的基本原理；聂幼犁引进、吸收、创新了国外测量评价技术。他翻译了英国历史学科课程标准和剑桥大学考试委员会编制的试题，比较系统地向国内介绍了西方中小学历史教学

---

① 吴景平：《执着治学 上下求索》，《历史教学》2004 年第 3 期，第 6 页。
② 任世江整理：《关于历史科高考注重能力考查的有关问题——国家教委考试中心梁育民答本刊记者》，《历史教学》1993 年第 1 期，第 13－16 页。
③ 刘芃：《历史学科的教育与测量（一）》，《历史教学》1994 年第 11 期，第 16－18 页。

目标和测量评价技术。①

（2）对高考历史题型的研究

新中国成立以来，高考历史学科的题型走了一条由简到繁，再有繁到简的道路。从1990年到1997年，试题结构逐渐趋于稳定，题型主要是选择题、填空题、史料分析和问答题。高考历史题型的使用、调整和转换，标志着考试规范化水平的提高，反映了命题改革向纵深发展的趋势。事实上，从高考历史学科的改革、应用和调整过程中，我们可以清楚地看到命题思想的演变。试题题型的使用、调整和改革的过程始终围绕着问题类型的识别与实践，具有可靠性高、误差小、答题方式简单、评分容易等特点。现在高考只有选择题、材料解析、小论文三种题型，这就是在实践中长期筛选的结果。②

三、中学历史学科思维能力的培养

无论是选择题，还是材料分析题，只要高考坚持历史命题以能力立意，教学就必须要培养能力，深入挖掘历史教材内部的思维结果。历史学科思维在思维对象、思维条件、思维方式、思维性质等方面与其他学科有明显的差别。③ 当时任世江刚从《历史学习》转岗到《历史教学》当编辑，凭着他对中学历史的熟悉程度，发现中学历史教学必须重视思维能力的培养，因此在《历史教学》中，极力倡导中学历史学科思维能力的培养。

1. "培养学生历史思维能力"的重要性

1992年任世江就在论文中提到，加强对学生历史思维能力的培养具有必要性，1989年出现的政治风波，主要是一些大学生思维能力弱，对基本问题的错误判断所致；"高分低能"的现象，也源于教学缺乏思维训练。因

---

① 聂幼犁译，吴棠校：《英国剑桥大学地方考试委员会中学历史学科（GCSE）结构式试题（连载一）》，《历史教学》1992年第11期，第46页；聂幼犁译，吴棠校：《英国剑桥大学地方考试委员会中学历史学科（GCSE）结构式试题（连载二）》，《历史教学》1992年第12期，第24页；聂幼犁译，吴棠校：《英国剑桥大学地方考试委员会中学历史学科（GCSE）结构式试题（连载三）》，《历史教学》1993年第1期，第29页。

② 刘芃：《论题型》，《历史教学》1996年第3期，第25－28页。

③ 任世江整理：《关于历史科高考注重能力考查的有关问题——国家教委考试中心梁育民答本刊记者》，《历史教学》1993年第2期，第20页。

此，在历史教学中，教师必须要更新教学观念，重视培养和发展学生的历史思维能力，改变传统的死记硬背的应试教育模式，强调培养创造性思维。

过去我们把教材编著者对教材的解读当作教材研究，这种研究仅仅是强调对教材内容"量"的删减，而缺乏对教材"质"的研究。应试考试背景下的教师，也只是对教材进行应试性的解构，把知识简单分成条条框框，学生好记，教师好教而已，至于教材内部深层次的思维结构却没有关注。因此，要培养学生的历史思维能力，必须要深入研究教材的思维结构，使学生的知识水平和思维水准达到中学开设历史课程的目标。[1] 历史教学编辑部专门发文，认为教材是教学基础，要依据教材的知识结构逐层进行能力培养。呼吁历史教学研究者要在教学实践之前，研究教材的思维结构，这样做有利于将能力培养寓于历史教学过程之中。[2]

中学历史教师不知道如何挖掘教材、培养能力，任世江率先垂范，在杂志连续发表三篇教材培养能力研究的文章，指导中学历史教师培养学生的思维能力。以往的教材重视政治史、阶级斗争史，对经济史和文化史并不重视。在九年制义务教材编写过程中，大量增加文化史的内容。文化史的教材如何培养学生的能力？林木和任世江给予了很好的回答。如讲到《诗经》时，一般教师照本宣科，点到为止。林木通过设计"从《诗经》等文化成就的产生，认识到人民群众是文化创造的主人"这个问题，引导学生思考。《诗经》相传是孔子编订的，但《诗经》分风、雅、颂三部分，风主要的是齐国民间歌谣，它是在漫长的历史时期很多的无名作者集体智慧的结晶。每节课都这样去渗透唯物史观，从初中开始就培养学生的思维能力，可以避免到高三文科班，集中突击培养能力的尴尬。[3]

---

① 人之初（任世江）：《提高认识　更新观念　研究教学——关于培养学生历史思维能力的思考》，《历史教学》1992 年第 5 期，第 30 页。

② 本刊编辑部：《应当开展对教材能力培养的研究》，《历史教学》1992 年第 8 期，第 26 页。

③ 林木、任之初（任世江）：《人教版义务教育初中〈中国历史〉教材能力培养研究（三）》，《历史教学》1992 年第 10 期，第 48 页；另外 2 篇为：任之初（任世江）：《人教版义务教育初中〈中国历史〉教材能力培养研究（一）》，《历史教学》1992 年第 8 期，第 28 页；任之初（任世江）：《人教版义务教育初中〈中国历史〉教材能力培养研究（二）》，《历史教学》1992 年第 9 期，第 27 页。

2. 高校教师与中学教师联合团队的实践探索

早在 1988 年，叶小兵和北京三中的朱尔澄申报了一个课题，"在中学历史教学中培养和发展学生的历史思维能力"，比较早地探索历史教学培养思维的途径及实现的措施。

历史思维包含形象思维和抽象思维。形象思维是学生学习和把握具体历史知识的过程中产生的心理过程，按照意象种类分再造想象和创造想象。在叶小兵整理的文章中，较早地提到"神入"概念，要求站在古人的立场去理解古人的思想变化，在认识上建立古今联系，以更好地发挥再造想象和创造想象。抽象思维即逻辑思维，指在感知材料的基础上，以认识历史的本质为目的的思维活动。逻辑思维分形式逻辑思维和辩证逻辑思维。编制课堂教学问题性习题，引导学生积极思考，以提升学生的逻辑思维能力。[①]

北京教科所张静与北京三中合作，运用教育科学的研究方法探索历史思维课堂的有效性。他们在北京三中初一选了一个实验班，一个对比班进行尝试。教学的内容是《金与南宋对峙的中国》。实验组首先运用探究性的情境习题对两个班的学生进行前测；然后对实验班精心设计问题性习题，引导学生积极参与，同时考虑到实验班的非智力因素等，充分调动学生学习积极性；在对比班则按照传统方法进行教学；最后对两个班进行后测。实验证明发现，实验班的效果显著优于对比班级，这个实验充分证明思维性课堂的教学有效性明显优于传统课堂。[②]

田京生等运用实证的研究方法，探讨思维能力培养的具体措施。形象思维能力包括感知能力、想象能力和联想能力。原北京三中朱尔澄结合教科书设计耒耜和犁的知识，课堂讨论犁是怎样产生的。第一步，学生直接阅读教科书的插图，耒耜、牛耕、铁犁，让学生间接感知，这是形象思维的基础；第二步，发挥学生的想象力，明确耒耜与铁犁两种不同的劳动工具之间存在着某种联系，这是形象思维的开始；第三步，通过学生联想，

---

① 本刊编辑采访录（叶小兵、彭莘整理）：《培养和发展学生思维能力的探索》，《历史教学》1991 年第 6 期，第 26 – 29 页。

② 张静、张桂芳、朱尔澄：《对历史思维实验教学的探索》，《历史教学》1993 年第 2 期，第 29 – 33 页。

寻找两种生产工具之间的联系。再经过师生对知识的整理，就这一个知识点而言，这就形成了一个完整的想象思维能力培养过程。

这其中的形象包含直接形象和再造形象。如耒耜、铁犁这些教材中的插图，就是直接形象；犁是怎样产生的，就包含再造的场景、再造的人物，这一系列的内容就是再造形象。抽象思维能力是指初步分析和评价历史事件、历史人物的能力；透过现象看到实质的归纳总结能力；揭示事物内在规律性的能力。[①]

经过两年的教学实践，田京生和齐渝华在历史形象思维能力培养方面有了更为成熟的经验。一是原来感知主要来自教材中插图，实践之后，他们进行了补充。认为历史情境和形象化的图示也是感知的主要素材。二是对想象与联想的关系作了更科学的界定。他们认为想象是形象思维的重要手段，联想是形象思维得到拓展的桥梁，由此历史形象才能得到"神入"和再造。它们都是在感知基础上更高层次的心理活动，是创造性思维和发散性思维的开始。[②]

3. 赵恒烈等的理论探索

历史教学中培养形象思维能力具有重要作用，它可以形象地描绘历史事件，刻画人物给人以真实感。赵恒烈认为，历史思维操作是有序可循的，可以通过间接感知、归类集纳、选择典型、合理想象、连接排比、总体把握、情感激励七步骤实现。同时指出形象思维通过形象合成、形象识别、形象推演来把握历史理性内容。历史教师充分利用形象思维和逻辑思维，发挥人脑的整体思维，更好地进行历史教学。[③]

田京生培养形象思维能力只有三步，即感知、想象、联想，这是教学实践的结果。赵恒烈经过理论探索，形象思维形成需要七个步骤，这也许就是理论与实践之间的差距。赵恒烈也发现历史图像对学生现象思维的形成起到重要的推动作用。从发展学生思维能力的角度，他认为教学上使用

① 田京生、齐渝华、陈毓秀：《运用课堂讨论培养学生历史思维能力》，《历史教学》1994年第2期，第12–15页。
② 田京生、齐渝华：《历史形象思维能力培养途径的教学探索》，《历史教学》1996年第1期，第13–15页。
③ 赵恒烈：《形象思维与历史教学》，《历史教学》1993年第2期，第23–27页。

图像着重培养学生用语言再建历史形象的能力，用图像证实历史问题的能力，用图像分析历史现象的能力。运用历史图像进行教学，能达到活跃学生思维，唤起学生的探索欲望，发展学生的创造思维能力的目的。①

　　赵恒烈对思维能力分类有一个不断发展，逐步深入的过程。1993年赵恒烈对学生学习历史的思维进行了分类。他从纵向考察思维发展过程分析，将思维分为共时态思维，指当时人对发生在现实中的事件看法；昔时态思维，指后来人（不包括现代人）对历史问题的看法；即时态思维，指现代人对历史的看法。②

　　1994年赵恒烈论述了思维的研究结构、研究对象及思维的特性。他认为，历史思维结构有三个层次。一是用形象思维、逻辑思维及创造性思维，与历史学科结合形成一般的思维规律；二是研究历史思维能力的方法，把历史思维按照从低到高的顺序分成若干个专题进行研究；三是通过历史概念形成思维方法。他特别强调教师要重视学生的思维训练。教师对思维的认识和思维能力的高低，直接决定着教育对象的思维水平。③

　　1995年赵恒烈认为，当时历史教学三项任务中，知识传授、思想教育这两项任务在历史教学界的理解是统一的，而培养的能力则众说纷纭。为更好地明确教学目标，历史学科能力的培养也需要有统一的说法。赵恒烈认为历史学科培养的能力，可以表述为"在历史唯物主义的指导下，培养学生对历史事实的再认再现能力、历史材料的搜集鉴别能力、历史材料的领会诠释能力、历史问题的分析评价能力、历史知识的知往鉴来能力"等。④

　　刘芃认为具体的思维方法可使经典理论变成为个性思维。具体思维包括感知史料、概括性思维、间接性思维、逻辑性思维、目的性思维等。注重基本事实的调查和了解，基本史料是思维的感受的资料和对象。概括性

---

　　①　赵恒烈：《历史图像与历史思维》，《历史教学》1993年第6期，第34－37页。

　　②　孙恭恂、臧嵘：《20世纪末历史教学和历史教材改革的趋势——国际学术研讨会综述》，《历史教学》1993年第11期，第53页。

　　③　赵恒烈：《论历史思维和历史思维能力》，《历史教学》1994年第10期，第23－27页。

　　④　赵恒烈：《中学历史学科能力培养中的几点看法》，《历史教学》1995年第11期，第36－38页。

思维，也就是抽象思维，是揭示事物的本质和内在的规律。间接性思维就是凭已有知识去解决历史特殊问题的途径。逻辑性思维是通向辩证唯物主义的途径。目的性思维就是多角度、深层次地解决问题。生产性思维是指对历史事物形成新的认识。[①]

叶小兵认为，历史思维能力的重要性是不言而喻的，但思维能力如何与历史学科紧密结合，如何体现历史学科的基本特征，如何构建既具有层次性，同时又具有操作性的历史思维能力体系，这是摆在我们面前亟待解决的重要课题。对于这些问题尽管研究者众多，既有一线教师，同时也有大学从事教学法的教师和教研员队伍，但是概念不明确，分类有随意性，对历史学科能力的层次和结构性问题，还没有一个大体趋同的结论。[②]

正是在叶小兵团队的实践探索下，赵恒烈、刘芃等的理论探究中，任世江等编辑的推动下，历史思维能力的研究得到了深入的推进。但是，历史思维能力还没有一个令人信服的分类，形象思维的操作层面有了一定的成果，但培养逻辑思维能力的措施还有待实验数据支撑、更多的实证和理论探索。

在历史考试命题从"知识立意"向"能力立意"转变过程中，中学关注的热点是如何做到"教"与"考"和谐统一，中学历史教师渴望应对之策。而《历史教学》没有站在时代最前沿去引领读者，没有组织系列权威文章回答社会的疑虑，而仍然把教学研究重心放在配合人民教育出版社，研究教材、解读教材、宣传教材方面，错失了一个提升杂志品牌影响力的契机。

第二节 学术论文弱化与编辑乱象

何兹全认为，"历史研究"可以完全不管历史教学，《历史教学》则离不开科研。因为有高水平的科研，才有高水平的教学；没有高水平的科研，

---

① 刘芃：《历史学科的教育与测量（二）》，《历史教学》1994 年第 12 期，第 18 - 19 页。
② 叶小兵：《关于中学历史学科能力的研究》，《历史教学》1996 年第 3 期，第 29 页。

就不会有高水平教学。因此，《历史教学》办刊的方向应该是普及与提高、教学与研究并重。① 1986 年，《历史教学》由天津新闻出版局管理以后，就出现重教学、轻学术的倾向，到侯万明担任主编这段时间，这种趋势更加明显，结果把一份学术刊物办成了教学参考资料，造成质量下降。②

一、论文质量下降的表现及原因

（一）论文质量下降的表现

1. 学术论文数量急剧下降

从学术论文的数量而言，大致由原来学术论文和教育类文章各占一半左右的版面，到 90 年代学术论文的版面占三分之一。有些杂志期数学术论文只有 2～3 篇，有的期数甚至没有出现学术论文。

1991 年第 7 期杂志没有学术论文，《郑和下西洋与哥伦布航行美洲的比较》③ 谈不上什么学术性，是学术论文弱化的典型。1991 年第 8 期有 2 篇学术论文，即《从巴西民族独立看近代民族解放运动的几个理论问题》④ 和《简述近代中国军事近代化的特点》；2 篇综述，一篇是《北洋军阀史四十年》，另一篇是《中国科技七十年》⑤。

2. "大块头文章多了"

为纪念中共建党 70 年，杂志组织农业⑥、工业⑦、科技⑧、教育⑨、文学艺术⑩、城市发展⑪等方面 70 年的变化撰写成综述类论文。

同时，《历史教学》杂志社邀请名家，撰写总结四十年研究类的综述文

---

① 何兹全：《祝贺〈历史教学〉创刊 50 周年》2001 年第 1 期，第 16 页。
② 韦力：《走进"知天命"之年》，《历史教学》2001 年第 1 期，第 18 页。
③ 孔庆榛：《郑和下西洋与哥伦布航行美洲的比较》，《历史教学》1991 年第 7 期，第 13 页。
④ 马世力：《从巴西民族独立看近代民族解放运动的几个理论问题》，《历史教学》1991 年第 8 期，第 19 页。
⑤ 李恩民：《中国科技七十年》，《历史教学》1991 年第 8 期，第 7 页。
⑥ 刘建中：《中国农村七十年》，《历史教学》1991 年第 6 期，第 19 页。
⑦ 傅建成：《中国工业七十年》，《历史教学》1991 年第 7 期，第 7 页。
⑧ 李恩民：《中国科技七十年》，《历史教学》1991 年第 8 期，第 7 页。
⑨ 乔培华：《中国教育七十年》，《历史教学》1991 年第 12 期，第 5 页。
⑩ 江沛：《中国文学艺术七十年》，《历史教学》1991 年第 11 期，第 12 页。
⑪ 张利民：《中国城市发展七十年》，《历史教学》1991 年第 9 期，第 7 页。

章。牟安世总结鸦片战争①，李时岳总结洋务运动②，马洪林总结戊戌维
新③，壮强总结中法战争④，来新夏总结北洋军阀史⑤，丁日初和沈祖炜总
结中国近代经济史⑥，陈周棠、吴秦杰和吴晓平总结太平天国运动⑦，李侃
和龚书铎总结中国近代文化史⑧，沈渭滨和苏贻鸣总结中国近代军事史⑨
等。这些大量有计划地组织综述性文章，似乎是编辑部以此弥补学术性论
文不足的趋势。

3. "与中国历史教学的实际远了"

1992 年《历史教学》第 5 期发表了 3 篇学术论文，其中 2 篇与美国有
关，一篇总结美国对拉美政策的特点⑩，内容有些繁琐；一篇介绍美国 1932
年反禁令法诞生经过⑪，选题有些偏；一篇介绍世界史学理论，内容偏难。
天津师大的田晓文介绍西方科学主义历史哲学从近代到当代的演变，重点
评述当代西方科学主义历史哲学影响最大的两个学派，即新实证主义和结
构主义；最后阐述了当代西方科学主义历史哲学面临的问题。⑫ 1992 年第 6
期只有 2 篇学术论文，南开大学历史系的侯仰军论文，主要研究唐代文官退
休制度⑬。即使有学术大家撰写论文，也没有体现为中学历史教学服务的特
点。1996 年第 3 期也只有 3 篇学术论文，如万九河研究原始社会的婚姻制
度⑭，马丁研究东南亚的宗教⑮，黄西嘉研究清军的兵制等。

---

① 牟安世：《鸦片战争研究四十年》，《历史教学》1991 年第 4 期，第 24 页。
② 李时岳：《洋务运动研究四十年》，《历史教学》1991 年第 5 期，第 20 页。
③ 马洪林：《戊戌维新研究四十年》，《历史教学》1991 年第 6 期，第 14 页。
④ 壮强：《中法战争研究四十年》，《历史教学》1991 年第 7 期，第 18 页。
⑤ 来新夏：《北洋军阀史研究四十年》，《历史教学》1991 年第 8 期，第 24 页。
⑥ 丁日初、沈祖炜：《中国近代经济史研究四十年》，《历史教学》1991 年第 9 期，第 18 页。
⑦ 陈周棠、吴秦杰、吴晓平：《太平天国运动四十年》，《历史教学》1991 年第 10 期，第 18
页。
⑧ 李侃、龚书铎：《中国近代文化史研究四十年》，《历史教学》1991 年第 12 期，第 31 页。
⑨ 沈渭滨、苏贻鸣：《中国近代军事史研究四十年》，《历史教学》1992 年第 1 期，第 28 页。
⑩ 王晓德：《试论战后美国对拉美政策的几个特征》，《历史教学》1992 年第 5 期，第 2 页。
⑪ 刘绪贻：《美国 1932 年反禁令法是怎样诞生的》，《历史教学》1992 年第 5 期，第 13 页。
⑫ 田晓文：《论当代西方科学主义历史哲学》，《历史教学》1992 年第 5 期，第 6 页。
⑬ 侯仰军：《唐代致仕制度新论》，《历史教学》1992 年第 6 期，第 3 页。
⑭ 万九河：《从古代神话传说探索原始社会的婚姻制度》，《历史教学》1996 年第 3 期，第 3
页。
⑮ 马丁：《试论东南亚宗教的特点》，《历史教学》1996 年第 3 期，第 8 页。

　　九年制义务教育《中国历史》教材增加了较多的文化史内容。为了弥补教师在这方面知识储备不足的问题，《历史教学》专门开设"中国古代文化要览"专栏。编辑意图符合中学历史教学的需要，也与办刊的宗旨相吻合。但是，资料整理性的工作没有创新性，同时资料过于详细，显得繁琐。如社长师迪（侯万鸣）和余直等撰写的古代数学①、医药学②、天文学③等成就要览，读者阅读的感觉不轻松。但如果根据教材的具体内容，采用问答的形式，会更受中学历史教师欢迎。

　　杂志发表的论文应该与热点挂钩，宣兆琦对我国古代国家早期形态的发展过程研究，就及时反映学术界关注这些问题。他认为，部族战争促进了华夏族的形成；创造了王权和王位世袭制；瓦解了氏族团体的血缘关系；产生了凌驾于社会之上的公共权力，同时也产生了金属、城堡等一系列早期文明元素。大禹治水进一步强化王权，使王位世袭制更加规范，打破氏族的封闭性，加强了地域之间的联系；治水强化中央集权，从而使国家机构进一步完善。通过治水改造自然和征服自然的过程，我国古代国家的早期形态得到进一步的发展和健全。④ 但是，这种高质量论文寥若晨星，在杂志中出现的频率太低。

　　贵州省毕节地区一中樊心斐在《一点感想　两点希望》的文章中提到，杂志中的"大块头文章多了一点，与中国历史教学的实际远了一点"⑤。历史科班出身的樊老师尚有这种想法，对于专业水平更低层次的广大农村历史教师而言，接受的难度可能更大。

（二）学术论文质量下降的原因

　　一是编辑指导思想没有与时俱进。杂志在复刊时期，为了总结新中国

---

　　① 师迪（侯万鸣）、余直：《发奥探微　世界奇观——我国古代数学成就要览》，《历史教学》1992 年第 5 期，第 17 页。

　　② 师迪（侯万鸣）、余直：《中华国粹　世界瑰宝——我国古代医药学成就要览》，《历史教学》1992 年第 7 期，第 17 页。

　　③ 师迪（侯万鸣）、余直：《独领风骚　举世无俦——我国古代天文学成就要览》，《历史教学》1992 年第 10 期，第 19 页。

　　④ 宣兆琦：《试析我国古代国家早期形态的形成发展过程》，《历史教学》1994 年第 10 期，第 3－7 页。

　　⑤ 樊心斐：《一点感想　两点希望》，《历史教学》1991 年第 4 期，第 30 页。

成立以来各条战线的成就，在学术界掀起一个总结或综述的高潮，当时深受读者欢迎。拨乱反正结束后，这批 80 年代初进入杂志社的编辑们仍然沿用传统思路办刊，大量发表总结或综述性的文章，对读者的吸引力就会下降。

二是编辑策划能力有待提高。在阅读 20 世纪 90 年代的杂志时，感觉编辑们确实是把办刊当作事业在做，但是策划出来的稿件与读者的需求有偏差。

编辑徐勇策划了两个专题。一个是以"弘扬民族文化　振兴历史科学"为主题，对专家学者进行访谈。他邀请南开大学的王玉哲教学谈中国古代文化遗产"抢救"①；杨志玖教授谈历史作品的文风，增加青年人学习历史的兴趣②；邀请毕业于南开大学，在《光明日报》理论部担任副主编的肖黎先生谈历史研究的理论问题和文化史热③；邀请天津教育卫生委员会副主任陈志成教授谈历史对青少年的国情教育功能④；邀请时任天津新闻出版局副局长李树人谈历史读物的选题和出版事宜⑤。这个选题传统，缺乏新意，访谈篇幅太短，仅一个版面，访什么，谈什么，都有局限，专家们的研究特长也无法发挥；这些专家都是在天津范围里的，为什么不扩展到京津冀地区甚至全国？一个全国有影响力的月刊被办成了天津地方性的刊物。

他还策划了关于"《孙武兵法》82 篇"真伪问题的专题讨论。1997 年第 3 期，"史家论史"栏目发表了 4 篇对王玉哲⑥、王连升、罗澍伟、张景贤四位史家的笔谈。第 10 期，再次在"史家论史"栏目发表了罗澍伟、陈美东、倪金荣等的笔谈。第 11 期，张景贤在"争鸣"栏目中《再谈"孙武兵法"82 篇作伪的破绽》等。孙子兵法的思想是中国优秀传统文化思想的

---

① 王玉哲：《王玉哲教授谈我国古代文化遗产的"抢救"问题》，《历史教学》1992 年第 1 期，第 26 页。

② 杨志玖：《杨志玖教授谈历史作品的文风问题》，《历史教学》1992 年第 2 期，第 26 页。

③ 肖黎：《肖黎先生谈近年来历史研究的热点及问题》，《历史教学》1992 年第 3 期，第 18 页。

④ 陈志成：《陈志成教授谈对青少年进行历史和国情教育》，《历史教学》1992 年第 4 期，第 25 页。

⑤ 李树人：《李树人副局长谈对历史读物出版问题的思考》，《历史教学》1992 年第 5 期，第 16 页。

⑥ 王玉哲：《我对抄本"〈孙武兵法〉82 篇"的看法》，1997 年第 3 期，第 10 页等。

重要组成部分，要读者讨论孙子兵法思想在教学实践中的运用，读者能结合实践谈一些体会，但要谈孙武，特别是"孙武兵法"82 篇，中学历史教师根本无法参与讨论。1999 年被称为打假的檄文，《真与假的较量——"〈孙武兵法〉82 篇"风波大透视》① 一书结集出版。研究无禁区，这个专题可以研究，并且可以作为课题进行申报。但这个"小众"内容要作为《历史教学》一个主打栏目，这与受众群体重点关注的内容有较大偏差。

三是编辑部比较重视杂志内容的呈现形式。从 1997 年第 1 期杂志开始，每期增加了"导读"栏目。1998 年第 1 期开始，杂志将本期导读翻译成英文，显得杂志更正规，更上档次。当文章的质量提高，形式当然要与之相匹配；但是，通过改变呈现形式，如设置本期导读，引起读者注意。这只是一种学习方法，无法达到提高文章质量的目的，对其内容根本起不到决定作用。实事求是地讲，作为一本为中学历史教学服务类的杂志，将导读翻译成英文，到底有多大意义，值得深思。

二、编辑出现乱象的表现及原因

（一）编辑出现乱象的表现

1. 栏目设置过细

1997 年第 3 期林林总总 23 篇文章，设置了 19 个栏目。除"史家论史"这个栏目有 4 篇笔谈以外，其余栏目都只有一篇文章。栏目的名称也是五花八门，如"事件始末""人物述略""先秦史研究"等，既有"教学研究"栏，还有"教法研究""教改探索""教学一得"等栏目。

此外，1994 年第 1 期"教师论坛"，第 3 期"能力培养""教法探讨"，第 4 期的"读者·作者·编者""考古信息"，第 6 期"史籍介绍"等诸如此类的名称，是不是栏目，还值得探讨。

1997 年第 4 期也是 23 篇文章，归类到 19 个栏目中，学术论文的专题分得更细，如"中国古代史研究""中国近代史研究""文化史研究"等，《历史教学杂志》俨然变成了中国史专业类的杂志。

---

① 书讯：文化打假的檄文《真与假的较量——"〈孙子兵法〉82 篇"风波大透视》出版，《历史教学》1999 年第 2 期，第 31 页。

2. 栏目缺乏稳定性

有些栏目如 1994 年第 1 期"教案选登"，1995 年第 5 期却变成了"高中新教材教案选登"，为什么前后不统一，编辑部会把关吗？有时即使同一个内容，栏目设置也前后不一。

1992 年第 10 期专门为刘毅的一篇文章①开设一个栏目"教材插图介绍"。1993 年第 7 期这个栏目调整为"教材图画简说"。1993 年第 9 期，同样是对教材图画内容的介绍，该栏目便变为"教材图画说明"，内容是贾洪波对河南二里头遗址出土的合金铜爵进行解读。1993 年第 10 期，杨栋梁撰写的关于"日本最早的铁路"也归纳到"教材图画说明"小栏目，但这时降格为"教学参考"栏下的一个子栏目。1994 年第 1 期，"教材图画说明"又单独成为一个小栏目。

3. 栏目名称与杂志定位不符

1997 年第 4 期有一个"爱国主义教育"栏目，这种栏目的设置太抽象，还会出现一些不必要的歧义。这个栏目是"爱国主义教育"，其他栏目呢？再如 1997 年第 3 期出现"军事纵横"、1997 年第 7 期出现"军事历史""历史地理"等栏目。若是专业中国史研究类杂志，设置这些栏目是可行的，但作为一种综合性的历史类刊物，单独设置这些栏目没必要，与杂志的定位有偏差。

4. 有些栏目设置与文章内容不相匹配

1995 年第 7 期的"教学理论与实践"栏目，有两篇论文，一篇是《良好的开端　成功的一半》，另一篇是《利用图画培养学生能力》。文章归类不准确，它们只有教学实践，根本不涉及理论。

1996 年第 3 期刘芃的《论题型》归类到"考试研究"栏目，1997 年第 9 期发表了刘芃的《历史思维的发生——兼论历史思维的测量》一文，却归类到教学理论类栏目，这样归类明显就有问题。该论文是从测量与评价的角度，研究历史思维的发生，本质上还是考试研究。

"专论"栏目应属于名家作品的特色领域研究。1995 年第 8 期的"专

---

① 刘毅：《黄帝陵》，《历史教学》1992 年第 10 期，第 29 – 30 页。

论"发表了李兴斌的论文《诸葛亮北伐何以不用魏延的奇谋》，它类似于教学随笔，完全可以用"中国史研究"等栏目取代。

王方宪是吴齐本六卷本《世界史》的责任编辑，他撰写了一个关于吴齐本的述评《我国世界史学科发展的里程碑》，发表在《历史教学》1995年第9期。但编辑将这篇重要文章归类到"教材与教法"栏目不合适。吴齐本六卷本《世界史》是当时最新科研成果的集中体现，该书以分散走向整体的整体史观为线索编写教材，改变传统的编写方式，得到学界的高度重视。毫无疑问，这篇文章理应归类到"专稿"栏目，以提升读者对它的关注度。放到"教材与教法"栏目，则湮没其重要性。

1995年第11期发表了郭德宏的《建国以来抗日战争史研究述评》。这篇论文对抗日战争五十年的研究进行学术研究的总结，也是名家为了引起学界的足够重视而发表的类型。郭德宏是现代史学会的会长，中央党校的著名教授。杂志在论文的排序有问题，至少要把郭德宏的这篇文章归到"学术动态"栏。1995年第12期国家考试中心的《1995年普通高考历史试题评价报告》都放在专稿，郭德宏水平更高，研究的内容也与中学历史教学紧密相关，因此列入专稿也很合理。编辑不能因为重视高考，考虑到杂志受众的群体重视考试评价报告，但也不能过分厚此薄彼而轻视学术大作。

（二）编辑乱象的原因

1. 编辑部组织机构不健全

1991—2001年杂志没有主编，一直空缺，社长侯万鸣实际履行主编职责。原来的老编辑离休、退休之后，编辑部的骨干都是80年代初进出版社。他们的年龄、资历都差不多，因此出现编辑之间矛盾丛生的现象。

由于主编侯万鸣对编辑部缺乏有效监管，编辑之间互相不认可，加之编委会领导体制基本废除，20世纪90年代有一段时间《历史教学》基本上是执行编辑说了算，因此出现栏目变化的乱象，甚至出现匪夷所思的错误。1992年第1期栏目为"外国历史教学"，到第2期栏目摇身一变为"国外历史教学信息"。很明显，编辑部对编辑管理失控，每期基本上是执行编辑说了算，主编最后的审核程序形同虚设。

2. 编辑工作粗糙，缺乏责任心

管理混乱就带来编辑质量要求的降低。1990 年第 12 期论文《关于张浚的评价问题》，张浚是哪个朝代的人？至少要指明是南宋时期。1996 年第 2 期论文《隆武帝的结局》，隆武帝是哪个朝代的人？至少要说明是明代。1990 年第 10 期论文《中国对美国农业的贡献》，在题目中也是缺时间，指令性不清晰，研究的内容到底是近代还是现代？1995 年第 4 期论文《史部书目的形成与确立》，史部书目是指旧的书目，还是现在图书馆的目录。这就是指代不清晰。1995 年第 4 期台湾作者黄大受的论文《山胞原是一家人》，也同样存在内容不明确问题，山胞不是专有名词。1991 年第 1 期有两篇文章题目高度类似，一篇是《良师与益友》，另一篇是《良师与挚友》，这说明编辑部缺乏整体把握。

1992 年第 5 期，发表了江泓的论文《科学革命、技术革命、产业革命的关系和发展阶段》[1]。这篇论文应该是两个题目，即"科学革命与技术革命的关系及发展阶段""科学革命与产业革命的关系及发展阶段"。这样的低级错误，居然逃过编辑的"法眼"，可见当时编辑工作的态度。

3. 编辑缺乏中学历史教学经验

如"教学参考"栏目，赵舒珍对"邦联"与"联邦"进行解读，[2] 这是教材中反复出现的共性问题，教师非常需要这种资料作为教学参考。但 1995 年第 8 期"读史札记"栏目对柳下惠"坐怀不乱"子虚乌有[3]再次老调重弹，这种史料对中学历史教学没有任何价值。如果编辑有扎实的中学教学功底，这样的文章不可能在杂志上发表。

再如 1997 年第 1 期开始，增加了"备课笔记"；第 10 期开始出现"教学设计"栏目。这两个栏目与中学教学是完全接轨的，但当时由于对备课及设计的问题没有深挖，导致备课和设计的水平一般，这些栏目没有发挥其应有的功能。但在《历史教学》分刊以后，由于编辑们对历史教学设计

---

[1] 江泓：《科学革命、技术革命、产业革命的关系和发展阶段》，《历史教学》1992 年第 5 期，第 6 页。

[2] 赵舒珍：《"邦联"与"联邦"》，《历史教学》1996 年第 4 期，第 34 页。

[3] 杨朝明：《柳下惠"坐怀不乱"子虚乌有》，《历史教学》1995 年第 8 期，第 52 页。

有较多的理论和实践方面的准备，因此这两个栏目在杂志的中学版发挥了很好的引领作用。

郑天挺曾在 20 世纪 50 年代说过，编辑部把业务关，编委把学术关，编委会议把政治关。编委会的审稿功能淡化，编辑部的基本业务都无法保证，杂志的质量怎能得到提高？

4. 1998 年杂志社与古籍出版社合并，没有提升杂志的品位，稿件质量明显下滑

原因是多方面的，这里面既有管理层懈怠，编辑主观不作为等因素，同时又有客观社会环境原因，如网络的迅速发展，纸质媒体的萎缩，同类刊物的崛起等，这些直接导致杂志发行量锐减。

第五章

平稳过渡和"黄金"时代（2001.6—2010.12）

2001 年 6 月到 2002 年 1 月刘文君担任天津古籍出版社社长兼《历史教学》杂志主编以后，岳林和李梦芝继续担任杂志副主编，这是平稳过渡时期。从 2002 年第 3 期开始，版权页出现执行主编任世江。《历史教学》从封面设计、开本到内文版式设计，更重要的是内容变化，课改选题与学术研究互相创新，越来越贴近学科发展趋势和读者需求，到 2006 年杂志发展达到"黄金"时期。2006 年 1 月到 2010 年 12 月，为继续发展时期。

第一节　平稳过渡时的"不温不火"

2000 年，国务院颁布《基础教育课程改革纲要》，力图全面革新基础教育，实质是摆脱教育苏联模式化的影响。《历史教学》面对新课程改革反应迟钝，还是按照传统习惯配合人教社，不温不火。虽然也注意到课程和教材的变化，但所发文章没有引起太多的关注，没有起到引领作用，只是初步探讨课程问题。

一、初步探讨中学历史课程的设计

改革开放以后，各个学科都大量吸收了世界先进的理念，教育学也不例外。教育学的分支课程论兴起于二战后的西方教育，我国因为内战和新中国学习苏联教育，一直没有关注。大约在 20 世纪 90 年代后期，北京师范大学和华东师范大学的教育学研究人员开始谈论课程论。尤其是华东师大的教育科学研究所，在钟启泉教授的带领下研究成果逐渐超越北师大。进入本世纪，皮连生等人翻译的西方有关著作陆续出版。布鲁姆的教育目标分类学曾引起一波热议，但对《历史教学》反映不多。从 1992 年出版的《现代考试基础理论》[①] 一书可以看出，任世江较早地意识到基础教育理论的空缺。2000 年，国家启动新课程改革。以国务院名义颁发的文件《基础教育课程改革纲要》，提出了课程理念和改变课程内容"繁、难、偏、旧"的现象，提出教材要多样化，改变基础教育教材统得过死的局面，要求教育教学层层创新，并提出培养学生终身学习的习惯和独立思考的素质。这些都是苏联教育模式中所没有的，因此新课程改革就是要摆脱教育苏联模式，建立新的教育理念，以适应我国在国际竞争中对人才的需求。

但是，由于苏联的教育理论根深蒂固，而课程论等新知识只有极少数专业学者理解，包括《历史教学》编辑部在内大多数从事历史教学的人员都没有课程论的基础，因此，杂志也未能及时理解课程改革纲要的精神。这个时期发表的文章证实了这一点。例如北京市历史教研员张桂芳认为，中学历史课程的价值主要是知识修养、历史智慧、历史思维和科学史观。科学史观就是科学地认识和阐释历史观点和方法，主要是唯物史观。从字面上看没什么问题，但是，对实现的途径则认识模糊。文章论及课程改革的目标之一是删减课程内容，减轻学生学习负担。由于北京信息灵通，所以它透露了正在制定中的初中课程标准，不追求知识体系的完整性，但强调核心知识要"应知必会"；高中则要专题形式学习，重点知识要"应知能会"，注重理性思考。[②] 其实，问题的关键不在于删减和改变体例，而是针对中学生的认知水平设计课程内容，如何根据课程内容培养思维素质。

刘俊利、徐艳的文章《创新教育下的初中历史教学法研究》，对初中历史创新教育有着自己的看法。他们认为，初中历史教学提高学生的创新意识和实践能力，激发和维持学生的学习热情、探究欲望和创新精神，是完

① 华东师范大学教育咨询服务中心、华东师范大学课程教材教法研究所、上海教育考试中心办公室联合编写：《现代考试教育理论》，天津人民出版社，1992 年版。
② 张桂芳：《历史课程观和历史教材改革的主要目标》，《历史教学》2001 年第 8 期，第 26 – 28 页。

成教学目标的前提条件。要重视学生的归纳性训练，尝试进行研究性学习。① 他们虽然意识到要培养自主学习，但所讲实例没有说服力，说明认识仍停留在理论学舌的层面。或许当时还没有见到更有价值的文章，但是从杂志连续发表的有关修订教材的文章可以看出，编辑部仍然缺乏超前意识。

二、继续配合人教社的教材修订

人教社的编辑是研究九年义务教育初中历史教材（修订本）的主体。在教材编写过程中，他们把调整的内容或教学中要注意的问题，通过《历史教学》这个平台公之于众，这已经形成传统。教学类文章的基本内容紧跟人教社，解读教材，研究教材。与九年制义务教育配套的高中教材问世以后，杂志在教材方面做了解读工作，但始终与教材编辑专家保持一致。从某种意义上讲，《历史教学》在一定程度上成为人民教育出版社的"喉舌"。

2000 年之前，教育部颁布的历史教学大纲，制定者一般都是以人民教育出版社历史室为主体，教材也是由他们编写。因此，过去《历史教学》配合人民教育出版社无可非议。2000 年启动新课程改革之后，从理论上说，人民教育出版社不再是唯我独大，教材的多样化将出版社放在市场地位。实际上，当时正在进行工作的初中课程标准编制组，也不再以人教社历史室为主体。对于这些微妙之中的变化，《历史教学》似乎浑然不知。

根据 2000 年颁布的《九年义务教育全日制初级中学历史教学大纲（试验修订版）》，人民教育出版社及时修改教材。主编王宏志撰文，对《中国历史》第一册的编写指导思想，修订原则、内容，教材体系结构和课时安排的调整作了具体的阐述。应该说，人教社在编写的指导思想方面，立足素质教育，体现时代精神，体现初中特点等方面，力求跟上基础教育改革的步伐。在修订原则和修订内容上，依据大纲，又忠实于大纲，注重减轻学生负担，降低难度，注意培养学生的创新意识和实践能力，注意历史教材的启发性、生动性和科学性。在课时和教科书的体例、结构上仍采用每

---

① 刘俊利、徐艳：《创新教育下的初中历史教学法研究》，《历史教学》2001 年第 8 期，第 46 页。

课书一课时，但课前有引言，课文简明扼要，生动活泼，采用注解、注音和图表，课中有思考题、课后有练习题等以调动学生学习的积极性和培养学生的思维能力。① 后来王宏志发表一篇关于课程内容时代性的解读，他认为时代性就是随着时间的推移，不断增加当代史和现实史的内容比重，减少古代史的分量。显然这是误解。时代性指课程内容要反映科学发展的趋势，贴近现实生活，根据时代发展需要及时调整、更新。② 因此，虽然人教社的这一轮教材修订，形式变化大，注意知识细节和文字表述的生动，其实整个内容体系没有实质变化，仍然是成人通史缩编的老路子。这点马执斌的文章可以印证。

马执斌是古代史教材重要的编写者。他在《历史教学》发文，解释了编写教材的指导思想：由于 2000 年颁布的《九年义务教育全日制初级中学历史教学大纲（试行修定版）》提到"先秦"概念，它广义上指上古到秦统一这段时期；因此大纲将"春秋战国时期文化"与"夏商周时期文化"合并；1992 年义务教育历史教学大纲有"导言"一目，新大纲中没有再设，因此教科书第一课《历史告诉我们是什么？》也相应地删除。这种解释其实没有多大意义。初中古代史不是使用哪个概念的问题，关键是内容选择必须以初一学生的认知水平为出发点。内容的设计也不必非要将文化单列，将政治、经济、文化分别叙述正是成人通史的表象，生动活泼的历史就是这样被阉割开来。导言的保留与删除也不是根本性问题。他们的思想没有跳出传统的窠臼，修订大纲和修订教材都是同一思路。他们没有意识到基础教育改革所要改变的到底是什么。因此只在技术上动脑子，比如教材的练习题，的确富有启发性和趣味性，还增加了活动建议。而主体内容，1992 年和 2001 年等两个版本基本上是大同小异。③

高中历史教材也处于过渡时期。1998 年高中历史教学大纲又一次修订，

---

① 王宏志：《九年义务教育初中历史教科书〈中国历史〉第一册修订的总体说明》，《历史教学》2001 年第 7 期，第 24 页。

② 中华人民共和国教育部制订：《普通高中课程方案（实验）》，人民教育出版社，2003 年版，第 5 页。

③ 马执斌：《九年义务教育初中历史教科书先秦部分的修订说明》，《历史教学》2001 年第 7 期，第 27 页。

教材因此又一轮修订，在江西、山西、天津试验的基础上，再进一步修订。新教材仍沿袭通史体例，内容选择、文字风格没有变化。主体内容分大字和小字两个部分，大字用宋体字编排，体现教学最基本的要求；小字则用楷体字编排，是对大字内容的补充和说明。采取章节体体例，保留了图文并茂的特色。世界史补充了文艺复兴不足的评价；对于巴黎公社的描述，增加"巴黎公社是第一个无产阶级政权雏形"的表述。同时，指出了巴黎公社的失误以及失败的主要原因。

三、对创新精神和实践能力的初步探索

人教社也试图体现培养创新精神和实践能力。为了配合研究性学习而增加活动课——"你如何评价拿破仑？"，引导学生从不同角度不同形式去评价历史人物。但是，由于没有从基础培养思维素质的意识，这种评价仍停留在公式化的水平上。编写者其实有很多困惑，世界史教材编写者许斌在文章中表达了自己的许多思考：教材中的叙述要不要照搬历史文件原文？教材叙述要不要面面俱到？研究性学习在教材要不要具体体现？[①] 新课程改革毕竟刚刚开始，教材编者与教师一样，都在摸索实现素质教育的路径。后来这些疑惑在教学实践中逐步得到解决，如历史文献等原始资料对于高中阶段的学生而言，可以适度，但不能过难；按照专题体例似乎可以避免面面俱到的尴尬。遵照时序性的通史体例，则应考虑打破分割历史的传统，可以从学生的认知水平出发，选取重要的知识点连缀在一起，事实上，2011年版初中课程标准提出的"点—线"结合的设计思路，正是对改进教材体例的创新，也是在多年实验基础上的总结。作为研究性学习，最初也有一定的盲目性，因为我国的中学历史教学根本问题还没有解决，成人化、专业化的倾向仍然存在。这个时候奢谈研究性学习，不可能具有普遍性影响。要在历史教学或实践中落实研究性学习比较困难。

---

① 许斌：《高中〈世界近现代史〉（实验修订本·选修）》，《历史教学》2001 第 7 期，第 31 页。

第二节　独立办刊形成特色

进入 21 世纪，国家启动基础教育课程改革以来。试图改变苏联模式过于集中的教育管理体制和"一纲一本"的模式。在新形势下，历史教学面临很多新的理念和新的问题。恰逢此时，任世江走马上任，担任杂志的执行主编。此前，自 1997 年开始，他接任《历史学习》主编，把这本杂志办得深受中学历史教师欢迎。他兼任《历史教学》的执行主编，根据新课改的形势，牢牢抓住历史教学的前沿问题，改变了以往以人民出版社马首是瞻的编辑思想，使中学历史教学研究成为教材编写者、历史研究者和一线教师各抒己见、对话的交流平台，从而增强了杂志的吸引力和影响力。

一、2003 年高中历史课程标准和"一标多本"

（一）2003 年高中历史课程标准

1999 年，中共中央国务院提出"调整和改革课程体系、结构、内容，建立新的基础教育课程体系。"2000 年，基础教育部门和基础教育课程教材开发中心组织了"九年义务教育初中历史课程标准"的制定工作。2001 年国务院通过《基础教育课程改革纲要（试行）》，标志着我国实施素质教育，构建新课程体系的第八轮①基础教育课程改革全面展开。2001 年完成《九年制义务教育初中历史课程标准（实验稿）》。秋季就在全国 38 个试验区开始推广使用。2001 年秋季，"普通高中历史课程标准"制定工作启动。

中学历史课程是一门帮助学生发展的课程，目的不仅仅是传授知识。中学历史课程属于非职业历史教育课程。它不是大学历史专业教材的压缩版，而是面向中学生的基础课程。2003 年 3 月《普通高中历史课程标准（实验稿）》颁布，以"人教版"为代表的四种专题教科书取代原来通史体

---

①　前七轮的课程改革时间及目标分别是 1. 1949—1952 年改革制度，统一新政策，建立新课程；2. 1953—1957 年改革学校教育，仿制苏联初建课程体系；3. 1958—1965 年贯彻教育方针，实施教育革命；4. 1966—1976 年调整未果，"文革"作乱；5. 1977—1980 年拨乱反正；6. 1981—1985 年更新教学计划，适应形势发展；7. 1986—2000 年实施义务教育，首发课程计划。

例的教科书。目前的教科书打破了通史的风格，在初中教材强调时序与主题的结合的基础上，设计了以模块为基本框架、专题为基本单元、中外混合编写为基本体例的高中教材。作为初高中教材编写的主持者，刚从历史室退休的陈其博士直言，相比 92 年版，这次是颠覆性的改变。以课程标准为教科书教材的出版真正进入一个群雄逐鹿的多样化的时代。

（二）新课标背景下的"一标多本"

1. 初中八套教材

初级中学义务教育课程标准实验教科书《历史》一共有八套①，由八家出版社承担着义务教育历史课程的编写及出版任务。其中，王斯德、李伟科与陈其、龚奇柱、刘宗绪等，分别担任华东师大版、人教版、川教版、岳麓版的主编。

根据义务教育课程方案的安排，初中文科也实行两套方案：综合文科称为"历史与社会"，开设综合文科课程的学校，不需要再开设历史、政治和地理课程；不选综合文科的学校还是继续开设历史、政治及地理等分科课程。为配合综合文科课程的开设，人民教育出版社、上海教育出版社、地质出版社分别出版发行了三套《历史与社会》教材。人民教育出版社的初中《历史与社会》，由北师大教授赵世瑜和人民教育出版社副总编韦志榕主编。在教学实践中，初中综合文科尽管能减轻初中学生的负担，也能切实提升学生的综合能力，但由于与高中教材脱节，家长、学生不认可；也由于受到教师专业的限制，政治、历史及地理老师单独承担《历史与社会》课程具有一定的难度，教师也反对使用这种教材。在部分经济发达地区和全国 38 个实验区推广一段时间后，不适"水土"，就逐步退出了试验。

2. 普通高中新课程实验教科书

普通高中新课程教科书到底运用何种体例，当时争议颇大。如果按照原来的初、高中的通史体例进行编写教材，就实现了初中和高中学生学习历史均为两个循环，但这种课程教学内容基本格局的安排，造成初高中重

---

① 初中义务教育历史教材由八家出版社承担，它们是人民教育出版社、岳麓书社、中华书局、北京师范大学出版社、华东师范大学出版社、河北人民出版社、中国地图出版社、四川教育出版社等。

复的内容过多，降低了学习历史的积极性。

当时国家教育行政部门的观点，希望初中和高中实行两套完全不同的编写体例。人教社编辑李伟科在论文中的观点是这样的：初中历史教科书与高中历史教科书是一体的，初中历史教科书仍然采用一般的历史风格，为提高公民的素质奠定了坚实的历史知识基础，也为高中历史的深入研究奠定了基础。此外，高中历史教科书在一般历史的基础上，采用灵活的主题研究方法。有利于培养学生的创造性和历史思维能力。使初高中两个不同学段的历史教材，各有侧重，形成一个有机的整体。[①]

基于课程的顶层设计，高中课程结构由学习领域、学科和模块三个层次组成，为了使新课程结构具有灵活性并有选择空间，高中课程分为必修课和选修课。教材与高中历史课程共有四套配套。出版最早的是 2004 年曹大伟和赵世瑜主编的"岳麓版"高中历史教科书；2005 年姬秉新主编的"人教版"教科书；2007 年朱汉国主编的"人民版"教科书；2008 年王亚民和张慧芝主编的"大象版"教科书。

二、21 世纪初历史课程设置与编写教材专题讨论

2001 年新八轮课程改革正式启动，这一背景下形成了新课程体系。该课程体系呈现三个特点：一是以学生发展为本，把学生的发展作为课程研发的着眼点和目标。二是注重基础，更注重能力培养。三是道德教育与人文教育并重。《历史教学》积极宣传新课改，指导中学历史教学深入推进教改工作。

任世江从学术研究与中学教学紧密联系切入，提出杂志必须满足受众群体的需求。他敏锐地抓住新课程改革热点，作为杂志独立的立场，站在第三方的角度客观地去评判课标和教材，反映学术界专家、教科书编写者、一线教师的不同建议，促进教材进一步提升教学质量。

21 世纪初，新一轮的课程标准出台，与之配套的"一标多本"的高中教科书陆续与教师见面。为了更好地收集专家的建议，倾听基层历史教师的声音，《历史教学》于 2002 年 10 月，开始组织读者对教材编写进行专题

---

① 李伟科：《初高中历史教材整体化》，《历史教学》2001 年第 5 期，第 29 – 30 页。

讨论①。这得到著名学者的响应。齐世荣、何兹全、何芳川、庞卓恒、冯尔康、张传玺、王宏志等著名学者都撰写文章，对宣传新课程改革起到重要的指导作用。

（一）对《历史课程标准》及教材编写的整体建议

1. 对课程标准的指导思想的建议

根据课程标准编写教材，基本标准是什么？齐世荣给予了权威的回答：教材编写要弘扬爱国主义，更新史学观念，培育科学历史观。教材编写不是简单的"剪刀加糨糊"的形式，而是有规律可循。他认为教材编写的基本标准，一是服务于时代要求的标准；二是中外历史关系的标准；三是历史唯物主义的标准。对于教材的文本表达，要准确、通俗易懂、生动、内容丰富，在叙述中要有结论。②

《历史课程标准》规定要使学生"初步了解人类社会历史发展的基本过程"。但专题史的设置，无疑淡化了传统的意识形态在中学历史教科书的渗透。时为中学历史教材审查委员会委员的张传玺认为，不少新编的教科书编写没有以中国人民在中国共产党的领导下，推翻"三座大山"，取得新民主主义革命胜利为基本线索，"教材的编写者对课程标准的指导意见似乎视而不见"。

对教科书中华人民共和国史部分的编写，张传玺也很不满意。《课程标准》规定"能从社会的不断进步和发展中体会到坚持中国共产党领导的重要性，坚定建设有中国特色社会主义的信念"等，但教科书对反右、"三面红旗"等不惜篇幅进行描写，而对中国共产党领导人民取得的伟大成就则表述得平淡无味，因此他认为教科书的内容与《课程标准》的指导思想有偏差，在新课程实施过程中应予以纠正。张传玺认为对世界近现代史的处理也有问题，教科书讲美国民主，图文并茂，即使出现问题，也是可以通过制度自我调整，挽救民主制度；而讲苏联，都是错误，最后东欧剧变，

---

① 本刊编辑部：《关于"中学历史教材应如何编写"的讨论》，《历史教学》2002年第10期，第35页。

② 齐世荣：《关于编写中学历史教材的几点意见》，《历史教学》2003年第1期，第5—9页。

倾颓苏联大厦轰然毁灭。这些历史说明什么问题？① 史学家张传玺提出的观点振聋发聩，令人深思。

中学历史课程改革过程中，对"阶级斗争为纲"的观点应该否定，这基本上取得一致意见，但历史教科书中是否要体现阶级斗争的观点，却存在较大的争议。社会普遍的看法是要淡化阶级斗争观念，希望用更多的角度来评价和看待历史，如文明史观、近代化史观、全球史观等。但龚书铎态度鲜明，他认为不能将阶级斗争简单化处理。"阶级斗争为纲"不等于阶级斗争，不等于历史不能用阶级观点进行解释。② 这些大家的观点确实很有见地，我们不能因噎废食。

谢俊美曾经参编过义务教育课程实验教科书《中国历史》（华东师大版），对教材编写颇有心得。他在文中提到"切忌用西方学者的观点比附诠释中国历史"。有些人照搬西方学者的观点，作为"时髦""创新"来解释中国历史。他强调"历史研究就是要用历史唯物主义的观点，严肃的科学态度去论述我们民族、国家的历史。"③

具体到世界史，学者们还是比较倾向于以整体史观构建历史。山东师大王玮教授在一次学术讨论会做的报告——《"全球史观"和时间史学的重建》中，认为新中国世界史学经过三个时代，第一代是以阶级斗争和政治兴替作为历史发展线索来解释世界现代史；第二代是以社会形态发展变化作为发展主线；第三代世界史学正在形成，有学者从"分散到整体发展"的角度探究世界史的发展规律。④

钱乘旦在研究英国史过程中，逐步转向现代化研究，准备以现代化为主题构建世界近现代史。他从研究英国个案开始，认为英国的现代化之路非常特殊，遵循和平改革，反对革命暴力，倡导渐进式和平，其特点正是在对传统既继承又扬弃的过程中形成的。从政治现代化角度而言，英国是

① 张传玺：《著名史学家谈中学历史教材问题——张传玺先生访谈录》，《历史教学》2002年第12期，第30－31页。

② 龚书铎：《著名历史学家谈中学历史课程改革——龚书铎先生访谈录》，《历史教学》2002年第12期，第28页。

③ 谢俊美：《中学历史教材编写刍议》，《历史教学》2003年第2期，第16－17页。

④ 李凡：《努力创新　繁荣史学——"世界近现代史研究的回顾与展望"学术讨论会在南开大学召开》，《历史教学》2004年第8期，第79页。

典型的和平、渐进式的改革。英国通过大宪章，确定限制王权的思想，然后在工业化进程的冲突中实现融合，稳重、理性地率先进入现代化国家的行列。工人阶级的斗争从经济斗争到政治斗争，进而争取普选权的宪法运动，这种渐进式的斗争成果使英国成为"福利国家"。① 萧功秦运用解释历史变迁的内因与逻辑的方式，解构西方的现代化过程，他认为西方的现代化是一个多元个体的不断试错的过程，是在试错、竞争、示范、扩散的过程中，走向现代化。②

德国兰克学派坚持"西欧中心史观"；汤因比运用"文明形态史观"，研究世界史闻名于世；英国巴勒克拉夫倡导"全球史观"，世界历史的编纂基本上以全球史观或整体历史原则指导。中国最早用全球史观编写世界通史的是吴于廑、齐世荣，《世界史》教科书成为高校学生必读书目。马克垚用文明史观为指导，编写《世界文明史》。③ 还是许纪霖讲得好，现在的历史课教学基本没有再按照三次革命高潮的模式来叙述历史，但只用现代化模式叙述也不是一件好事。④ 因此，从多个角度看待世界，我们就会得到更为全面的结论。

2. 对教科书的编写体例及逻辑结构的讨论

陈振江认为，初中历史教材的体例和内容是改革的重点，同时要突出历史人物，吸收新成果，以扩充知识面。他还举例说，写鸦片战争可以用"林则徐虎门销烟""道光帝被迫向英国宣战""魏源呼唤师夷以制夷"。要改变文风，语言明快流畅，生动活泼；同时还要注意文图并茂，释文简明。⑤

历史教科书编写的逻辑主要包括教科书的文体结构、文本系统的逻辑、图像系统逻辑、练习系统逻辑等。历史学科的时间顺序决定了历史教材必须按照从古代到现代发展顺序来写，而学生学习古代史的难度明显要高于

---

① 钱乘旦：《探索历史的意义》，《历史教学》2003 年第 11 期，第 7 页。
② 袁训利整理："思想者是幸福的"——著名学者萧功秦教授访谈录（续），《历史教学》2004 年第 11 期，第 6 页。
③ 徐蓝：《不为一时之名利 不争一日之短长》，《历史教学》2005 年第 9 期，第 11 页。
④ 许纪霖：《我改变不了世界，但可以改变我的课堂》，《历史教学》2005 年第 5 期，第 15 页。
⑤ 陈振江：《初中历史教材改革的几点建议》，《历史教学》2002 年第 12 期，第 31－32 页。

学习中国近现代史。对于不同学段的学生而言，历史的基本内容没有办法改变。因为历史都是发生在一定时空背景下的产物。

　　教科书到底采用通史体例还是专题体例，当时有较大的分歧。1992年版义务教材体例以"课"来组织教材的内容。2001版的教材则采用"单元—课—附录"的结构，使教师和学生能够轻松地掌握教材的整体内容。历史教科书的编写不仅要注意学科体系的逻辑和学生的心理，而且要注意教材的编写逻辑，如文体结构体系、人物体系和形象系统。在教材编制中要贯彻先进的课程理念。初中是主题式的方式，基本上是通史体例。课程的体系呈专题式，中外专题合编。

　　教育行政部门还是主推专题教材，有些学者也是支持这方面的观点。杨丽君从学生的心理特点进行分析，认为高中生的心智渐趋成熟，具有一定的逻辑性和判断性，能比较完整地按一定的系统讲述自己的思想或意见，能对事物进行分析，找出本质特点。[1] 因此，他还是比较赞成高中阶段历史教材实行这种"模块加专题"的形式。

　　从教科书编写者而言，黄牧航认为历史知识体系的构建，按照时序性编写历史教科书是合乎逻辑的；从课程新理念而言，要求以儿童为视角，摆脱教材的成人化、职业化的倾向。在实际操作过程中，中学历史教材不可能按照学生的认知顺序去编写，否则教材就是支离破碎，就会毫无整体感。[2]

（二）对教材编写内容的建议

1. 编写教材要增加的内容

　　茅家琦无论从历史角度，还是法理角度，都认为台湾是中国不可分割的重要组成部分，教材内容中理应包含台湾史。建议时间上从古代台湾，写到蒋经国逝世为止；1949年台湾地区的历史可写土地改革、经济发展、政治改革，特别要突出台湾地区坚持反对"台独"，维护祖国统一的主张。[3]

　　2003年12月历史学基础教育研讨会在北京师范大学召开，与会代表肯

---

① 杨丽君：《对现行高中历史课程安排的几点意见》，《历史教学》2002年第12期，第36页。
② 黄牧航：《论中学历史教材的逻辑结构》，《历史教学》2003年第6期，第9－14页。
③ 茅家琦：《台湾历史应该写进中国史教材》，《历史教学》2003年第5期，第5－7页。

定历史学教育改革的成就，主要是以学生为主体，教学方式更加灵活；课内与课外结合，教学方式更加广泛；教材"一标多本"，教学内容更加丰富；教学与技术融合，高科技成果应用到教学中。主要的问题是世界史内容弱化；知识与能力关系处理失当；初中教材碎片化，高中教材专题化，初高中教材不相衔接，导致教材系统不完善。① 因此，与会代表建议在教材中增加世界史的内容。

2. 编写教材要注意科学性

对历史事件解释要科学合理，如对郑和下西洋补充了"主动外交""不计经济效益的政策"等。要严格区分中学历史教材和专业教材。有些教材以专业的方式不恰当地介绍历史事件，淡化历史的因果必然性。如商周青铜器制造业，旧教材详细介绍了青铜器的原材料、制作工艺等。这种历史教科书给了学生对事物细节的理解，而不是对历史的总体性和规律性的理解，从而失去了历史教育的真正意义。② 在中国历史上，北方少数民族与中原政权之间的冲突往往站在中原的立场上表达历史，有失公允。新教科书从文化的角度，解读中原政权与北方少数民族之间的冲突的原因，其本质上是农牧文明之间不同生产和生活方式之间的冲突和摩擦。只要这种差异存在，摩擦就时有发生。编写教材要防止面广点多，要注意概括和分类。如西汉水利工程的地域特征：黄河流域水利建设、东南排水堤防水利工程建设、湿沙地改良田建设、西北地区开凿甘蓝井水利工程建设，以利用雪水、地下水为特征。

编写教材的科学性有待加强，有时甚至出现前后矛盾的现象。在中国古代史教材中，在秦朝末期的农民战争中，秦始皇建造了一座大型建筑，而沉重的房屋是秦国暴政的体现。但教材又在秦汉文化中对万里长城、兵马俑等大加赞叹。在义务教材历史示范本中，甲午中日战争后签订了《马关条约》，条约规定允许日本在华开办工厂。在初中教材中《甲午中日战争》一课中认为这项条款阻碍了中国民族资本主义的发展；但在《中国近

---

① 王桂玲、郑雪蕾：《历史学基础教育研讨会综述》，《历史教学》2004 年第 2 期，第 75－76 页。

② 李德藻：《高中〈中国古代史（试验本）〉值得注意的特点》，《历史教学》2002 年第 3 期，第 43－45 页。

代经济发展》一课中，又说该项条款刺激了中国民族资本主义工业的发展。历史教师可从不同角度进行解释，与此同时学生的质疑创新精神得到培养，但教师又要为解答学生的疑惑而应接不暇。

3. 通过最新研究成果纠正历史教材中的错误

广西玉林师范学院的张壮强，写过中法战争方面的专著。张壮强提出很多新的观点，令人耳目一新。刘永福获得越南的"副提督"官衔与纸桥之战无关。其黑旗军与天地会的关系不大，得名是因他的队伍以七星黑旗为战旗。马尾之战是陆战，称之为海战不适当；该战役主要负责人是"清议派"张佩纶，因他不懂军事，将各舰集中马尾对抗法舰，客观上为法军聚歼福建舰队提供了条件。妇孺皆知的镇南关大捷，如雷贯耳的冯子材当时只是第三把手。广西巡抚潘鼎新、广西提督苏元春一直在前线督战，教材中的"清政府起用老将冯子材镇守广西边境"，对当时付出努力和辛苦的巡抚和提督不公平。关于中法战争结果，传统的结论是中国"不败而败"，法国"不胜而胜"。清政府在法国主动求和的前提下，同意与法国议和，不能简单地用腐朽卖国政府来定性。因为当时法国占领澎湖，凭当时海军力量收回澎湖是奢望，因此清政府"乘胜即收"的意图，是想通过议和收复澎湖。[1]

长此以来，认为义和团是围攻使馆的主力，而曾担任主攻任务的荣禄却被描绘为使馆的保护者。林华国在《历史的真相——义和团运动的史实及其再认识》中，经过周密的论证，认为围攻使馆的主力是清军，而参加进攻使馆的义和团只是起到一些微不足道的作用。当时清政府为了达到求和的目的，而把这些事转嫁到义和团战士身上；20世纪50至70年代，认为农民起义是推动社会发展的基本动力，因此义和团围攻使馆值得赞扬；20世纪70年代末，反帝不再是宣传重点，黎澍等没有去考证这则史料的真伪，而认为义和团攻打使馆是盲目排外，践踏国际公法的一个"罪证"。[2]

刘庭华作为抗日战争研究专家，他认为编写抗日战争史要注意抗日战争的性质、起止时间和阶段划分，要讲清抗日战争的意义、地位和作用，

---

① 张壮强、廖宗麟：《关于高中课本"中法战争"的编写意见》，《历史教学》2002年第11期，第41－43页。

② 林华国：《攻打使馆的是清军不是义和团》，《历史教学》2003年，第42－43页。

要充分揭露侵华日军的罪行，要讲明抗日战争的经验和教训，要强调日本投降的不彻底性。正因为东京审判美国庇护日本战犯，导致日本右翼势力总是否认侵华罪行，为军国主义复活、右翼势力翻案埋下祸根。①

（三）对教材辅助系统编写的建议

王宏志认为要"使学生学到准确的历史知识而不是错误的知识；培养学生发现历史问题，并培养学生用正确的观点来分析历史问题和现实生活中相关的问题"②。同时，通过史料教学，培养学生自主合作探究的能力，培养独立思考、在史料的基础上解决问题的能力。王升华认为，历史教材编写要突出时代性，还应少讲结论，多启发学生的思维性。③

在编写教材辅助系统时，我们可以借鉴美国和中国台湾地区的经验。练习设计与学生思维能力的发展是密切相关的，编写体例上要改变传统的结构模式，学习美国教材的编写模式，在每一课背后附上思维能力指导训练。训练题的设计尽量与该课题的内容相契合，达到教材的学科逻辑体系与学生心理能力发展逻辑同步，两者的结合就在于课后练习设计。实践逻辑设计体现得最充分的是北京师范大学版教材。七年级二卷练习的主题是：观察图片—收集周围的材料—阅读地图—使用参考书分析问题—获取多个载体的历史信息—整合多学科知识。④

朱煜在研究台湾教科书以后，认为要培养学生的解决真实问题的能力，体现历史教科书的工具性，课文固然重要，但更重要的是要发挥教材辅助系统（如史料、图片、问题、作业、笔记等）的作用。教科书发展史证明，随着教科书理论的发展，文本辅助系统越来越复杂，其功能发挥着越来越重要的作用。⑤

现在初中历史教师对人教初中二年级二学期的困惑最大。一是中华人民共和国史的内容学生相对熟悉，但是因为教学内容单薄，按照传统的思路进行教学，一节课大约一半的时间就可以结束新课知识的传授。课后练

---

① 刘庭华：《关于中学课本"抗日战争"内容编写的几点想法》，《历史教学》2003 年第 3 期，第 45 - 46 页。

② 王宏志：《重视历史课 开好历史课》，《历史教学》2003 年第 1 期，第 15 页。

③ 王升华：《关于中学历史教科书的几点思考》，《历史教学》2002 年第 12 期，第 33 页。

④ 黄牧航：《论中学历史教材的逻辑结构》，《历史教学》2003 年第 6 期，第 13 - 14 页。

⑤ 朱煜：《台湾高中新编历史教科书的基本特点与启示》，《历史教学》2002 年第 11 期，第 50 页。

习和基础型训练题呈现的方式都是一些以记忆为主的题型，它对培养学生的能力所起的作用基本上是微乎其微。我们不能改变历史知识的线索和学生学习历史的心理和能力，但作为教科书的作者，我们可以重新设计作业辅助系统，帮助学生实现心理发展和作业困难的统一。

通过这次课程与教材建设的讨论，有的专家对教材编写提出了总体建议，有的对某一个专题，甚至对某一节具体内容的编写提出了切中肯綮的建议，做到了点面结合，达到了整体推进教材改革，提升教材质量的目的。为了总结讨论成果，《历史教学》杂志社于 2003 年 8 月在广西桂林专门组织研讨会。与会代表都是国内在历史课程与教材建设方面颇有成就的专家，在会上提出了许多真知灼见。出乎杂志社组织方意料的是，这种"讨论引起相关部门的不满"①。

1956 年教育部派巩绍英和邱汉生到《历史教学》担任编委，杂志得到人教社编写教材专家的具体指导，这提升了《历史教学》的权威性，使《历史教学》从一个地方性的刊物，一跃成为全国知名的历史类刊物；1978 年 10 月，教育部恢复对《历史教学》的业务指导关系，巩绍英已逝世，邱汉生继续担任编委，并增补苏寿桐、李纯武为编委。在一定程度上，《历史教学》成为人民教育出版社向全国历史教师发表信息的重要平台，杂志与出版社始终在思想上保持高度一致。这次大讨论，《历史教学》站在第三方角度，客观地去评判课标和教材，反映学学术界专家、教科书编写者、一线教师的不同建议，以促进教科书进一步提升教学质量。当然，有些思想与出版社的想法还是有些许差别。

这次讨论的结果是，通过《历史教学》这个平台，把历史教师、历史教研员、历史系的教师和学生等紧密地联系在一起，为《历史教学》进入"黄金"发展时期奠定了坚实的群众基础。

三、研究性学习与"聂马之争"

（一）聂幼犁的研究性学习

《历史教学》要受到中学历史教师及受众的欢迎，必须要为中学历史教

---

① 见《历史教学》2004 年第 1 期的"新年寄语"。

学及研究服务。根据 2003 年高中历史课标的相关规定，它提出中学要在教学方式进行变革，实行研究性学习。《历史教学》杂志发表的一系列研究性学习案例点评，对倡导和推动学习方式转型作出了重要的贡献。

郑流爱、吕准能认为，研究性学习是一种学习方式，本质是一种课程形态，而不是一门具体的课程；研究性学习目标指向研究结果，更要重视学习的过程。研究性学习既可以是课题研究，也可以是综合性主题研究。研究性学习不是对接受性学习彻底否定，而是相互补充和发展。研究性学习并不排斥高考取向，高考的改革趋势与研究性学习是基本一致的。研究性学习既不能"等、靠、要"，也不能急躁冒进，而是要坚持观念改革、学法指导、深入实践。这些问题都是当时学校教师在理论与实践中遇到的问题，为研究性学习起到很好的推广作用。①

就研究性学习而言，聂幼犁在《历史教学》发表系列论文，指导中学历史教师进行研究性学习的教学。他先后以"辛亥革命是成功还是失败"②"真的是李鸿章卖的国吗？"③"应该感谢鸦片战争吗？"④"太平天国与中国的近代化"⑤"如果中国的好东西不传到欧洲去，中国不就比欧洲先进了吗？"⑥"火烧曹宅对不对？"⑦"我的最高目标是拯救联邦"⑧"唐朝的社会剪影"⑨"鸦

① 郑流爱、吕准能：《关于研究性学习几个问题的思考》，《历史教学》2003 年第 3 期，第 62 – 64 页。

② 李茜（执教）、聂幼犁（点评）：《以"辛亥革命是成功还是失败"为例，看中学历史研究性学习》，《历史教学》2003 年第 12 期，第 36 页。

③ 韩春玲（执教）、聂幼犁（点评）：《以"真的是李鸿章卖的国吗？"为例，看中学历史学科的研究性学习》，《历史教学》2004 年第 1 期第 44 – 50 页。

④ 聂幼犁：《以"应该感谢鸦片战争吗？"为例，看中学历史学科研究性学习》，《历史教学》2004 年第 3 期，第 56 页。

⑤ 聂幼犁：《以"太平天国与中国的近代化"为例看中学历史学科研究性学习》，《历史教学》2004 年第 4 期，第 58 页。

⑥ 聂幼犁：《从"如果中国的好东西不传到欧洲去，中国不就比欧洲先进了吗？"，看中学历史学科研究性学习》，《历史教学》2004 年第 7 期，第 49 页。

⑦ 聂幼犁：《从"火烧曹宅对不对"看中学历史学科研究性学习》，《历史教学》2004 年第 9 期，第 49 页。

⑧ 聂幼犁：《从"我的最高目标是拯救联邦"看中学历史学科研究性学习》，《历史教学》2004 年第 10 期，第 51 页。

⑨ 聂幼犁：《从"唐朝的社会剪影"看中学历史学科研究性学习》，《历史教学》2004 年第 11 期，第 55 页。

片战争可否称为商业战争"① "国民大革命史教学中的困惑"② 等历史事件为案例，从教学实例中对历史学科进行研究性学习分析，以推动中学历史教学中研究性学习深入开展。

一是遵循"史"由证来，讨论问题从史学角度出发。聂幼犁指出，"历史课程对于人类过去的具体问题具体分析，'史'由证来，'论'从史出"③。现在的学生在面对要讨论或解决的问题时，大多喜欢依据自己的想法来判断、分析，没有一定的理论依据，很容易"想当然"。而新课改要求的研究性学习课堂，让学生主动地通过自己的探索获得知识和技能等，则更容易助长这类思想的泛滥。

二是明确教学目标，细化教学步骤。有很多教师经常打着"让学生自由讨论，培养自学能力"的幌子，放任学生天马行空，进行无意义的争论。长此以往，便会使得学生讨论积极性减弱，学习效率降低，从而达不到教学目标。如讨论"抗美援朝战争是否合法"这个论题，可以围绕"是否合法"这个焦点，抓住讨论这类问题的程序和思路，展开研究性学习，在过程中培养学生思维。④ 在开展研究性学习之前，聂幼犁建议先补充程序性知识，或运用学生熟悉的例子引导学生的思维向更高层次发展。聂幼犁指出教师要细化讨论的课题，培养学生综合分析问题的能力。面对学生的提问时，教师首先应弄清学生提出这个问题的原因到底是什么，然后可以从史学的角度摆事实、讲道理。⑤

三是正确看待"教师的介入"。聂幼犁指出："教师的介入要运用提问、表扬、指点、补充等思维手段，促使他们有效地思考。"可以看出，这种"是根据学生的实际情况，采用强调、确认、提示、幽默介入"。

---

① 聂幼犁：《给教师的建议——从"鸦片战争可否称为商业战争"看中学历史学科研究性学习》，《历史教学》2005年第4期，第38页。

② 聂幼犁：《从"国民大革命史教学中的困惑"，看中学历史学科研究性学习》，《历史教学》2005年第5期，第56页。

③ 聂幼犁：《从"抗美援朝战争是否合法"看中学历史学科研究性学习》，《历史教学》2006年第7期，第40页。

④ 聂幼犁：《从"抗美援朝战争是否合法"看中学历史学科研究性学习》，《历史教学》2006年第7期，第40－45页。

⑤ 聂幼犁：《关于"骨鲠在喉"的案例及其说明》，《历史教学》2008年第21期，第27页。

聂幼犁鞭辟入里、逻辑极为严密的点评在带给读者震撼的同时，也带来更深刻的思考。如"火烧曹宅对不对"的案例中，聂幼犁注意指导怎样进行教学研究，特别注重思想教育，同时扭转只要是爱国什么事情都合理的错误倾向，实质是批判极端爱国主义的错误思想。

王辉状告《历史教学》侵权案，表面上反映的是侵权问题，但实质上反映的中学研究性学习造假问题严重的事实。新疆乌鲁木齐的李茜执教的是"辛亥革命是成功还是失败"的案例，聂幼犁对这个案例进行点评，对李茜的研究性学习高度评价。但李茜在学生"研究过程"的"辩论词"，不是学生真正研究的成果，而是抄袭了江苏南通市启秀中学王辉的一个教学案例①。按照著作权法，李茜抄袭了王辉学生的研究成果，应该由王辉的学生提出主张。但王辉强调学生的辩论词出自于自己之手，他当年的学生陈超，当时已经是南通大学的学生，证明由于自己写的内容王辉不满意，王辉老师就按照辩论格式自己写，让学生背下来，结果就呈现一节"精彩"的公开课。②

王辉论文是主体性教育与创新教育，教师写好学生背，这是主体性凸显、还是创新教育的体现？尤为恶劣的是，李茜直接"拿来主义"进行研究性学习，还花费聂幼犁脑力和精力，对假的研究性学习进行点评，在《历史教学》发表并进行示范推广。据我所知，王辉、李茜这样的老师，能够想办法附教改"风雅"，能够阅读杂志收集素材，并且能用较为优美的文字表达，基本功在同龄人中当属出类拔萃。中学优秀的教师尚且如此，从深层次反映研究性学习在中学教学中推广的可行性程度。

聂幼犁的点评从学术角度来讲是高屋建瓴、无懈可击，但从操作层面来讲，历史教师都有如此高的水准来在课堂中实现吗？聂幼犁的观点都能在现实的课堂中得到呈现吗？在目前学生学习任务繁重，高中升学压力巨大的前提下，这种研究性学习形式大于内容，真正要能接地气、要与中学完全对接，培养学生的研究能力，仍尚待时日。

---

① 王辉：《历史活动课中的主体性教育与创新教育——以活动课"辛亥革命是否成功"为例》，《中学历史教学》第8期。

② 《关于王辉状告本刊侵权一案的事实及其思考》，《历史教学》2005年第10期，第78 – 79页。

（二）聂幼犁与马执斌之争

1. 争论的缘起

2003—2005 年《历史教学》围绕"鸦片战争也应有'维护商业'的性质"展开了新旧课程观争论。新课程观方以聂幼犁、郑流爱、李惠军等为代表，另一方以马执斌为代表，其中的观点得到赵士祥、周明学等的支持。全面梳理这次打着新旧课程观旗帜的争论，我们可以得到许多有益的启示。

张宏伟、蔡中坚两位中学教师对人教版教材的课后题，鸦片战争的性质问题进行开放性设计。他们认为人教版教学参考用书给出的答案不完整，可以进行改造。张、蔡论文①在《历史教学》发表，只占一个版面，不到1900 字，但引起了较大的反响。

赵士祥认为，"维护商业"的战争分正义与非正义，反侵略与侵略性战争，这种认识不妥当。鸦片战争是赤裸裸的侵略战争，还有必要分"正义"与"非正义"吗？鸦片不是正常的"商品"，鸦片贸易不能列为"商务"；林则徐领导的虎门销烟对正常的中英贸易没有根本性的损害；经济学的"商务"不带有武力掠夺性。②

人教版编辑马执斌看到这篇小文章以后，在《中学历史教学》杂志发表文章，认为开放性讨论是允许的，但选择"改变鸦片战争的性质论述"这个点进行开放性题设计是错误的。马执斌还从政治站位的高度来看待这个问题，认为是对政治倾向不重视所致。③

湖北省公安县车胤中学蒋碧勇，在教学中也遇到了与张宏伟、蔡中坚两位教师同样的问题，又阅读了马执斌在《中学历史教学》的这篇论文，专门组织了以"鸦片战争可否称为商业战争"的研究性学习，把他的教学实践记录下来，并进行理论分析，并与马执斌商榷。④ 马执斌、赵士祥的观

---

① 张宏伟、蔡中坚：《鸦片战争也应有"维护商业"的性质》，《历史教学》2003 年第 12 期，第 68 页。

② 赵士祥：《鸦片战争的"维护商业"定位不可取》，《历史教学》2004 年第 4 期，第 65 – 66 页。

③ 马执斌：《驳"鸦片战争也应有'维护商业'的性质"》，《中学历史教学》，2004 年第 6 期。

④ 蒋碧勇：《鸦片战争可否称为商业战争——一个研究性学习的案例及教学反思，附从"蓝本"到"文本"的转变——兼与马执斌先生商榷》，《历史教学》2005 年第 1 期，第 50 页。

点基本一致，赵士祥的论文比马执斌的论文早发表 2 个月，而且是在《历史教学》（CSSCI）期刊上发表的，但蒋碧勇偏要与人民教育出版社的编审马执斌商榷。

蒋碧勇学术水平不容小觑，他在 2013 年就与大教授林华国商榷过。蒋碧勇对林华国关于马克思的殖民主义"双重使命"论进行质疑①，林华国对蒋碧勇提出的问题全面予以回答②。这一组论文发表出来后，作为一名读者，我有三个"想不到"：第一个想不到的是蒋碧勇作为公安县车胤中学一位 35 岁的历史教师，探讨殖民主义"双重使命"的历史问题，居然向北京大学大名鼎鼎的 68 岁的林华国教授提出挑战。第二个想不到的是这一组地位、信息等完全不对等的文章，杂志的责任编辑居然愿意发表，并且加上编后语，对林华国致以敬意，对蒋碧勇大力褒奖。第三个想不到的是大学者林华国如此谦恭，在文中几次讲由于身体健康原因，不知答复是否令蒋碧勇同志满意，尚请见谅。态度诚恳，奖掖后学的精神实在令人称道。蒋碧勇既然有这样挑战大家的经验，向马执斌提出商榷，也是意料之中的事情。但这篇商榷文章发表以后，确实带来"投石冲开水底天"的反响。

2. 争论的发展

聂幼犁对中学一线教师的研究性学习非常重视，他把前面的论文对照研究后，旗帜鲜明地支持中学教师的创新做法，高度赞扬蒋碧勇的教学设计，明确质疑马执斌的观点。在论文的最后，聂幼犁还不忘对人教版教材揶揄一番，建议蒋碧勇组织学生整理研究成果，给马执斌写封信，去挑战马执斌的权威。③

马执斌就马上应战，从新旧教材的角度对蒋碧勇的论文进行全文批驳，并倡导教师要树立新的历史教材观。该论文于 2005 年第 6 期在"关注新课改"专栏发表。④ 为了回应聂幼犁的"挑战"，他在论文结尾特意提到要聂

---

① 蒋碧勇：《关于马克思的殖民主义"双重使命"论的再思考——与林华国教授商榷》，《历史教学》2003 年第 1 期，第 68 – 70 页。

② 林华国：《对蒋碧勇文的几点答复》，《历史教学》2003 年第 1 期，第 71 – 73 页。

③ 聂幼犁：《给教师的建议——从"鸦片战争可否称为商业战争"看中学历史学科研究性学习》，《历史教学》2005 年第 4 期，第 38 页。

④ 马执斌：《树立新的历史教材观是当务之急——对蒋碧勇老师与我商榷的回应》，《历史教学》2005 年第 6 期，第 44 页。

幼犁关注大纲，"这次疏忽了，实属智者之失"①。

这句话可能激怒了聂幼犁，他对马执斌的论文全面地彻底地进行批驳②。聂幼犁的博士生郑流爱则从说理层面，对马执斌论文中论述欠严谨的地方如"课程标准的由来""叶圣陶对'课程标准'的看法""正义原则的'永恒性'"等，进行全面的反驳。③ 马执斌的观点似乎被聂幼犁师徒俩批判得"体无完肤"，这种"火药味"很浓的讨论，在历史教学界一片叹息声中偃旗息鼓了。在这种类似于"文革"的语境中，历史学界的教育专家噤若寒蝉，不敢闯入这个是非之地。

2007 年后面还有两个涟漪。一个是李惠军全面支持聂幼犁的观点，强调课程开发是教师的权利和义务④；第二个是九江一中的周明学，从"学术界果真'亦然'吗?""马先生的'原创'有无道理?""使用'教材'的概念要慎重"等三个方面，就教材的定义与聂幼犁商榷。⑤ 按照杂志的基本要求，在双方各执一词，争论不休的时候，杂志应该站出来做个总结，表明杂志的立场，明确教师进行研究性学习的大致方向。但杂志没有任何反映，这次争论就这样不了了之。

3. 争论的反思

这场新课改的专题讨论，最后以人身攻击的方式收场，这个不是我们学术界想看到的。若干年后，我们再心平气和地评判这场学术争论。

马执斌与聂幼犁关于商业战争的争论，任世江认为自己有失误，存在论文把关不严的问题，在这件事上对马执斌心存愧疚。⑥ 从编辑上来讲，讨论有头无尾，使读者无所适从，给人一种偏袒聂幼犁方的感觉。

① 马执斌：《树立新的历史教材观是当务之急——对蒋碧勇老师与我商榷的回应》，《历史教学》2005 年第 6 期，第 47 页。

② 聂幼犁：《这是"新的历史教材观吗?"》，《历史教学》2005 年第 7 期，第 42 - 49 页。

③ 郑流爱：《"顾名思义"还是"循名责实"——与马执斌先生商榷》，《历史教学》2005 年第 7 期，第 50 - 52 页。

④ 李惠军：《课程开发是教师的权力和义务——从马执斌先生的新历史教材观所想到的》，《历史教学》2005 年第 8 期，第 56 - 58 页。

⑤ 周明学：《教材概念具有多义性、发展性——就教材定义与聂幼犁先生商榷》，《九江教育》2007 年第 5 期。

⑥ 就马执斌和聂幼犁争论问题，作者电话采访过任世江本人，他明确表示在稿件处理方面有失误，存在对发表的论文把关不严的问题，在这件事上对马执斌心存愧疚。

从聂幼犁方讲，一是态度上存在失礼之处。《历史教学》发表了多篇学术争论的文章，如赵俪生回答读者的问题实实在在，有一说一；林华国回答蒋碧勇的问题，也是阐明事实，以理服人。聂幼犁也是大教授，如果文风稍微温和，可能观感会更好。二是关于教科书是教材的概念存在问题。根据现在的观点，教材一般包括教科书、教学材料，如《历史课程标准》《教师指导用书》等。

从马执斌方讲，所持的观点和立场是正确的，但某些表述欠严谨。从读者角度讲，"鸦片战争可否成为商业战争问题"是一个思想方法的问题。读者明白，历史有时就是一个"横看成岭侧成峰"的问题。从英国人的角度看，鸦片战争就是一个商业问题；从中华民族的角度看就是一个侵略问题，这体现历史的思辨性。

马执斌是一个忠实的学者，他要求历史教师遵守《历史教学大纲》的基本要求，这是正确的。国家级的教科书是国家意志的体现，历史教学应该在《历史教学大纲》（现在称课程标准）的指导下开展历史教学，进行教学创新及教学设计。

他提醒历史教师要注意政治倾向这无可厚非。历史学科承担着重要的思想政治任务，如果为了挑战权威，去实行无原则的创新，而与国家的教育政策、方针相违背，那么就会和我们培养社会主义建设人才的目标南辕北辙。他鼓励中学历史教学创新，但创新必须要选好创新点。我们不能为了鼓励老师创新、挑战权威而去碰"雷区"，越"底线"。

退休以后，马执斌在《中华读书报》发表《"焚书坑儒"辨》①，论证焚书是确定无疑的，"坑儒"则疑窦丛生。因为他长期编撰中国古代史，"焚书坑儒"出自其笔下，心里存在一定的疑问，所以他把自己的想法表达出来，这种执着的学术精神要予以充分肯定。从整体而言，这次论战对马执斌方是不公正的。

四、有重大影响的中青年著名学者访谈录

《历史教学》编辑部对杂志的市场把控有深刻的研究，主编任世江等以

---

① 马执斌：《"焚书坑儒"辨》，《中华读书报》（国学版），2010 年 2 月 24 日。

学术研究与中学教学脱节为切入点，提出学术研究要与中学紧密结合的观点，历史类杂志一定要做专业杂志的事情，要把学术研究人员、历史教师、历史教研员、历史系的教师和学生等受众群体，组建成一个稳定的历史学习共同体。

　　《历史教学》杂志在 2003 年第 10 期目录之后，专门刊登了"中青年史学家访谈计划"，准备采访研究新领域的领军人物。自 2003 年第 10 期开始至 2006 年第 12 期，《历史教学》杂志围绕学术和历史教育两个主题，共采访了 35 位中青年著名学者，见表 5 - 1。这组中青年史学家专题文章在杂志发表后，在国内外的史学界产生深远影响。

表 5 - 1　中青年著名学者学术背景及研究特长一览表

姓名	杂志发表时间	学术背景	研究特长	工作单位（访谈计划时）
侯建新	2003.10	1978 年考入天津师范大学历史系，是南开大学的博士。	英国及欧洲经济社会史	天津师范大学
钱乘旦	2003.11	1978 年考入南京大学历史系就读研究生，1985 年获博士学位，是英国史研究创始人蒋孟引的学生。	英国史和现代化	复旦大学
李剑鸣	2003.12	1978 年考入湖南师范大学历史系，杨生茂是其博士生导师。	美国史	南开大学
马敏	2004.1	1977 年考入华中师范大学历史系，章开沅是其硕士和博士导师。	中国近现代史	华中师范大学
朱英	2004.2	1978 年考入华中师范大学历史系，章开沅是其硕士生导师。	中国社会经济史	华中师范大学
吴景平	2004.3	1990 年中国人民大学的博士。	宋子文和中国金融史	复旦大学
陈谦平	2004.4	1977 年考入南京大学历史系，张宪文是其博士生导师。	中华民国史	南京大学
杨奎松	2004.5—6	1977 年考入中国人民大学中共党史专业。	中共党史	北京大学

（续表）

姓名	杂志发表时间	学术背景	研究特长	工作单位（访谈计划时）
杨念群	2004.7	1981 年考入中国人民大学历史系，硕士、博士。	清史	中国人民大学
沈志华	2004.8—9	1978 年考入中国社会科学院硕士研究生，自由学者。	中苏关系	自由学者
萧功秦	2004.10—11	1981 年南京大学历史系硕士毕业。	中国近现代史	上海师范大学
黄爱平（女）	2004.12	1977 年北京大学中文系毕业，博士生导师是戴逸，她是我国改革开放以后培养的第一个女博士。	清代学术思想文化研究	中国人民大学
赵世瑜	2005.1	1977 年考入北京师范大学历史系	中国古代史	北京师范大学
葛兆光	2005.2	1977 年考入清华大学	中国思想史	清华大学
阎步克	2005.3	1978 年考入北大历史系，1988 年获博士学位。	魏晋南北朝史	北京大学
李治安	2005.4	1978 年考入南开大学历史系，1989 年师从杨志玖获博士学位。	中国元史	南开大学
许纪霖	2005.5	1977 年考入华东师范大学政治系，深受陈旭麓的影响。	史学心态史、中国近现代政治思想史	华东师范大学
阎照祥	2005.6	1976 年河南大学毕业，历史学博士	英国史	河南大学
陈支平	2005.7	1977 年考入厦门大学，明清社会经济史研究领域的大家——傅衣凌的学术助手，获"有突出贡献的博士"的称号。	明清经济史研究	厦门大学
任爽	2005.8	1977 年级考入东北师范大学历史系，东北师范大学的博士。	唐宋政治、社会与文化史	辽宁大学

（续表）

姓名	杂志发表时间	学术背景	研究特长	工作单位（访谈计划时）
徐蓝	2005.9	1977年恢复高考考入首都师范大学，师从齐世荣。	世界近现代史	首都师范大学
刘新成	2005.10	1977年恢复高考考入首都师范大学，博士	世界中世纪史	首都师范大学
李伯重	2005.11	1978年考入厦门大学，博士，其父亲是一个史学家，"文革"后傅衣凌第一个博士生，中国社会科学院经济研究所研究员。	中国古代（明清）经济史	清华大学
程民生	2005.12	1977级河南大学历史系，著名宋史专家陈乐素的弟子，是漆侠的博士	宋史研究	河南大学
于沛	2006.1	1979年中国社会科学院史学理论研究生	史学理论	中国社会科学院
熊月之	2006.2	1977年考入江苏师范学院（现苏州大学）历史系，1978年考入华东师范大学硕士研究生，成为陈旭麓的开门弟子。	中国思想史	上海社会科学
李华瑞	2006.3	1978年考入甘肃师范大学历史系，漆侠的博士。	研究宋史	首都师范大学
黄宽重	2006.4—5	台湾地区博士	研究南宋史见长	台湾中央研究院历史语言研究所
武寅	2006.6	1973年推送到辽宁大学，1989年博士毕业，齐世荣是他的博士生导师。	中日关系史研究	中国社会科学院
杜家骥	2006.7	1978年进入南开大学	研究清史中的满蒙关系	南开大学
聂幼犁	2006.8	1977年就读华东师范大学历史系	考试学及历史命题技术研究	华东师范大学

（续表）

姓名	杂志 发表时间	学术背景	研究特长	工作单位 （访谈计划时）
郑大华	2006.9	1977 年进入湖南师范大学历史系，林增平的硕士，龚书铎的博士。	中国近代思想史	中国社会科学院
林文勋	2006.10	云南大学李埏指导的博士生。	中国古代社会经济史	云南大学
王晓德	2006.11	山西师范大学 1977 级，拉美史的奠基人黄邦和指导的硕士，杨生茂指导的博士。	美国史和拉美史	南开大学
任东来	2006.12	1978 年东北师范大学毕业，杨生茂指导的硕士、博士，在南京大学工作。	美国史	南京大学

（一）中青年著名学者的学术背景

这些著名学者中，按照从事的研究方向分类，有 24 位中国史专家，10 位世界史专家，1 位历史教育专家。从工作单位所在的地域分析，主要集中在学术高地京、津、沪等直辖市，其中北京 13 位、天津有 5 位、上海 5 位中青年著名学者入选。

1. 著名学者的特点

正如齐世荣在《新生代历史学者访谈录》序言所说，这批学者的成长，与高考政策有很大的关系，都受惠于高考制度的恢复。如上表所示，这 35 位著名学者中，有 25 位学者是 1977 年和 1978 年进入大学深造。马敏、杨奎松、陈谦平、黄爱平、赵世瑜、葛兆光、许纪霖、陈支平、任爽、徐蓝、程民生、熊月之、聂幼犁、郑大华、王晓德，这 15 位学者是 1977 年恢复高考进入大学学习；侯建新、钱乘旦、李剑鸣、朱英、阎步克、李治安、李伯重、李华瑞、杜家骥、任东来，这 10 位学者是 1978 年进入大学进行深造。

这批学者在本科学习阶段都打下扎实的学术基础。有 4 位学者是南京大学毕业，有 3 位是中国人民大学毕业，其中北京大学、南开大学、厦门大学、华东师范大学、华中师范大学、湖南师范大学、首都师范大学、河南大学都有2位学者从该校毕业。在一定程度上，说明这些大学历史系培养的本科学生质量高。

这批特殊群体的学生学习非常刻苦，很珍惜学校给他们的学习机会。十年"文化大革命"，大学教师出现了断层，这批优秀的学生大多毕业留校任教，在母校的培养下成为学校的学术骨干，继而成为历史学科某个方向的创始人或学科带头人，因此他们对母校极为依恋，始终为母校的发展做出自己的奉献，如侯建新、马敏、朱英、杨念群、赵世瑜、葛兆光、阎步克、李治安、许纪霖、阎照祥、陈支平等。

2. 中青年著名学者有很好的学术传承

35位学者是高学历的高级知识分子。他们的硕士生导师都大名鼎鼎，博士生导师更是全国某一领域的佼佼者。这正如许纪霖所言，注重师承关系的"家法"，对于人文学科研究非常重要。如河南大学的学者程民生，硕士生导师是著名的宋史专家陈乐素，博士生导师是漆侠；在南开大学工作的王晓德，是山西师范大学1977级的本科学生，大学毕业后攻读拉丁美洲史奠基人黄邦和的硕士，然后再攻读杨生茂的博士，为以后的发展积淀了深厚的学术功底；在中国社会科学院工作的郑大华，是湖南师范大学1977级的本科生，攻读近代史著名史学家林增平的硕士，再到北师大攻读龚书铎的博士。这些学者尊重学术传统，在学术创新与学术传统之间形成了对话机制，因此科研成果都硕果累累。

这些学者都是站在巨人的肩膀上进行学术耕耘，因此取得非凡的学术成就。李剑鸣、王晓德、任东来三位学者是目前我国美国史、拉美史的研究专家。他们的博士生导师，就是美国史学科的奠基人之一杨生茂。齐世荣是世界近代史学科的重要奠基人，徐蓝、武寅是他的博士生，徐蓝成为首都师大世界史的学科带头人，武寅成为研究中日关系史的权威专家。漆侠的博士弟子有程民生、李华瑞，这些学者继承了导师的"衣钵"，他们把宋史的研究推进到了一个新的高度。中国社会科学院经济研究所和厦门大学，是全国研究明清社会经济史的"重镇"，厦门大学的傅衣凌为此作出了重要贡献。他的学术助手陈支平曾获得"有突出贡献的博士"的称号，他的第一个博士李伯重则顺利进入中国社会科学院经济研究所工作。李伯重的学术渊源很好地反映了学术界同领域研究之间的良性互动。中国辛亥革命研究大家章开沅引领马敏、朱英进入学术殿堂。华东师范大学陈旭麓的开门弟子熊月之也成为思想史的一面旗帜，甚至毕业于政治系的许纪霖，在学术上也深受陈旭麓的影响。杨志玖、戴逸、蒋孟引、李埏等都是学硕大儒，带出来的研究生，如李治安、黄爱平、钱乘旦、林文勋等，在学术领域都取得令人称道的成绩。

（二）中青年著名学者的学术思想

1. 中青年著名学者的学术观点的新解读

一是研究视角新。这批学者之所以成果丰硕，有一个重要的因素是他们选取的研究视角新颖。鉴于国家"大一统"体制下所留下的"文本"只能反映上层社会的基本动态，厦门大学的陈支平就将他的视角下移，通过史料观察社会下层民众的动向。他进行田野调查，收集了大量族谱，因此研究福建家族社会独树一帜；他收集大量的私家文书、民间文学、深化传说及口碑资料，因此研究社会经济史名扬国内外。①

二是学术观点新。历史的学术研究多为总结性和资料性的成果，尤其是社会史、文化史研究创新性的成果较少。目前社会史、文化史研究的最大挑战实际上在于如何摆脱政治史叙事的制约，形成自己独特的解释模式。② 但是，下面所列学者的成果创新，对深化中学历史教学起到了重要作用。

历史学界对中国古代社会传统的分期不认同，但是新的社会分期还没有真正建立之时，云南大学的林文勋在其导师李埏教授的指导下，提出中国古代社会由"部落社会""豪民社会""富民社会""市民社会"组成的建构，得到相关专家的认可。③

南开大学的李治安认为，在不改变蒙古族固有文化的前提下，元代有选择地吸收汉族先进的文化，形成了"内蒙外汉"的二元体制。它使蒙古族游牧文明与汉族农耕文明的相互运动，成为元代及明朝前期社会发生变

---

① 陈支平：《读史为文廿余载》，《历史教学》2005 年第 7 期。
② 杨念群：《昨日之我与今日之我》，《历史教学》2004 年第 7 期，第 8 页。
③ 林文勋：《从静止式、平面式研究到动态式、立体式研究》，《历史教学》2006 年第 10 期，第 11 页。

动且"走上一变型"的根源所在。①

以研究上海地方史及思想史为特长的熊月之，他对租界的作用提出"缝隙效应""示范效应""孤岛效应"观点，在传统观点的基础上进行深入解读，令人耳目一新。②

1989 年，聂幼犁在《中学历史学科学业评价》中，改造了布鲁姆的教学目标，把历史的史实、史论、史法知识分别与知道、理解和运用目标分类相对应。③ 这是把美国的教育学理论与中国的目标分类紧密结合，强化了历史教学的目标分类，推动了中学历史教学改革。

三是解读方式新。上海师大的萧功秦认为，通史分两类。一类是博学型，按照时间顺序，进行史实的铺陈与记录；另一类是解释型，解释历史变迁的内因与逻辑。萧功秦明显属于后者，他用解释的方式，阐释中国现代化中的政治选择。他认为，中国文明的核心价值是"防争泯乱、求定息争"。西方的现代化过程，是一个多元个体的不断试错的过程，在试错、竞争、示范、扩散的过程中，走向现代化。中国的情形恰恰相反，逐步形成大一统格局，不允许多元异质东西存在。中国为什么坚守传统易，创新如此艰难，就可从结构上进行解释。④

阎照祥对英国新贵族的解读达到了极致。他认为英国的贵族群体有强大的生命力，发展上又呈现连续性的特征，主要在于这个群体善于摆正自身的位置，能灵活处理与王权、宫廷之间错综复杂的关系。在过渡到资本主义新型结构的时代，他们在维护自己利益的前提下，处理好与其他阶级之间的关系，与时俱进，发展成与资产阶级可以建立联盟的新贵族。如盎格鲁 - 萨克森贵族，他们既是王权的追随者，同时又是宪章、法案的起草者，是限制王权的发起者，保守主义的心态使他们既善于进攻，同时又可以进行必要的退却。然后，再结合英国的地形、气候进行分析，给了一种令人信服的结论。他认为，不列颠是一个岛国，偏离欧洲大陆，地势平坦，

---

① 李治安：《专通结合　厚积薄发》，《历史教学》2005 年第 4 期，第 8 页。
② 熊月之：《无用之用　乃为大用》，《历史教学》2006 年第 2 期，第 11 页。
③ 聂幼犁：《功德无量的事业——中学历史教育》，《历史教学》2006 年第 8 期，第 8 页。
④ 袁训利整理：《"思想者是幸福的"——著名学者萧功秦教授访谈录（续）》，《历史教学》2004 年第 11 期，第 6 页。

气候温和湿润，有助于该国形成稳健审慎的"岛国心态"。一方面，政治上安于现状，重视传统经验，形成比较保守的群体心态；另一方面，相对独立的人文社会环境促使他们在政治上保持自己的特色，政治制度的特点具有原创性、连续性、渐进性和灵活性。①

2. 中青年著名学者的治学方法对中学历史教学的影响

黄爱平穷首皓经，沉醉于《四库全书》之中；黄治安苦学蒙古语、藏语，披沙拣金地获取第一手资料；刘新成要求"用材料说话""文章不做半句空"。这些学者都强调获取第一手资料进行学术研究的重要性。杨奎松讲得更直接，"任何一种政治宣传或经验的总结，如果没有以真实性做基础的话，结果都必然是自欺欺人"②。

中学历史教师平时纠缠于事务性的工作，教学很难创新，大多从事重复性的劳动，很少去获得第一手资料，很少进行原创性的命题，因此有教学任务时就是"剪刀加糨糊"，造成教学质量难以提高，这也是造成在命题上中学历史教师与高考命题专家形成差距的主要因素。

梁启超有一个"鉴空衡平"的学术观点，意思是学术研究不能先有成见，评价历史事件任务要出于客观公平之心。③ 因此，在培养学生方面，要严格实行学术规范；建议运用导读式、研讨式的方法，让学生参与整个教学过程，培养学生的历史思维和历史智慧。④

（三）中青年著名学者对中学历史教学的指导

这些著名学者有的主编过中学历史教材，如北京师范大学的赵世瑜，对中学历史教科书的编写原则及内容有全面而深刻的了解；有的是专门研究历史命题策略的专家，如华东师范大学的聂幼犁；有的组织过高考试卷分析，是高考历史学科测量与评价的专家，如首都师范大学的刘新成等；有的参与过高考的评卷工作，如河南大学的程民生等。更多的学者对中学

① 阎照祥：《兴趣和责任：专业研修的动力》，《历史教学》2005 年第 6 期，第 11 页。

② 李国芳整理：《我和历史研究——杨奎松教授访谈录》，《历史教学》2004 年第 5 期，第 6 页。

③ 任爽：《鉴空衡平》，《历史教学》2005 年第 8 期，第 14 页。

④ 林文勋：《从静止式、平面式研究到动态式、立体式研究》，《历史教学》2006 年第 10 期，第 13 页。

历史教学现状缺乏深入了解，但他们凭借着专业领域的优势，纠正中学教学中师生集体误读的知识，更加显得弥足珍贵。

1. 对中学师生集体误读的知识予以纠正

认真品读学者们的访谈，他们从自身研究的领域出发，对中学历史教学中的集体误读之处，进行纠正，这对引领中学历史教学起到了重要作用。

圈地运动是"羊吃人"的运动吗？侯建新在访谈录中说，因为托马斯·莫尔讲圈地运动是"羊吃人"的运动，我们就认为英国资产阶级的原始积累是通过暴力手段对农民进行剥夺，将原始积累的暴力现象本质化。据侯建新研究认为，圈地运动规模不大，面积只占当时英国 3%；圈地范围内，牧场和耕地大致相当；其中除了领主和乡绅圈地，还有一半属于农民圈地。16 世纪的圈地运动主要是以经济的非暴力的形式进行的，其本质是土地所有权和生产方式的革命。① 这个事实说明，历史教师引导学生正确认识历史的重要性。

美国独立战争具有民族解放性质和资产阶级革命的性质吗？我国历史教材中将其定性为双重战争，即反对民族压迫的民族解放战争和资本主义性质的革命。这是用中国农民战争的逻辑评价美国独立战争。李剑鸣通过研究，当时的英国人和殖民地的"英国人"主要观点认为它是一场内战，是居住在北美的英国人要从母国分离出去而已。②

美国承认发动朝鲜战争是错误的吗？中学历史教师讲抗美援朝时，喜欢引用一句话：一位美国将军布莱德雷说过，朝鲜战争是在错误的时间错误的地点与错误的敌人进行的一场错误战争。似乎美国承认朝鲜战争与中国开战是错误的。沈志华在访谈录中说，事实上美国从来没有承认发动朝鲜战争是错误的，而根据当时大多数美国人的观点，他们不希望把战争扩大到中国范围。③ 因此，我们引用的这句话，要有一个基本前提，美国只是不希望中国介入战争。

《雅尔塔秘密协议》牺牲中国的利益，始作俑者是罗斯福吗？任东来经

---

① 侯建新：《廿载不变的追求》，《历史教学》2003 年第 10 期，第 7 - 8 页。
② 李剑鸣：《文章得失寸草心》，《历史教学》2003 年第 12 期，第 7 页。
③ 张胜波整理：《本色是书生——著名民间学者沈志华教授的访谈录（续）》，《历史教学》2004 年第 9 期，第 10 页。

过查阅档案材料说明，罗斯福出卖中国的主权理应受到谴责，但蒋介石也难辞其咎，他希望罗斯福从中斡旋中苏关系，愿意用中国的利益去换取中苏关系的缓和。①

中国资产阶级在历史发展进程中的作用应持否定态度吗？陈谦平师从张宪文，研究中华民国史。从不同的角度去诠释历史，就会得出迥然不同的结论。他认为，中国资产阶级在历史上的作用被低估。传统中华民国史研究过分强调阶级斗争，而没有注重该时期的现代化、国际化的进程。鉴于此，他提出要以民族国家的观念为基本发展线索，以"民族主义和现代化"构建民国史的内容。如从革命史观的角度评价中国资产阶级，基本持否定态度；但如果从建设"民族国家"的角度去评价，中国资产阶级发挥了重要的作用。②

四大家族是代表着中国官僚资本吗？吴景平认为，中国官僚资本的运作机制与蒋宋孔陈四大家族在特定时期有联系，但又有很大区别，要分别予以研究。历史教师要对教科书的观点进行纠正，要传授给学生正确的历史知识，不要随意地贴标签，把官僚资本与四大家族划等号，要纠正教条的错误和认识上的偏见。

2. 中学历史教材及教学的建议

一方面是对中学历史专题教材的看法。在访谈知名学者期间，中学正在推行专题史教科书。朱英认为用专题史提领国别史的编撰方法，反映了世界史由分散走向整体的过程，有利于学生人类观和世界观的形成。马敏认为模块教学会造成重要知识点遗漏，影响历史的连续性、知识的系统性，教师备课要补充过渡性的知识，这加大了教师的工作难度。任东来也认为，教材分政治、经济、文化专题进行研究，不符合历史学科的整体性、连续性的特点。他提出要带入历史场景，使历史学科由记忆的学科变成思考和思维的学科。③

由于历史教学涉及观念、制度和教材，所以葛兆光对中学历史教材非

---

① 任东来：《学术世界的无限乐趣》，《历史教学》2006 年第 12 期，第 6 页。
② 陈谦平：《板凳十年冷》，《历史教学》2004 年第 4 期，第 10—11 页。
③ 任东来：《学术世界的无限乐趣》，《历史教学》2006 年第 12 期，第 12 页。

常关注。他以自己精深研究的思想史为例，认为教材中关于"中国主流思想的演变"单元是以儒家思想为基本线索的，讲的是从孔孟到百家争鸣，从宋明理学到明清之际的思想。其实，撰写这个专题时，教科书的编著者是以欧洲思想的发展线索，从中国史中找到相对应的思想点，如世界史中的古希腊罗马、中世纪神学、文艺复兴时期的启蒙思想，分别对应中国的百家争鸣、独尊儒术、明清时期的启蒙思想等，但是中国思想的精华部分，如佛教、道教、玄学等思想无法在教材中体现。这种编写教材的思想是以西方思想为中心进行的，其实中国古代的思想儒家独占局面是很少出现的。①

阎照祥多次参编和主编教材，对中学历史教学有较深的了解。他认为，世界近代史部分观点陈旧，如国际共产主义运动问题，还是老调重弹，对西方社会民主党等还是从阶级立场分析，解释牵强，并且简单武断。② 许纪霖认为，历史课教学基本没有再按照三次革命高潮的模式来叙述历史，但只用现代化模式叙述也不是一件好事。历史知识虽然没有用，却是好的知识。有用的知识可转化为现实的生产力，培养大国工匠；好的知识可以培养出品德高尚的好人。③

在教科书内容方面，世界史学科专家呼吁要重视世界史的内容，侯建新认为，中学教材重中国史，轻视世界史，尤其是世界中世纪史缺失令人遗憾，这与"三个面向"精神相违背。

另一方面是对中学历史教学的建议。

学习理论。学者们鼓励中学教师认真学习历史学科理论，运用理论进行归纳，高屋建瓴地进行知识建构，从而深化中学历史教学。

讲好故事。许纪霖对史学的理解是，历史学的骨子里就是讲故事。历史的灵魂是故事，没有故事的历史，就像一个没有躯体的灵魂，是孤魂野鬼。做历史教师，最重要的是学会怎样讲故事，把教科书阉割掉的故事重

---

①　葛兆光：《新思想史研究、历史教科书编纂及其他》，《历史教学》2005 年第 2 期。

②　阎照祥：《兴趣和责任：专业研修的动力》，《历史教学》2005 年第 6 期，第 12 – 13 页。

③　许纪霖：《我改变不了世界，但可以改变我的课堂》，《历史教学》2005 年第 5 期，第 15 页。

新发掘出来，活生生地讲给学生听，让学生感受到历史学的魅力。① 中国人民大学的黄爱平当过三年的中学教师，教过语文，也教过历史。她认为历史教师应该具备专业的知识、敬业的精神，对学生具有爱心，具有吸引力的表达方式等。②

答案"鲜活"。对中学历史教学，钱乘旦坚决反对历史所谓的"标准答案"，历史知识是"鲜活的"，主要基于历史新的知识会源源不断涌现；人们在唯物史观的指导下，看问题的角度不同，因此对同一历史现象会得出完全不同的结论。阎照祥也持有相同的观点，他认为世界史系统性强、难度大，定性答案禁锢了学生的思维。

利用场馆。侯建新建议中学要充分利用博物馆、展览馆等资源，引导学生获取鲜活的史料，形成自己的小论文，培养学生的科研探究精神。

第三节　分版后的发展趋势

2002 年《历史教学》被列为教育部中国社会科学引文索引（CSSCI）来源期刊；2005 年后，历史学核心类（CSSCI）刊物少，《历史教学》容纳的数量与社会渴望发表的稿件，形成强烈的反差，给杂志编委及编辑带来很大的压力。一本杂志，既要安排理论性引领的文章，又要发表中学历史教学类的论文，而且还要做到不偏不倚：重学术，中学历史教师不满意；重教学，高校历史教师、高等师范院校的学生等受众群体有看法。在这样背景下，一刊两本的思路提到了议事日程。

一、中学版和高校版的特点

2007 年，《历史教学》刊物进行改革，实行学术研究内容与中学教学研究内容的相对分离。上半月（中学版）刊登与中学历史教学相关的文章，读者对象为中学历史老师、省市教研员和高校学科教学的老师。下半月

---

① 许纪霖：《我改变不了世界，但可以改变我的课堂》，《历史教学》2005 年第 5 期，第 17 页。
② 黄爱平：《淡泊名志　宁静致远》，《历史教学》2004 年第 12 期，第 13 页。

（高校版）主要刊登史学研究文章和高校历史教学的研究文章，主要读者对象为大学历史教师或历史专业的学生。分刊后，读者对象更加明确，杂志的受众群体更加精准，解决了以前读者对象兼顾但又受版面限制的问题。《历史教学》杂志的改革，是新课程改革的结果，为中学历史教学成果展示提供了更加广阔的平台，

分版后，在第一期上发表了《本刊（中学版）敬告读者》一文，谈了中学版的宗旨："完全针对中学历史教学，但注重研究的风格不变。"中学版的目标"是办成中学历史教师的专业性杂志，尤其注重对教师'有用'，长期阅读能得到提高。"承诺对教学中的重大问题，本刊开设"专题讨论"，努力追求自己的特色，把为中学历史教学服务的宗旨做到极致。

《历史教学》高校版分中国史、世界史及教学法等栏目，推动大学历史专题研究的深入发展。当然，《历史教学》（中学版）也要发表一些理论性的论文，提升中学历史教师的理论修养。

主编的思想对杂志发展起着至关重要的作用，它决定着办刊的理念、方向、主题及编辑原则等。作为《历史教学》主编，任世江深谙中学历史教师的阅读习惯。他说，要历史教师读长篇大论，时间上也不允许，理论水平上也有欠缺，因此他策划了叶小兵、聂幼犁等专家的一事一议，短小精悍的论文，下课十分钟就可以读完。中学历史教师阅读这种案例解读式论文，甚至在课堂上可马上付诸实践，因此这类专题论文好评如潮。

聂幼犁的研究性学习的评课非常精彩，点评到位，深入研究过程每个环节，教学过程的逻辑性也很严密，但一节课每个细节都要做到，在课堂教学实践中无法实现，过于理想化。叶小兵坚守传统教学法，深入课堂，接地气，与中学教学紧密结合，更受到中学教师的欢迎。叶小兵的"教学随笔"18篇，连载一年半，成为历史教师拿到杂志必读的文章，受到中学历史教师的追捧；聂幼犁有关命题策略系列论文，有理论、有实践，使历史教师在测量与评价技术方面有较大提高。

二、专家引领中学教学研究

（一）叶小兵的"一事一议"

作为首都师范大学历史系的教授，叶小兵参与国家历史教学大纲的制

订工作和教科书的审查工作，并为教育部中小学教材审查委员会的审查专家。他长期从事历史教学工作，关注历史教学的最新发展和改革，为历史教学研究投入了大量精力，为历史教学工作者的研究活动树立了良好的榜样。叶小兵在《历史教学》发表的文章共有 43 篇，其中有历史教学专论、有教学理论与实践、有教学大纲和教材及案例分析，还有读书评介等文章，对中学历史教学起着重要的引领作用。

叶小兵重视中学历史学科能力的研究。他认为要走到中学教学实际中去研究，进行实证研究；需要集体智慧和力量，加强研究人员和中学教师之间的密切合作。叶小兵进行历史教学探讨的主要方式是深入课堂第一线，他以教育教学理论为支撑，以课堂实例为基础，贴近课堂，贴近一线教学，深入浅出地解剖真实课堂，边听课边撰写教学随笔，这受到了中学历史教师的"热捧"。

叶小兵关于图片演示的听课随笔，是把以听课实例为基础的一堂抗日战争中期的历史课与明末清初一课进行对比。前者在演示图片时，插图与教科书不一致，而后一位老师巧妙地将黄宗羲瘦骨嶙峋的形象转化为正面的评价。通过对这两个班的比较，叶小兵得出结论，历史画面的目的是与教师的叙述和学生的学习相配合，教学内容要以形象的方式进行展示，形成历史的整体画面。在演示图片时，教师最重要的是引导学生学习，比如带入图片问题和图像内容，导出学生注意的教学内容；学生通过观察发现和总结图片中反映的信息、解读图片来认识历史事物的现象和本质。[1]

关于学生提问的教学随笔非常符合中学历史教学实际情况。学生向老师提出的问题，是属于知识的延伸。大致可分为疑惑性的、质疑性的和拓展性的三种类型。叶小兵认为，第一种情况是老师对问题有很好的想法，然后帮助学生处理问题。

第二种情况遇到不清楚的答案，教师实事求是地回答，课后备课回答学生的问题，以认真的态度赢得学生的尊敬。

在教材分析上，叶小兵主张创新性地整合教材，注重史料教学，注意知识点之间连贯性。新课改提倡教材呈现方式的转变，因此叶小兵认为有

---

[1]　叶小兵：《图片的演示》，《历史教学》2006 年第 1 期，第 62 页。

必要对课本的编排加以整合，这样有利于学生学好和会学，更重要的是对学习专题和每一课的教学内容进行深入研究，这样有助于学生的学习和发展①。在教学学法的建议上，他认为教师的讲授是很有必要的，要教给学生的是学习方法。② 在制作课件时，应注意提高课件的实际效果。为了使课件真正成为教学的好工具，可以组织学生讨论，尽量使学生全部都参与进来，而且要有一个好的主题，教师在其中要扮演好角色。③ 在单元的设计上，要从各课以及教材的整体来把握单元内容，做好单元的总结与归纳。④

（二）聂幼犁的命题随笔

聂幼犁为我国历史考试的测量与评价作出了较大的贡献。2007 年《历史教学》分刊后，用稿量激增。在优质稿源受到影响之时，时任天津古籍出版社副总编辑兼《历史教学》主编的任世江，将聂幼犁原发表在《历史学习》关于命题技术随笔类的系列文章，从 2007 年第 2 期开始移到《历史教学》（中学版），以扩大《历史教学》（中学版）的影响。

聂幼犁与《历史教学》渊源颇深。1987 年，聂幼犁关于客观性命题研究的论文就在《历史教学》发表。⑤ 任世江担任《历史学习》刊物主编期间，聂幼犁研究选择题论文在《历史学习》上连续发表，选择题的题型如排列组合题、配伍选择题、归纳推理题等，得到全方位的创新，1997 年，《历史学习》为聂幼犁教授开了"锣鼓听音，说话听声"专栏，透过高考试题看命题者的思路和教学目标。后来他在《历史学习》杂志专门开设"习思斋随笔"专栏，为当时高考历史考试权下放的省市命题提供了借鉴。

从史料层面而言，要规范运用史料、准确解读信息。聂幼犁对高考命题中规范引用和准确解读材料的问题，从历史史实、学术源流、命题技术等多个维度进行分析，提出了相应的对策，如同纤维外科医生，告诉我们

---

① 叶小兵：《创新性的合理整合教材，搞好高中历史选修课的教学》，《历史教学》2007 年第 10 期，第 40 页。

② 叶小兵：《讲授的必要》，《历史教学》2006 年第 4 期，第 67 页。

③ 叶小兵：《师生的角色》，《历史教学》2006 年第 5 期，第 70 页。

④ 叶小兵：《单元的设计》，《历史教学》2006 年第 8 期，第 74 页。

⑤ 聂幼犁：《中学历史学科的客观性命题研究——兼论客观性命题在历史学科能力测试中的功能》，《历史教学》1987 年第 5 期，第 49 – 55 页。

接通每一根血管的合理途径。① 继而列举出六道有瑕疵的例题，充分说明规范引用和准确解读史料的重要性。②

从命题的关键词层面而言，要盯住试题的关键词，多问"是什么?""怎么样?""为什么?"聂幼犁经过长期研究认为，关键词出现的问题主要有以下九种，即缺位错位、含糊不清、宽时窄判、要求过细、要求过宽、误解误导、表述失准、误用材料、不当处理。

从命题形式及逻辑而言，要尽可能把复杂的形式简单化，理顺题干、提问与正确选项之间的逻辑关系。好的选择题是一个科学、独立、完整的表述，检查试题的表述正确与否就是要检查选择题是否有问题，把它的题干、提问与正确选项连起来读，这样就会容易发现试题在史实、逻辑或文法上难以发现的错误。③

从命题的标准而言，要纠偏匡谬，确保命制的试题科学严谨。"选择题偏题"主要表现在五个方面，即知识的游离、标准的混茫、史观的得失、思路的乖张、答案的绑架。在史观层面，主要是在命题时纠偏立意，必须从客观事实出发，对史实或历史人物进行客观评价。思路的乖张，即试题本身没有理顺思路或者逻辑上不合理。答案的绑架主要包括"答"非所问、"答"欠所问、"答"过所问和"答"多所问四种情况。

对于选择题的命题规则，我们必须确保试题科学严谨；错误的选择应该具有一定的典型性和层次性；编制选择题时，我们应该避免任何形式的暗示；尽可能用肯定的方式命题，并通过适当的方式予以强调；通过最有效的、简洁流畅的方式考查学生的思维程度；随机变化正确选择的位置。④

（三）任世江的专题解析

作为《历史教学》杂志的主编，率先垂范，撰写了大量的高中历史必修课程专题解析类论文，为他退休后撰写《高中历史必修课程专题解析》

---

① 聂幼犁：《应当规范引用和准确解读史料（一）》，《历史教学》（上半月刊）2007 年第 2 期，第 52 页。

② 聂幼犁：《应当规范引用和准确解读史料（二）》，《历史教学》（上半月刊）2007 年第 3 期，第 35 页。

③ 聂幼犁：《把题干、提问与正确选项连起来读》，《历史教学》2007 年第 7 期，第 43 页。

④ 聂幼犁：《深入开发，还须精雕细琢》，《历史教学》2008 年第 13 期，第 51 页。

一书，提供了丰富的资料。

2004 年 8 月，《历史教学》杂志社承担编写岳麓书社《高中历史教学参考用书》以后，任世江等潜心研究高中必修教材两年，发表了一系列研究专题教材的论文，以加深教师对历史专题的理解。

针对专题教学，教师要研读课标，理解专题内容的内在联系，把握各专题间的逻辑关系，依托教学内容的精巧整合和恰当的教学方法，从而实现适合的教学目标。此外，只有对教学内容"精挑细选"，才能引起学生探索历史知识的兴趣，从而提高教师的教学质量。所以，任世江提倡以教学设计取代教案，这样就使得课堂变得更有创造力，进而贯彻以学生为本的教学理念。教案像是一幅已经绘制完成的画，只是拿给学生去欣赏。而教学设计则是把绘制图画的过程放在了课堂上由师生共同完成。对于教材内容，教师要针对学校、学生的实际情况大胆取舍，合理剪裁，选择相应的内容和教学顺序，量力而行，量情而行。他坚持要使教材内容与事实相符，使用白描的手法而非结论性的方式来编写教材，注重对学生独立思维的培养，而这些都彰显出他在历史教学方面高屋建瓴型的独到见解。

任世江以"古代中国的政治制度"专题为例，论述了专题教学应注意的问题，教学应注重对史实的本身的解读，认识其在社会发展中的作用与影响。在《从商周的社会性质谈起》论文中，任世江对人教版、华东师大版、北师大版教材中关于商周相同的内容进行比较研究，他引用北京大学教授朱凤瀚的研究成果，认为将商周社会归为奴隶社会、封建社会都会有歧义，商周社会是等级社会符合历史事实。① 论文《西周是个什么样的社会》是《从商周的社会性质谈起》论文的姊妹编，任世江用更加翔实的史料，证明西周的宗法制是以礼乐制度维系的等级制度。②

任世江认为要说明中国古代中国制度的特征，必须要讲行政体制、中央机构及编户制度变化，专题式教科书要精选内容，重点主题应该包含必要的知识。③ 在论文《"古代中国主流思想演变"之我见》中，任世江的观

---

① 任世江：《从商周的社会性质谈起》，《历史教学》2006 年第 2 期，第 56 页。
② 任世江：《西周是个什么样的社会》，《历史教学》2007 年第 1 期，第 64 页。
③ 任世江：《古代中国君主专制政治的两大支柱——高中新课程"古代中国的政治制度"讨论》，《历史教学》2006 年第 3 期，第 55 页。

点是：这里的主流思想是指政治思想范畴；理学只是宋代的一个支流，不是宋代的主流思想，而是元代的主流思想；当权的范仲淹、王安石等都推崇儒学的经世致用观点，直到南宋理宗（1225年）以后理学才逐渐成为官学。① 任世江的研究是基于必修课程的具体内容，指出教材用"宋明理学"的名称不合理之处，而葛兆光则从教材选材上，指出教材编写者是根据欧洲思想发展史，来寻找中国思想史上相对应的点，因此造成思想史上重要内容的缺失。②

任世江的研究主要集中在中国古代专题史，同时对中国近代史也有所涉及。他从重庆2007年高考第18题选择题谈起，探讨五四运动发展的细节，用大量的史料证明，最先响应学生运动的，是城市工商业者，而不是工人阶级。③ 因此，他指出用教材教和教学创新应建立在对专题内容深刻理解的基础之上。教学设计是首要问题，其后才是方法的运用。空有理论没有深厚的学科专业知识作为基础，教学水平很难提高。

在叶小兵"教学随笔"专栏结束以后，任世江开始撰写教学随笔及教学设计类论文。如对"困惑"的回应，对提问时机的看法，认为教学智慧要体现在提问的时机，并且掌控问题的方向。④ 他在论文中指出，青年教师因为经验不足，会出现提问太早或是对学生的回答处理得过于草率的问题等。因为提问不能仅仅为了教学，而是要激发学生的学习兴趣，关注学生的思维过程和方法。

在《有关人类起源的研究》的论文中，他列举复旦大学生命科学院DNA研究成果，证明东亚人身上有前非洲人特有的遗传标记。他认为探究人类起源不必与中华民族挂钩，毕竟科学问题没有国界。⑤

通读其《听课随想录》⑥，任世江首先强调通过旁听数节公开课之后的最大感受是背景必须讲明确，因为背景如果没有交代清楚，学生的理解就

① 任世江：《"古代中国主流思想演变"之我见》，《历史教学》2007年第5期，第64页。
② 葛兆光：《新思想史研究、历史教科书编纂及其他》，《历史教学》2005年第2期。
③ 任世江：《五四运动发生发展的细节（续）》，《历史教学》2007年第11期，第68页。
④ 任世江：《提问的时机和问题的把握》，《历史教学》2007年第12期，第36页。
⑤ 任世江：《有关人类起源的研究》，《历史教学》2008年第13期，第71页。
⑥ 任世江：《听课随想录》，《历史教学》2007年第7期，第41页。

会出现偏差。教师需要以学生为主体，但并不是请学生讲或演。其次，教师要善于抓住学生的真实思想。再次，难点要认真研究。最后，不能实行满堂灌。教师要善于启发学生思考，鼓励他们讲出来，然后再教他们怎样学，特别要注意学科思维的培养。有的老师在课堂对提供的史料提问时会过于呆板，形式过于僵化，把学生当成一个会说话的机器。课堂史料的应用不是简单地再现课本的基础知识，而是考查学生对知识的理解和运用。

三、提倡以"教学设计"取代教案

中学教学受苏联模式化影响，要求教师授课之前，要制定完备的教案。教案是以教材固定的答案或结论作为教学目标，很多老教师一节课的教案使用很多年，教案的预设问题是以教材为基础，而不大考虑学生的认知水平。而教学设计的最大特点从学生的认知水平考虑教学流程，因此在课程改革的形势下理应提倡教学设计。为此，任世江专门撰写了《应该提倡教学设计》一文，这是第一篇提出要进行教学设计的论文。在文章中，他阐述了教学设计的理由及程序性问题；教学设计取代教案，是提升教学质量的一个重要举措。任世江为了推动教学设计研究，在他担任主编期间，每个编辑发一本皮连生主编的《教学设计》①，要编辑深入研究教学设计，并且在《历史教学》（中学版）发表优秀的教学设计案例。

（一）陈康衡论"教学设计"

作为江苏南通市历史教研员，陈康衡既有理论经验，又有一线教学经验。他认为，教学设计是教师依据课标，运用教科书，充分挖掘课程新资源，科学、合理地设计教学过程，做到由浅入深地顺畅地完成教学。

1. 研究课程标准

初、高中新课程标准公布以后，陈康衡潜心研究课程标准与教学目标、课堂教学、课程资源、教科书编写的关系。

从课程标准与教学目标的关系来看，教学目标融"三维"目标为一体。教学目标具有指导与选择教学策略的功能，也是评价教学活动是否具有实际教学效果的一项重要指标。只有把"三维"目标融为一体，才能将"三

---

① 皮连生主编：《教学设计》（第二版），高等教育出版社，2009 年。

维"目标真正落实到每一堂历史课的教学中。

从课程标准与课堂教学的关系来看，教师要钻研课程内容，细化课程标准于课堂教学之中。历史教师在确定历史教学目标的同时，还要钻研课程内容，在教学中要揭示历史发展的整体性和规律性，同时要注意不同模块、不同专题之间的有机联系，保证课程标准得到全面的落实。

从课程标准与课程资源的关系来看，充分利用资源是实现课程标准的重要保证。新课标指出，凡是对于实现课程目标有利的因素都是课程资源。历史老师要研读课程标准，依照课程标准的要求，选择最合适的课程资源；要依据课标，依托教材，大胆合理地对课程资源进行整合。①

从课程标准与教科书的编写的情况来看，高中历史新课程实施后的变化就是"一标多本"。在"一标多本"的前提下，作为范本的教科书从内容到形式焕然一新，形成了教材多样化、系列化和立体化的局面。

2. 精心设计探究性学习

以"近代西方资本主义政治制度的确立与发展"为例，陈康衡指出新课程应该特别注重创设历史情境，充分利用课程资源。对于探究性学习的问题设计，教师必须在学生对历史的理解基础上，循序渐进，不能超越学生的认知水平，然后再在学生认知基础上细化教学目标。②

3. 完善课程标准的评价功能

课程改革的目标中，要求改进教学评价，发挥教学评价应有的功能，促进学生的全面发展。陈康衡分析历史课程标准对历史教学评价的创新与不足。过去的课标没有教学评价，现在课标提出要"发挥评价促进学生发展、教师提高和改进教学实践的功能"。这是创新，但缺少终结性评价，而升学考试或会考属于终结性评价。因此，课标对终结性评价缺少指导性，会带来操作上的不便和命题上的不足。陈康衡提出建议，要完善课程标准对教学的评价功能，明确终结性评价的作用，明确命题操作的要求，保证终结性评价的客观性、准确性和可信度。③

---

① 陈康衡：《新理念引领新方式呈现——对高中历史新课程教案设计的思考》，《历史教学》2006年第12期，第51页。

② 陈康衡：《教学设计要讲求科学、合理》，《历史教学》2008年第5期，第24页。

③ 陈康衡：《浅议初中历史课标对中考命题的作用》，《历史教学》2008年第5期，第28页。

根据对课标的理解，陈康衡设计了几个教学案例。

一是从宪政的角度认识美国宪法。1787 年召开的美国制宪会议制定了《美利坚合众国宪法》（以下简称《美国宪法》），第二年正式生效，美国开启了宪政的进程。宪法体现人民主权的思想。洛克的人民主权思想对美国的宪法和宪政影响最大，1776 年的《独立宣言》直接表达了人民主权的思想。在教学中应把人民主权思想、《独立宣言》、《美国宪法》联结，引导学生构建完整的知识。

二是宪政框架内运行的罗斯福新政。教师应结合美国宪政机制，从整体来研究罗斯福新政。1933 年美国爆发的经济危机，罗斯福认为只靠人民的信任和支持是不够的，还必须有对付危机的有力手段，合法扩大非常时期的总统权力。罗斯福新政期间的《社会保障法》推动美国走上福利国家的发展之路。教科书对罗斯福新政的性质和影响多从经济的角度去分析，这是不全面的。[1]

三是有几处常见的错误提醒教师注意改正。如中国民族工业的"黄金时代"，发展必须延续到 1927 年。[2] 运用毛泽东的诗句"劝君少骂秦始皇，焚坑事业待商量"，来讲《秦王扫六合》中的秦始皇不合适[3]。战时共产主义政策与计划经济有些类似，但不是计划经济[4]。陈康衡建议年轻的教师在备课中，对历史概念切忌"想当然"，概念不清时，多查下相关的专业知识的书籍，不能似是而非；混淆概念容易对学生产生误导，这是历史老师的大忌。

（二）一线教师陈红的教学设计

陈红是南京宁海中学一位普普通通的历史教师，但是她通过自己的刻苦钻研，成为"教学设计"的名师。

首先，"输入"才有"输出"。陈红有一个最可贵的品质是，有问题，

---

① 陈康衡：《宪政框架内的运行罗斯福新政》，《历史教学》2010 年第 12 期。

② 陈康衡：《正确理解中国民族工业的"黄金时代"——由一道读图思考题引发的思考》，《历史教学》2008 年第 11 期，第 19 页。

③ 陈康衡：《慎用毛泽东"文革"诗句评论"焚书坑儒"》，《历史教学》2009 年第 3 期，第 56 页。

④ 陈康衡：《历史概念切忌"想当然"》，《历史教学》2009 年第 11 期，第 52 页。

找书本。把相关的书籍读完，很多的问题也会迎刃而解。陈红读了钱乘旦教授和王宇博教授主编的《换个角度看历史——现代化与世界近现代史学科体系研究》一书后，认为现代化是一个动态的概念，涉及经济工业化、政治民主化、社会城市化和文化多元化等方面，可以运用现代化的理念解读新课标和新教材。①阅读《共产党宣言》后，她有了新的发现和理解：阶级斗争理论是马克思、恩格斯对当时社会做的理论说明；《宣言》有着惊人的预见性，对科学社会主义的描绘有重要的现实意义。②

读张元《一课时讲完隋唐史的实验》后，她认为周明和任世江的以故事（细节）、材料和问题为思路的《〈商鞅变法〉教学设计》，是教师"学者化"和学者"教师化"相结合的探索。她认为要以细节激发兴趣，以问题调动思维，并"结合考试"，提高历史思维能力以及应试能力。③

读书是教师课堂教学品质的保证，也可以使教学的品位得到提升。读教材；读专业书及杂志；读闲书，如《读书》《万象》《读库》。多读书，读好书，做一名愉快的读书者，是每个历史教师必备的素养。只有不断的输入，我们才能源源不断地输出，知识才能真正地取之不尽用之不竭。④

其次，付出必有收获。新课程倡导学生"自主""合作""探究"学习。《历史教学》2006 年第 12 期刊登了作者的"罗马法"教学实录，并组织了讨论。"备课日记"反映了作者教学思路的形成过程。陈红记录了从 9 月 26 日至 10 月 20 日的备课日记，其内容展现了她开展《罗马法的起源与发展》一课的全部准备过程。陈红研究了课标、教材，又研读了《罗马法》一书，还阅读了《法律简史》《世界文明史》等书籍，从这些制度史、文明史书中，她似乎摸到了罗马法的发展脉络，并重新设计了课程内容，将教学方案调整为："《罗马法》是什么？""《罗马法》还是什么？""《罗马法》又是什么？"课堂按照三个层次的探究逐步推进，课堂气氛越来越热烈。⑤

---

① 陈红：《〈换个角度看历史〉与中学历史教学》，《历史教学》2008 年第 19 期，第 67 - 68 页。

② 陈红：《读〈共产党宣言〉有感》，《历史教学（上半月版）》2007 年第 1 期，第 15 - 16 页。

③ 陈红：《感受细节魅力，感触研究乐趣》，《历史教学》2009 年第 3 期，第 15 - 16 页。

④ 陈红：《享受读书》，《历史教学》2010 年第 23 期，第 49 - 51 页。

⑤ 陈红：《备课日记》，《历史教学（上半月版）》2007 年第 1 期，第 48 - 53 页。

最后，功到自然成。高中历史必修一第七单元"欧美资产阶级代议制的确立与发展"在教学中较难处理，陈红以材料和图片，将学生引入历史场景，以设问深入历史情境，以思考感悟历史本性。对于五四运动的教学设计，从设计思路到过程设计以及到最后的"说不尽的五四"，都凝聚了其教学智慧与教学经验。这样的教学设计能够引导学生更好地领悟课程内容，更加深入历史场景。①

革命史观认为太平天国运动是第一次高潮。为了客观地讲好这课，陈红运用 16 个故事 12 则材料 14 个问题，以洪秀全的变化串联全课，展现太平天国运动波澜壮阔的场面。②

（三）关于"三大战役意义"教学设计的讨论

价值观是指人们对客观事物（包括人事物）的意义、重要性的总评价和总看法。在历史教学过程中，一是澄清历史记载和历史解释中的不同价值判断，分析价值冲突的原因。二要全面培养社会发展需要的核心价值观；三是要在教学中认真培育真、善、美的价值追求。

1. 专题讨论的缘起

这是人教版必修一教科书中的一句话："三大战役共歼灭或改编国民党军队一百五十万人，从战争的规模和取得的成果上看，在中国战争史上乃至世界战争史上都是空前的。"③ 李翰老师对"三大战役的意义"作了新的解读。他认为，这是内战，相互屠杀的是我们的同胞，是我们的兄弟姐妹。我们不能以胜者为王、败者为寇的心态来评价三大战役，我们要做的不是炫耀战果，而是进行深刻的反思，防止类似的历史事件重演。

2. 专题讨论的发展

杭州市余杭区教育局教研室历史教研员陈杰在《也谈历史教学中的价值观》指出：我们作为后代人，怎么能够当着那一代人说"你们那是内战，是在厮杀自己的同胞"？如果教育我们的学生都去这样认识那次战争，那是对历史的无知，是对出生入死的那一代人精神上的亵渎，是对未来的不

① 陈红：《〈五四运动〉教学设计》，《历史教学》2010 年第 13 期，第 9–17 页。
② 陈红：《太平天国运动》的教学设计，《历史教学》2009 年第 17 期，第 15–22 页。
③ 人民出版社、课程教材研究所：《历史必修1》，2007 年版，第 80 页。

负责。①

赵士祥在《关于高中教学处理国共内战的建议》中提出了三个观点，我比较赞同。一是历史不能改变，内战责任要分清楚。二是对历史认识可以多元化，教师的引导不在于结论。三是教科书的表述应该修改。

教材应该多宣扬从未有过的抗日事迹，如在抗日战争中要多宣扬东北抗联艰苦卓绝的殊死战争、中国远征军血战缅甸、长沙的三次保卫战等抗日活动，这些现在都被淡化了。若过分强调"歼灭"或"改编国民党军队一百五十多万人"的战果，则有可能使我们走向另一个极端，在一定程度上影响中华民族的情感，阻碍中华民族伟大复兴的进程。

3. 专题讨论的反思

这次专题讨论反映不同的群体对教材中出现的同一个内容的不同看法。

首先，教材中的内容本身没有问题。教材对三大战役的总结性评价，站在传统的立场，是没有问题的。三大战役消灭或改编国民党军队一百五十万人，在教学过程中历史教师讲过无数遍，从来没有觉得这是个问题。但随着知识面的扩大，社会阅历的加深，接触的事物增多，这种表述可以进一步完善。讲抗日战争史时，为什么打日本鬼子这么艰难？有人进行过估算，打死一个日本鬼子，中国需要付出牺牲7个人的代价。解放战争时期是中国人的内战，解放军消灭国民党军队，就像秋风扫落叶一般。事实上，抗日战争与内战的性质迥异，战争的双方不同，战争的武器配备、士兵素养等完全不可能相提并论。通过进一步探究，我们发现有些信息是不准确的。

在解放战争时期，国共双方所统计的数据口径不同，如在1997年出版的《中国人民解放军战争史》中记载，淮海战役"消灭国民党军队55.5万余人"，而国民党方面只承认"牺牲30万人"。淮海战役后，解放军的战果统计有歼灭敌人第216师，而实际上该师仅有一个副师长带领一个团参战，其主力在武汉并未到淮海地区。② 综上所述，教科书的文本体现方式有待调

---

① 陈杰：《也谈历史教学中的价值观》，《历史教学（上半月版）》2010年第11期，第12页。

② 赵士祥：《关于高中教学处理国共内战的建议》，《历史教学（上半月版）》2010年第13期，第50页。

整，数据有待商榷。

其次，代表不同群体的人肯定有不同的评价。李翰代表的是积极向上的普通历史教师群体。作为一名普通的历史教师，对这段看似习以为常的话认识如此深刻，说明李老师基本素质好，本身就是一位勤于思考，阅读量大的青年教师，所以能够提出这样的精准问题，而且能够就自己的理解，提出较为完整的解决方案。

陈杰是杭州市余杭区教育局教研室历史教研员，他毫无疑问、旗帜鲜明地反对对教材的过分解读，他认为历史不能翻陈账，不能用现代的眼光去看待过去的事情。战争已经发生在 70 年前，当事人基本退出了历史舞台。对这段内容教学如何调整，有待同行们拿出具体的操作方案。

赵士祥是一位经验丰富、稳重的历史教师，他提出的解决方案比较成熟。我们不能算变天账，但要分清内战的责任；教师可以引导学生对这句话进行多元认识，而不是直接引导学生得出结论。

最后，要辩证地分析教材的内容。教材受意识形态和政治影响较为深刻，教材中出现的内容呈现滞后性的特征。这种模块加专题的教材在 2019 年即将被新的教育部示范本所取代。这些与时代不同步的内容终将会退出历史舞台，给我们留下的更多是思考和反思。

四、研究高考试题引领高中教学

（一）小论文的理论源头

小论文题主要考查考生对历史知识的熟练运用程度，更重要的是要从历史事实出发，考查考生的历史思维能力。关于小论文的设计思路，早在 1997 年刘芃在《历史教学》发表的论文中，就初露端倪。

从历史学科能力的要求来看，小论文题是一种全开放性地测试学生思维深度的题型。小论文的思想来源于刘芃。从学科能力的要求来看，至少需要一种全开放性的题型来测试学生思维的深度。在评分上不宜使用以前的传统采分点计分的方式，也不是事先拟定好答题程序或拟好多个可能考生会出现的答题思路，而是要从思维的角度去制定评分标准，大致应从对材料的理解、运用；论点确定；逻辑整理；理论支持；文字表达等几个方面去衡量。刘芃二十多年前，就提出"评分采用量表的形式，而不是具体的答案表述。就目前情况而言，这还仅仅是一种设想，离操作尚有相当大的距离"①。

（二）高考小论文的命题实践

刘芃建立在科学分析基础上的预言，在全国卷的 2010 年高考正式付诸实践。2010 年湖南省新课标高考的第一年，全国 I 卷 40 题第 3 问率先出现了一个小论文题。湖南省该题的平均分低到令人震惊的程度，该小题满分为 13 分，平均分只有 2.30 分。

2010 年小论文是一种新题型，教师和学生面对这道陌生的题目，都没有很好的应对之策，因此平均分极低。《历史教学》编辑部获悉这种情况后，立即组织专题讨论，湖南省的历史教学法教师、教研员及部分骨干教师积极参与专题讨论。8 月 9 日，根据《历史教学》编辑部的分工，分配给历史教学法教师的专题论文任务已完成，文章的标题是《2010 年新课程全国卷 40 题第 3 问湖南省的评分参考及评卷思考》，并发给了《历史教学》编辑部。编辑部把收到观点鲜明的论文稿件发在部分作者群里进行讨论。

同一道题目，每个省制定的评分细则千差万别，有些省拟定的评分细则差别较大。大致有这两种情形，第一种是以历史教学法教师和中学历史教师为代表的观点，他们认为这种小论文题必须按照思维层次（SOLO 评分法）进行评分；第二种以大学教授为主，有的甚至是博导的观点，他们认为这种小论文仍然要按照观点进行评分。

实践派与学院派的观点形成尖锐的对立。实践派认为，大学教授按照观点得分的评分细则，把一道能引领新课改潮流的"活题"进行"死改"，误导中学历史教学的基本方向，其中的主要原因是他们对中学历史教学不理解。学院派的教授认为，实践派对这种新题型认识肤浅，无论什么题目，没有史实就是无源之水、无本之木，有史实就是采分记分法的依据；如果能做到史论结合，那就是锦上添花。这种讨论其实质就是思维导向评分细则与纯学术评分细则的争论。在以能力立意的高考命题测试中，测量学生的思维水平的高低是高考评价中的一种重要手段。按照 SOLO 评分法，教师要营造思维的课堂，培养学生的思维能力，才能使学生在激烈的高考竞争

① 刘芃：《历史学科的教育与测量（三）》，《历史教学》1995 年第 1 期，第 15 页。

中取得优势；按照纯学术评分的方法，学生死记硬背依然是得高分手段。余柏青的论文与观点对立的论文一起发表后，引起了较大的反响。

一是这道题的设计，是深层次考查学生历史素养的题，结果很多省市，把一道开放性试题，当作传统试题进行评阅，犯了"活题死改"的通病。

二是完全符合新课程理念的题，当年还获得高考命题奖的"一道高水准"的题目，居然被某些不熟悉中学历史教学的教授们公开责难，教育部考试中心看到这篇论文情何以堪？

三涉及的问题更严重，因为是开放性试题，必须制定开放性答案，而不是原来的采分点时代的答题要求。因此，在全国考试Ⅰ卷的省市及地区范围内，湖南省的评分框架，得到比较一致的认可。

余柏青在论文中写道："考试中心只给评卷者评分参考，而不是参考答案，从根本上打破了采点计分的传统格局。采点记分促使教师教历史以传授基本知识为核心，学生学历史以死记硬背为基本方法，符合应试教育，后果相当严重。过去教师实行"题海"战术，反复强调某些历史知识点，不但没有推广素质教育，反而加剧和强化了应试教育。没有参考答案，采点计分就没有存在的可能。评分参考要求教师在教学中培养学生的思维，从根本上否定了"背多分"这种接受性、灌输性的学习方式。这也是新课程新理念在新课程高考命题中最生动、最直接、最具体的反映。"①

（三）关于小论文专题讨论的思考

教师和学生都非常关注小论文题。近年湖南考生在该题的答题方面遇到较大的障碍，而且还没有找到解决该障碍的有效办法。

一是该题变化大，2010—2012 年三年的高考题都是论文题的形式，2013 年变成读图比较题，2014 年则变成修改教科书的目录。教师无所适从，考生茫然不知所措，2015—2017 年变为常规题。

二是该题原来补充性说明少，如 2013 年的读图比较题，题目缺乏提示性语言；2014 年修改教科书目录也遇到类似问题。由于试题没有充分说明，考生的真正水平没有得到充分体现。2015—2018 年命题方面无懈可击，留

---

① 余柏青：《建构 SOLO 分类评价体系 推进历史教学深度改革——2010 年新课程文综卷第 40 题第 3 问评分分析》，《历史教学（上半月版）》2010 年第 9 期，第 26 页。

给教师的是如何进行有效训练，留给学生思考的是如何规范自己的答题。

三是提高小论文题得分非常难。小论文题平均得分很低，答题形式是外在的，学生要学会是很容易的，关键是学生答题的内容这种内在形式，死记硬背很难得高分。从学生答题情况分析，学生基本功不扎实，对问题的理解欠深刻，问题缺乏逻辑性。

如有些学生在答民主制度在中国推行困难时，其列举理由是"中国大河文明和农耕经济的影响及君主专制与儒家和宋明理学思想的影响等"。这种表述方式是普遍存在的，它的答案涉及政治、经济、思想及文化背景，把答案"搅和"到一起，什么问题都"挨边"，但什么问题都没讲清楚，评分时就得到一个随便的分数。

"中国大河文明和农耕经济的影响及君主专制与儒家和宋明理学思想的影响等"这句话，其实可以这样呈现：大河文明导致中国专制主义中央集权的封建国家形成（或自给自足的自然经济占主体地位决定着中国建立专制主义中央集权制度，或儒家及宋明理学思想也严重制约着民主制度的发展）。这样，问题说得清楚，句与句之间因果逻辑关系明晰，体现小论文答题的层次性、逻辑性和整体性。

第六章
在中学历史教学中的地位及发展策略

第一节　在中学历史教学中的地位和作用

一、在中学历史教学中的地位

《历史教学》是新中国成立以来第一份史学类刊物。它办刊期数最多，坚持教学与学术并重，在新中国成立时期具有一定权威性。

（一）《历史教学》是新中国成立后最具权威的历史类刊物

1. 《历史教学》是新中国成立后办刊期数最多的专业性刊物

与《历史教学》创刊同时期的刊物有《学习》《翻译通报》《新史学通讯》等专业性刊物。

《学习》杂志是 1949 年 9 月由中共中央宣传部承办的一份具有权威性和影响力的刊物，由北京三联书店出版。因为它在一定程度上代表着党中央的声音，因此在宣传马列主义毛泽东思想及构建新中国意识形态方面，起着不可或缺的作用，这份杂志 1958 年 10 月停刊，其办刊时间只有 9 年。

《翻译通报》是 1950 年 7 月 1 日在北京创刊的一份理论性刊物。该刊开始以内刊形式发行，免费向全国翻译工作者赠阅。它前后发行 40 余期，办刊时间只有 5 年，但是可以从中观察到新中国成立初期翻译文化的基本现状。

与这些专业刊物相比，《历史教学》创刊时间早、办刊时间长。1951 年创刊，它为改造旧社会遗留下来的旧思想，建立马克思主义为指导的史学思想体系，形成社会主义思想意识形态，发挥了积极的作用。1958 年"大跃进"时期和 1959—1961 年中国经济三年困难时期，刊物照常出版。1966 年上半年，在山雨欲来风满楼之际，还坚持办了 6 期。"文革"结束后，《历史教学》1979 年 1 月就复刊，尽管目前在办刊的体制方面遇到一定的"瓶颈"，但杂志还是呈现蓬勃发展的态势。

2. 《历史教学》是新中国成立后第一份历史类刊物

《历史教学》始终坚持基础教育与学术并举的方针，为中学历史教师及高校师范院校的师生及历史科研群体服务。在《历史教学》创刊号发行一个月以后，《新史学通讯》作为河南新史学会通讯会刊创刊，它主要刊登学术性文章，同时还兼顾基础教育。1952 年它短暂停刊，1957 年开始改名为《史学月刊》，其性质和定位发生变化，主要发表学术性文章，为历史科研工作者服务。

1954 年中国科学院成立历史研究所，同年最具权威的历史类杂志《历史研究》创刊。在历史专业杂志极为稀少的前提下，1951—1954 年的《历史教学》成为学术研究最前沿的阵地。不少史学名家纷纷撰写论文，通过《历史教学》平台发表。据杨莲霞统计，《历史教学》是发表世界史论文最多的刊物。

3. 《历史教学》是一份具有鲜明特色的历史教学类刊物

在中学历史教学领域的四大刊物中，《历史教学》具有创刊时间早、学术性强的特点，特别是《历史教学》同人创刊，没有大学作为杂志的支撑。

1956 年华南师大主办《中学历史教学》，以服务于基础教育。1957 年华东师范大学主办《历史教学问题》，该杂志主要是进行综合性的历史研究，但是每期也发表一定数量的教育教学方面的论文。1972 年陕西师范大学、教育部主办《中学历史教学参考》，该杂志是历史教育教学期刊，倡导一种以人为本的教育观。

《历史教学》和《历史教学问题》均为历史类核心刊物，但两种杂志办刊的内容有侧重：《历史教学》主要发表中学教学类论文，兼顾学术；《历史教学问题》杂志主要发表学术类论文，兼顾中学历史教学。近年《历史教学问题》成为 CSSCI 拓展版，杂志的影响进一步扩大。《中学历史教学参考》《中学历史教学》则更加偏重中学历史教学理论与实践，有时甚至发行试题专刊，组织名家进行专题命题，有着很好的受众基础，主要为广大基层历史教师和学生服务。

（二）《历史教学》是政治性、学术性和基础性融于一体的刊物。

1. **《历史教学》坚持政治性**

刊物必须把坚定的政治方向放在首位。《历史教学》从创刊开始，主动紧跟政治，甚至发表社论以表明杂志的政治立场。在贯彻总路线、反对资产阶级自由化等重大时事发生时，《历史教学》都能及时作出反应。刊物 60 年来，经过多次大风大浪，有时甚至是惊涛骇浪，但始终坚持正确的办刊方向，刊出的文章基本能接受时间的检验，正如资深编委韦力评价，《历史教学》是"一份'无污染''无公害'的高雅刊物"①。

2. **《历史教学》坚持学术性**

刊物必须把学术贯彻办刊的始终。对于一个为教学服务的刊物来说，为教师提供具体的帮助，如教材分析、重点突出的措施、难点突破的策略等，这是必须的。但适当刊登一些学术性的专论文章，提高教师的专业素质和教学思想水平，是完全必要的。

而负责教学问题的编辑总喜欢拿一线中学教师反馈来说事，认为刊登学术性文章，则有悖于办刊方针。1986 年，《历史教学》由天津新闻出版局管理以后，就出现重教学、轻学术的倾向，俨然把一份学术刊物办成了教学参考资料，导致质量下降。

3. **《历史教学》坚持基础性**

刊物必须坚持教书育人功能，将这些教育及教学功能融入《历史教学》的文章中。

首先，发表许多以历史唯物主义观点阐述历史问题的论文，培养中学历史教师运用马列主义理论解释现实问题，从而从理论及史学层面上提高历史教学的思维水平。如历史教材中出现毕昇、黄道婆、沈括、宋应星等科学家。通过教师向学生讲解他们的辉煌业绩，并作为重要专题在杂志上刊出。这组专题体现了人民群众是历史的创造者的观点。

其次，这份杂志以服务于中学历史教师为己任，联系课堂实际，刊登既有科学性，又有实用性的文章，提升历史教师的业务水平，同时围绕着

---

① 韦力：《走进"知天命"之年》，《历史教学》2001 年第 1 期，第 18 页。

教材中的疑难问题，发表了一些有价值的史学论文，推动了历史教学、史学研究工作，培养和促进了史学工作者队伍的成长和壮大。①

最后，新教材出版之时，教材编写者、历史学家、一线教师等，集中在《历史教学》这个平台，对使用和改进教材提出建设性的意见。约请教材编写者写文章，阐明编写意图，这就在教材和教学之间、编者和教师之间建立了沟通的桥梁。约请史学家写文章，指出教材的改进之处，如1956年第7期发表雷海宗的文章，其批判世界近现代史，指出英国资产阶级革命和法国资产阶级革命的一百年间，欧洲历史呈现一片空白，是不是没有影响世界历史发展的重大事件可以引入教材？② 约请一线教师谈对教材的反馈和建议，有助于修改调整教材内容。

杂志提供了车载斗量的补充资料，满足不同层次的历史教研工作者及学习研究者的需要，刊发了一批从理论和实践的结合，现代考试测量学、课程改革及教学改革等方面的专题文章，推动历史教育教学改革不断向纵深发展。

（3）《历史教学》是中国历史教学发展的真实记录者

学科体系实质是广义上的知识体系，学科教育的过程从本质上可以归纳为知识教育的过程，而知识教育的过程就是教学体系的形成及发展的过程。③ 知识教育主要是将教材作为媒介而实现。《历史教学》见证了中学历史教学体系的形成和发展。

1. 20世纪50年代中期中学历史教学体系的起步

1951年至1954年，是《历史教学》发展的一个极其关键的时期，也是中学历史教学体系铿锵起步的时期。在同人办刊时期，这些民国时期的知识分子在国家意识形态控制不是很严格的情况下，教学和办刊都继续沿袭着民国时期的思路。新中国没有教材可以供应，于是把原来解放区的教材进行改编，经新华书店发行，初步满足市场的需要，整个社会弥漫着自由的氛围。知识分子识大体、顾大局，主动学习政治，不断接受社会改造。

---

① 苏寿桐：《纪念〈历史教学〉创刊三十五周年》，《历史教学》1986年第1期第6页。

② 李纯武：实感和实话——祝贺《历史教学》杂志创刊50周年，《历史教学》2001年第1期第21页。

③ 陶本一：《学科教育学》，人民教育出版社2002年版，第2页。

2. 20 世纪 50 年代中期到 60 年代初步探索

政府改造以后，杂志跌宕起伏。1955—1956 年新中国第一套中小学教材正式问世，标志着中国历史教学体系探索开始。这个时期的最大特色就是在讲政治的前提下，全面学习苏联。从教学大纲、教材、教法，全部一边倒，向苏联学习，学术研究也与教学密切相关，形成杂志兼具学术，主要为中学历史教学服务的特色。但 1957 年的反右倾扩大化、1958 年的"大跃进"等政治运动，给杂志带来不小的冲击。

1959 年杂志独立门户以后，也有一个明显的变化过程，1959—1961 年是明显的调整时期，1962—1964 年是杂志发展比较好的一个时期，尽管"阶级斗争是推动社会发展的动力"开始抬头，但民国史、五四运动史、考古、世界史某些领域

等还是有科研成果出现。这个时期就是我国在中苏关系恶化以后，准备走自己的文化教育科研的路，按照自己的思路编写教材。但是由于指导思想有偏差，中国"左"倾思想越来越严重，结果杂志被迫停刊，编写好的教材也无法投入使用，对建立中学历史教学体系的探索努力也被迫终止，国家随之进入动荡时期。

3. 20 世纪七八十年代继续探索

为了适应时代的需求及中国的实际，1978—1990 年间教学大纲先后进行四次大的调整。第一次调整是 1980 年，它是在 1978 年大纲基础上进行的调整。第二次调整是 1986 年，为了适应九年制义务教育的需要，它在 1980 年的教学大纲基础上再度调整。第三次调整是在 1988 年。由于在实际使用中，中小学，尤其是农村中学，根本无法完成教学任务，因此对 1986 年教学大纲规定的课程内容进行大幅度的删减。第四次是 1990 年。为了更好地适应农村义务教育和高中的会考改革，它在 1988 年的基础上进行了修订。

20 世纪七八十年代，历史课程的地位堪忧。一般学校不单独成立历史教研组，只有与生物、地理、音乐、艺术等组成一个综合性的科学教学研究小组，被当时老师戏称"五官科"。学校、教师及学生的不重视，导致历史课在不少中学里形同虚设。[①] 因此，有识之士呼吁给中学历史课程以应有

---

① 杨杏春、李可琛：《给中学历史课以应有的地位》，《历史教学》1982 年第 2 期，第 42 页。

的地位。这个阶段，历史教学大纲在频繁调整，教学目标随之变动，最大的亮点就是在目标中增加"能力"一项。1980 年《全日制十年制学校中学历史教学大纲》颁布，该大纲对中学历史教学提出了智育任务和思想教育任务。① 智育任务包括传播基础、培养和训练基本技能两个方面，也就是传统的"双基"任务。其实，大纲也比较早地提出了能力的要求。1980 年的教学大纲和 1986 年《全日制中学历史教学大纲》中的教学目标要求，教师要指导学生运用历史唯物主义基本观点观察问题和分析问题。② 随着高考对能力考查的愈来愈重视，能力目标与历史知识教学、思想教育等，逐渐成为中学历史教学的三项任务。

在这个阶段，教学大纲不断变化，直接导致与教学大纲配套历史教材不断调整。在大纲框架没有大变动的前提下，不断删减教材中不符合时代特点的内容，是这个时期的基本特征。历史教学还有很多问题悬而未决，初中教材不断修订，给中学历史教师带来严峻的挑战；初中义务制教材与高中历史教材不配套，内容不相衔接；创新的教学方法还处在初级阶段；教学理论研究还刚刚起步，仍落后于教学实践。③ 特别是完整的高中教材没有编写完成，出版社只好用彭明的个人著作《中国近代史专题讲座》，作为高中历史教材。

教学大纲修修补补，教材的删删减减，给中学教学带来较多的混乱。马卫东经过全面分析认为，我国中学历史教学的内容还是按照大学历史的通史内容体系构建，而中学还没有形成自己的特色体系，这种情况不利于我国历史教学的发展。为了改变这种状况，马卫东认为，必须改变长期以来中学的"压缩史学"的历史教学内容和模式，最大限度地针对不同区域的学生，"恢复"和"再现"不同历史时期的人的生活场景，使学生的历史思维活动真正得以展开。④ 这些都充分说明中学历史教学体系还处于继续探

① 李隆庚：《20 世纪中国中小学课程标准·教学大纲编：历史卷》，北京：人民教育出版社，2001 年，第 386 页。
② 李隆庚：《20 世纪中国中小学课程标准·教学大纲编：历史卷》，北京：人民教育出版社，2001 年，第 448 页。
③ 赵恒烈：《中学历史实践四十年》，《历史教学》1989 年第 9 期，第 6 页。
④ 马卫东：《谈谈对当前中学历史教学改革中几个热点问题的认识》，《历史教学》2002 年第 1 期，第 26 页。

索时期。

4. 20 世纪 90 年代初步形成

1992 年九年制义务教育初中历史教学大纲公布，与之配套的教材通过官方审定，1993 年秋季开始供应学校。这套教材俗成"八套半"，它的建设是我国中小学教材多样化的开端。它积累了经验，为教材多样化奠定了基础。然而，这些教材产生于我国教材编写权力开放的初级阶段，作者之间缺乏经验、相互模仿，使得这些教材或多或少是相同的，没有形成鲜明的特征。经过近 10 年的市场测试，八套半教材多数退出市场的竞争。[①]

初中九年制义务教育教学大纲体现时代和改革精神，凸显了历史课程在义务教育中的地位，在课程目标上增加了能力培养目标和思想教育目标，教学方式上强调史论结合，这是进步之处。但课程目标存在成人化的倾向明显，课程结构没有彻底改变大学历史教学体系的基本框架，还是大学历史教学体系的"压缩饼干"；从成人的角度去看待学生的认识，而没有按照学生的视角去选择编排知识，依旧强调了学术性和系统性，直接导致知识点过密，知识量过大，创新性和实践性的活动在课堂上无法展开。[②]

高中历史教材是在 1990 年教学大纲基础上进行编写工作的。这个大纲是在 1982 年基础上进行修改的，基本没有重大突破。因此教材没有全面反映当代世界和平发展的主流，还是坚持传统观点，叙述社会主义、资本主义、民族解放运动三种潮流。[③] 1996 年全日制普通高级中学的历史教学大纲公布，人民教育出版社开始试行"两省一市教材"，这就是 1997 年开始在津晋赣等地试用的教科书。

1999 年下半年，教育部对试行的大纲及教材再次进行调整。高中历史课程调整的核心就在于通过历史学科教学，培养学生的创新及探究精神，大力推行自主合作探究学习模式。在生源一般的普通高中，学生能达到基

① 石鸥、吴小鹏：《百年中国教科书（1949—2009 年）》，湖南教育出版社 2009 年，第 337 至 345 页。

② 张静：《初中历史课程的改革及其思考》，《历史教学》2001 年第 6 期，第 32 页。

③ 黄安年：《20 世纪的现实与高中〈世界历史〉课本（上）》，《历史教学》1994 年第 11 期，第 28 页。黄安年：《20 世纪的现实与高中〈世界历史〉课本（下）》，《历史教学》1994 年第 12 期，第 23 页。

本要求已属不错，要这些学生进行探究、创新，则更无从谈起。培养探究精神这个"目标"是正确的，但超越了我国中学历史教学水平。

历史学科课程体系有清晰的历史发展线索，有严密的逻辑联系，有层次分明的知识（事件、人物、概念和历史理论）形成的网络，整体呈现专业化、成人化的特征。尽管初高中的教学大纲和教材初步配套，但是教材编写的成人视角问题没有调整，高中的教学目标定得过高，无法实现，最后不了了之。因此这个阶段还是历史教学体系初步形成时期。

5. 21 世纪初正式形成

2001 年九年制义务教育初中历史课程标准出台，与之匹配的八套教材迅速推向市场。教材相继出版发行。在教材辅助系统中，对"北师版""华师版""人教版"等三套教材进行对比研究。北师版的问题设计包括口语、讨论、思考、自我评价、阅读等；华师版包括思考、欣赏思维和探索活动等；人教版包括文学专栏、头脑风暴、实践、活动与探究、免费阅读和探究学习活动等；北师版有问题设计和方法指导，多注重动手实践和归纳、比较方法的运用，如整个设计列表单多达 17 处；华师版的问题设计侧重于提高学生的思考、理解和分析能力，并形成注重多样性和开放性的形式；人教版在问题设计和方法指导方面，重视归纳方法的比较和应用，形成各种问题培养学生在问题设计和方法指导中的辩证思维能力，有利于学生发散思维和探究学习方法。[①]

2003 年高中历史课程标准颁布，2004 年的与之匹配的四套教材开始试用，2007 年在全国推广使用。高中历史教学实践充分体现问题意识。从教师提问学生回答，到教师发现学生的问题进行跟踪追击。问题跟踪课的主体必须是学生，问题提出来的主体是学生，"释疑"也是来源于学生的真实问题。学生的真问题，就必须学生自己提出来，这样既能体现教学过程，又能充分激发学生的学习积极性。要学生提问题，特别是高质量的问题比较难，因为学生的学习习惯、思维习惯等原因，可能刚开始的问题跟踪课没有那么"热闹"，但只要坚持，学生的思维水平增加，学科素养就会得到

---

① 齐虎田、齐芳：《灵感思维探析——试论历史教学中灵感思维的培养》，《历史教学》2003年第 4 期，第 54 - 56 页。

提高。

中学历史课程体系是根据中学生认知特点，在不刻意追求知识完整性的前提下，向中学生通俗、浅显地传授人类发展过程中的重大活动的一门通识性课程。初、高中对接的配套教材正式形成，而且教学法不再停留在记忆层面，更多的是强调构建思维的课堂。教学目的方面，调整了知识学习过程顺序，遵循学生认知学习规律。教学内容更清楚地揭示历史发展的基本线索，重视学生对历史、社会、人生的真实性认识，依照学生和社会需要，去选择知识，形成以学生视角为中心的历史教学体系。

初、高中历史课程标准分别于 2013 年和 2017 年出台，高中的教材由专题编写体例又恢复到通史体例，但是上一轮以儿童视角构建学生课程体系的观念得到普遍认可，教学方法的改革也在高效务实推进，历史教学体系处在一个不断完善的发展过程之中。

二、《历史教学》在中学历史教学中的作用

《历史教学》是中学历史教师的良师益友。它促进了历史教师的专业成长，许多历史教师通过《历史教学》成名，并逐渐成为历史教学或历史教学法领域的大家。教材编写专家通过《历史教学》这个平台，宣传他们的理念和教材编写的具体问题，指导全国中学历史教学。更多的一线教师、教研员等将理论与实践融为一体，成为中学历史教学领域的名家，近年来很多中学历史教师成为教授级的名师。

（一）为教材编写专家提供了一个发布信息的平台

人民教育出版社历史教科书编辑群体与《历史教学》杂志的关系非常特殊。在 20 世纪 50 年代，杂志为了体现权威性，同时也为了全国历史教育工作者能及时听到人教版教材编写者的声音，教育部专门派人教社编辑与杂志进行对接；1979 年杂志复刊以后，请人教社编辑常驻《历史教学》杂志的优良传统还是得以保留。其中臧嵘、王宏志、陈其、李隆庚、李纯武、李伟科、苏寿桐、邱汉生、齐吉祥、王剑英、余桂元、严志梁、马执斌等一批教材编写专家经常在《历史教学》发表论文，指导全国中学历史教学。在"一纲多本"的年代，其他出版社的历史教科书异军突起，川教版的主编龚奇柱发表的论文较多，据不完全统计，在杂志上发表论文的数量达到

了 17 篇。其中，臧嵘和王宏志在《历史教学》发表的论文最多，影响最大。

1. 臧嵘对中学历史教学所作的贡献

臧嵘在河北师范大学和唐山执教 17 年，积累了丰富的教学经验和详细的教学理论。1978 年，他被调到人民教育出版社，为中小学编辑历史教科书，是人民教育出版社编辑与课程研究所研究员。臧嵘长期从事历史教科书的编写工作，他对中国历史教科书内容的编写进行了探索和研究。

臧嵘认为，教材编写应反映时代，应增加社会经济、思想文化史的内容，使历史知识能全面地得到认识，以及培养一批适应改革开放、创新型和科技型的人才。① 历史教科书的编写内容必须符合中国国情，坚持爱国主义教育、社会主义前途教育、思想品德教育。② 此外，在历史教科书中要适当加强中国周边国家的历史内容。日本、韩国、印度、越南和东南亚等国在世界历史发展的各个阶段，都应加入中国历史的内容。③

臧嵘在《古人类学、考古学与中学历史教材》的论文中指出，考古学能够丰富某段历史内容，能纠正一些历史史实。历史教材中的文化史部分与考古学关系密切。例如，敦煌石窟的发现使课本提出《金刚经》是我国现存最早的雕版印刷作品；马王堆汉墓的发掘丰富了历史教材中国古代文化史方面内容。④ 他认为，编写教材时应具有准确性，应依靠历史学教授、历史教材的编写者、中学一线的名优特教师、文物工作者、考古学家和科学技术史的研究者等，要求教科书中的词语更加规范、更科学、更准确。历史教科书在内容上的编写应紧跟古人类学和考古学的发展。

臧嵘在编写教材时非常关注教学的对象。他认为编写教材应注意减轻学生负担⑤，要突出讲授重点。教材有最低要求，要求每一个合格的初中生

---

① 臧嵘：《进步、开放与历史课程的发展》，《历史教学》1991 年第 4 期，第 3 页。
② 臧嵘：《面向 21 世纪的全日制普通高中历史教学大纲的编写原则和特点》，《历史教学》1996 年第 2 期，第 27 页。
③ 臧嵘：《面向 21 世纪的全日制普通高中历史教学大纲的编写原则和特点》，《历史教学》1996 年第 2 期，第 28 页。
④ 臧嵘：《古人类学、考古学与中学历史教材》，《历史教学》1987 年第 2 期，第 46 页。
⑤ 臧嵘：《新编九年义务教育初中〈中国历史〉人教版第一、第二册的修订说明》，《历史教学》1992 年第 7 期，第 43 页。

符合教学计划和教学大纲的要求和水平。编写教材应从主线入手，突出主要知识点。① 历史教材在内容的编写上对读者应该具有吸引力。在编写历史教材内容时，可邀请一线历史教师和学生提出建议，修改困难的词、句子，简化插图和历史地图，然后在编写过程中仔细选择符合学生心理特点的表达方式，使课本符合中学生的喜好和理解能力。②

2. 王宏志对历史教科书编写所做的贡献

王宏志是人教社著名的历史教材编写专家，她为历史教育做出了突出的贡献。在教材的编写上，始终坚持正确的马克思主义观，宣扬历史教材的政治取向，注重历史教材的思想教育功能；在历史研究上，注重民族史研究和人物研究，开拓了历史研究教育的新局面。注重吸收国内外教材经验，在教育实践的基础上不断的继承、创新、发展。

王宏志编著教材，研究教材，并开发中学历史教材的功能。她认为现代中学历史教材应具有时代性、方向性、科学性、启发性、生动性、教学性，同时要有弹性，注重学生个性的发展③。她认为社会进步与教材改革互相促进。社会的进步扩宽了史学的领域，为史学研究和考古挖掘提供了有利的物质和技术条件，使教科书能更加科学、真实地反映历史。同时，历史教科书的改革有利于提高人们的文化素质，有利于社会的进步④。

王宏志倡导中学历史教学适应新的教学和生活的需要。她参与编写和主编的历史读物有利于改变传统的观念，启迪人们的思想。在《历史教学中的一些传统观念必须改变》论文中，她认为历史教学作为基础教育，不追求历史学科的系统性和知识的完整性。历史教学需要拓宽知识面，更好地服务学生以后的生活、学习；强调历史课不等于社会发展课，讲历史要讲各个地区时代的特殊人物、事件和经济发展，从而阐释历史发展的必然规律。要正确理解马克思主义的阶级斗争说，不要单纯地以阶级斗争来解

---

① 臧嵘：《新编九年义务教育初中〈中国历史〉人教版第一、第二册的修订说明》，《历史教学》1992 年第 7 期，第 42 页。

② 臧嵘：《九年制义务教育初中历史教科书（人教版）第一册的编写体会》，《历史教学》1990 年第 7 期，第 14，15 页。

③ 王宏志：《现代中学历史教材应有的性能》，《历史教学》2001 年第 1 期，第 30 页。

④ 王宏志：《社会的进步和教材的改革》，《历史教学》1991 年第 1 期，第 14 页。

释所有社会的所有问题①。这对于改变广大教师的传统观念形态，更好地指导教学具有重要的作用。

中国是一个多民族的国家。在20世纪80年代，王宏志就非常关注历史教学中的民族史问题。她认为讲述民族史要注重选材和写法，同时还要在标题和内容上尽量多地体现少数民族的杰出人物对历史的贡献。要用平等的原则、同一标准和实事求是的态度，来讲述汉族和少数民族历史上的具体问题和各种矛盾、战争②。

王宏志充分吸收海内外教材的长处，并把这些思想融入新编的教材之中。在《中日和平友好条约》签订20年之际，王宏志对中日历史教科书交流状况进行了整体的梳理。在王宏志看来，日本教科书给人的总体印象是关于中日关系和中国历史的描述内容比较详细，中日关系思路清晰，但仍有需要探讨的问题：如疆域问题，日本教科书将东北称为"满洲"，且与中国并提，把蒙古地区、西藏、台湾作为中国的邻国来写，这些错误肯定要予以纠正；关于多民族国家的问题，日本教科书将中国少数民族视为异族，将他们建立的民族政权视为外国，这不符合中国的民族观；关于近代以来日本的侵华问题，日本当局在80年代初期又开始为第二次世界大战辩护，并在教科书中为自己推卸责任，这些观点理应驳斥。

日本学者认为中国历史教科书写日本的分量过少，写中日关系应更注重多面化，日本虽在早期受中国文化的影响，但在其后期又克服了这种影响而独立发展。中日双方都认为在编写教材时要吸收研究新成果，以更好地体现中日历史研究的最新进展。③

（二）培养了一批中学历史教学界的名师

利用杂志这个平台，一批历史优秀教师成为全国名师。北京东直门中学宋毓真、北京165中学时宗本、北京28中陈毓秀、天津20中刘宗华、天津耀华中学曹全路、上海七一中学于伯铭、武汉市宏桥中学汪学毅、绍兴止崎中学祝旭东、江苏镇江王生、九江一中周明学、南京宁海中学陈红等，

---

① 王宏志：《历史教学中的一些传统观念必须改变—修订初中〈中国历史〉第一、二册教材有感》，《历史教学》1988年第1期，第29页。

② 王宏志：《关于讲述民族史的几点想法》，《历史教学》1986年第8期，第42页。

③ 王宏志：《中日历史教科书的交流》，《历史教学》1999年第1期，第24页。

他们有的被评聘为特级教师或教授，在中学历史教学领域成为领头羊。

宋毓真、时宗本、陈毓秀是北京著名的历史教师。在周发增的推动下，他们都出版了中学历史教学研究著作。新中国成立以来第一部公开出版的中学历史教师专著，就是《宋毓真的中学历史教学》，时宗本的《时宗本中学历史课堂教学》，陈毓秀的《怎样教好历史课》，当时风靡一时，在全国产生较大的反响。

陈毓秀是北京 28 中的历史教师，解放前大学毕业后担任语文教员。1951 年苏州教育学院研究生班毕业以后，到苏州农校教历史。1954 年调到北京市教历史，遇到《历史教学》编辑李光霁，开始与《历史教学》结下深厚的情谊。李光霁每次到北京来，都要向她介绍当时历史教学界的动态，畅谈历史教学的问题，启发她探索，不断向她约稿，鼓励她发表文章。①

1977 年全国恢复高考，陈毓秀参加高考历史命题，并且参加了当年高考辅导。她对自己的经验和体会进行总结，发表《〈历史教学〉杂志和我的历史教学生涯》一文，②论文对当时高考知识极度缺乏的教师和学生来讲，就是一场及时雨。她在参加教育部副部长和北京市历史学会的座谈会后，根据当时座谈会的要求——弘扬爱国主义的主要精神，撰写成论文《寓爱国主义教育于历史知识的传授之中》在《历史教学》发表。

陈毓秀对杂志感情深厚，正如她所说，《历史教学》伴随着她整个历史教学生涯，她从《历史教学》创刊就开始阅读；要不是"文化大革命"，她会收藏完整《历史教学》杂志。③ 在《感谢历史教学对历史教师帮助》一文中，她满怀深情地说："《历史教学》伴随着我的历史教学道路不断前进，她哺我、育我、督我、促我，《历史教学》杂志和我的教学生涯结下了不解之缘。"④

周明学是九江一中的普通历史教师，后来成为特级教师，最近被评聘

---

① 陈毓秀：《〈历史教学〉》杂志和我的历史教学生涯，《历史教学》1986 年第 10 期，第 10 页。

② 陈毓秀：《掌握基本的历史知识，懂得历史发展的基本线索》，《历史教学》1979 年第 4 期，第 51 页。

③ 陈毓秀：《〈历史教学〉杂志和我的历史教学生涯》，《历史教学》1986 年第 1 期，第 10 页。

④ 陈毓秀：《感谢历史教学对历史教师帮助》，《历史教学》1991 年第 1 期，第 38 页。

为正高级教师。他从纠正教科书的谬误入手，研究教科书，进而研究如何编写教科书，再到研究教师角色定位，指导历史教师如何去教好书。他的科研成果通过《历史教学》的平台进行宣传。

周明学在《宋初死刑复核制度释疑》中，指出人教版高中历史教材关于中国历史上的死刑复核制仅介绍了北宋初期的做法，且只有一句话，即"死刑须报请中央复审核准"言之不详。而这句话容易引起误解。而经其查阅资料发现，这两种看法都有误，教材把北宋中后期的"死刑须报请中央复审核准"，作为北宋初期中央集权强化的措施来介绍，时间上不准确，内容上不妥当①。

对于洪秀全的"学历"问题，周明学经过研究认为洪秀全当时连秀才都不是，根本不可能参加科举考试。从太平天国运动的资料中，看到洪秀全批的一些材料，文化程度一般，远没有达到可以参加科举考试的水平。周明学对教材的研究非常深入，论述有理有据，许多观点得到人民教育出版社历史教科书编撰者的重视，并在教科书的修订过程中得到了体现。

（三）成就了一批历史教学法专家

杂志成就了一批历史教学法专家，如北京师范大学马卫东、孙恭恂；首都师范大学于友西、周发增、叶小兵、赵亚夫；北京教育学院赵恒烈、华东师范大学聂幼犁、西北师范大学姬秉新、上海师范大学李稚勇、四川师范大学陈辉、广西师范大学陈志刚等。

赵恒烈最先是北京28所中学历史教师，从1953年9月工作到1958年7月。1958年9月调到北京教育学院担任行政管理和教学管理。赵恒烈致力于历史教育与教学的研究，先后发表论文100余篇，其中在《历史教学》就发表10余篇，是创建历史教育学的领军人物。

在《历史教学》创刊40年时，赵恒烈说："要是没有《历史教学》这一园地，在历史教学研究上，我最多是一位放几声冷枪的散兵游勇，决不是一个孜孜以求的傲雪忠诚战士。"② 自新中国成立以来，特别是改革开放以来，我国历史学科在历史教育、教材建设、教学方法的改革等方面有一

---

① 周明学：《宋初死刑复核制度释疑》，《历史教学》2007年第3期，第66页。
② 赵恒烈：《良师和益友》，《历史教学》1991年第1期，第35页。

系列的研究，但是停留在实践操作层面。正是有着一批的学术大家引领着研究的方向，建立历史教学基本体系，才形成了历史教育学学科。

近年来，《历史教学》在学术界产生良好的反响。根据前主编柳文全公布的数据，2013 年以后，分版后的《历史教学》（中学版）围绕中学历史教学和新课改这个大的题目，共刊发了各类文章 1300 多篇。更多的中学教师在《历史教学》平台上获得了与全国的同行交流、探讨的机会，开展了多项引领教学潮流的讨论。中学教师都积极参与杂志社组织的讨论，并且将其运用到教学之中，共同推动中学历史教学改革向纵深推进。

第二节 杂志的变化趋势及发展策略

《历史教学》从 1951 年创刊到 2010 年，正好一个甲子六十年。在风云变幻的年代，它全方位地展示了从创立、恢复、衰落，再到黄金时代的发展历程。

一、杂志的变化趋势及原因

办好一份刊物，首先取决于办刊人的整体素质。无论是编委会负责制，还是社长、主编负责制，办杂志需要集体的力量。尽管主要负责任的思想及学术水平起到比较重要的作用，但没有一个高素质的编辑队伍，杂志也很难保证质量、保持特色。当办刊方向明确，刊物主要领导思路清晰，能比较敏锐地把握专业的前沿问题和热点问题，编辑部思想一致，工作认真负责，刊物的发展就会呈上升趋势；反之，刊物的发展可能出现滑坡状态。《历史教学》的发展正是上升与下降趋势交织，其原因既有社会整体背景，也有个人因素。

（一）《历史教学》的上升趋势及原因

通过对《历史教学》（1951—2010 年）的文本研究，有关文本资料显示，在四个时期，《历史教学》杂志主要呈上升发展趋势。

1. 1951—1956 年是《历史教学》形成为中学历史教学服务，兼具学术的特色形成的时期，杂志从一份地域性的刊物，一下就成为全国知名的月刊。

2. 1962—1964 年国家实施调整政策，杂志质量有些上升趋势，但这个时期整体没有恢复到 1956 年的水平，只是相对于 1957—1961 年的杂志而言，这三年有一个进步的趋势。但发表的学术论文大多是研究农民战争等，内容中还是隐含着"左"的内容。

3. 1979—1990 年杂志复刊和重建特色时期。为深入揭露"四人帮"的罪行，在 1985 年之前出现大量的拨乱反正的文章。同时，为了肯定新中国成立三十年的成就，特别是为了否定新中国成立十七年来的"黑专路线"，杂志出现了总结类和综述类的文章。杂志在 1986 年以后，出现关注点与中学历史教师不统一的现象。但整体而言，还是呈现上升的发展趋势。

4. 2001—2006 年是《历史教学》的黄金时代。受众群体集中关注杂志，教学类的论文与中学历史教学基本对接，杂志编辑组织一线教师喜欢参与的专题，同时在原来备课笔记和教学设计的基础上，进行有特色的研究。

以上四个时期归纳为上升趋势，笔者着眼于这个时代的整体态势而肯定其上升趋势，即使是小幅度的变化趋势，在特殊时代背景下也是难能可贵的；而明显的上升趋势是多数读者所认可的，它既有社刊杂志评刊体系的论证，又有转载率和引证率的证明，读者的口碑也是一致认可，至于原因要具体分析。

1951—1956 年虽然杂志有同人刊物转为政府接管，但是办刊主体是编委会及其编辑部。编委会的成员是当时的一流学者，编辑部的编辑专业功底扎实，在编委会负责之下，每篇稿件都要经过编委会审核和编辑认真整理，才能得以发表，这是保证期刊内容质量的前提。1956 年之前，政治环境相对宽松，意识形态领域没有过分强调阶级斗争，杂志的影响力也得益于当时史学和教学研究的杂志稀少。当时河北大学还在天津，李光璧、钱君晔等编委还在天津，以南开大学、河北大学为核心的编委们联系便利，是编委会力量最强的阶段。

1962—1964 年国内形势发生变化。范文澜等对"左"倾教育路线的抵制，历史教育出现的转机。但就《历史教学》而言，当时主管杂志的文教部部长梁寒冰所做的贡献更为突出。梁寒冰就读于北平师范大学，是"一二·九运动"的领导者，担任过天津文教部长、河北大学校长、中国社会科学院历史研究所所长，是党内较少的具有较高文化水平的高级干部。正是在他的领导下，《历史教学》在惊涛骇浪的政治漩涡中，能始终坚持正确的政治方向。此外，编辑部的成员如程秀、杜汉鼎、李世瑜等，大多处在40多岁的成熟阶段、精力充沛、学养丰厚，保证了期刊的高质量和稳定的发展。

1961年经济困难时期杂志短期停刊后得到复刊，1962—1964年《历史教学》杂志出现了一个短暂的"小阳春"；"文革"期间，停刊时间比较长，1979年1月杂志最先复刊。这些都与梁寒冰的努力密不可分。"文革"后，他以北京社会科学院历史所党委书记和所长的身份，在天津召开全国史学规划会，并且将杂志复刊作为一个重要的议题。他专程拜访天津市市长胡昭衡，取得市长对复刊工作的支持。

1979—1990年复刊时期出现上升趋势。党十一届三中全会以后，解放思想成为社会的主旋律，史学界和中学历史界都渴望反思和清理"四人帮"的流毒，中学历史教师需要了解教学大纲的变化和深入研究教材。1978年以后，基础教育恢复到"文革"前的17年教育体制，全国实行统一的"一纲一本"。编制教学大纲和编写教材都是人民出版社历史室，而他们关于教学大纲和教材解读的文章都在《历史教学》发表，由此造就了《历史教学》杂志的独特地位，因此复刊以后的前几年，《历史教学》的订数猛增到四万册。

2001—2006年我国正处在改革开放以来思想相对活跃的时期，学术研究受政治影响较小，历史教学研究得到迅速发展。20世纪90年代以来，史学成果不断涌现，史学杂志明显增多。据不完全统计，全国发行的史学类刊物近50种。但即使在这种竞争形势下，《历史教学》呈现明显的上升趋势。当时编辑部以1977—1978级大学生为主体，他们文化基础好，分配到历史教学社后，既有老一代编辑的"传帮带"，又有十几年的编辑实践，进入到21世纪后，这些编辑的专业水准达到一个较高的层次。他们一方面能接受新的思想，又有较好的文字功底，这是提升杂志质量的基础。而社长、法人代表刘文君敢于让任世江担任《历史教学》《历史学习》两个刊物的主编。任世江有思想、有过硬的专业素质，不断探索和创新，把杂志推向了一个新高潮。

（二）《历史教学》的下降趋势及原因

通过对《历史教学》（1951—2010 年）的文本研究，有关文本资料显示，在另外四个时期，《历史教学》的发展主要呈下降趋势。

1. 1957—1961 年这个时期，杂志质量下降是由于受到政治运动的影响，和 1957 年反右派扩大化。《历史教学》就曾组织批判雷海宗等著名史学家的文章；1958 年在"三面红旗"的指导下，"大跃进"浪潮在杂志中也有体现，领导都纷纷在文章中表态，历史教学也要实行"大跃进"。

2. 1965—1966 年这个时期，"左"倾思想愈演愈烈，如"争取把毛泽东思想学到手"，学习毛泽东选集等成为杂志的主要内容，杂志俨然成了一个政治性的刊物，历史教学的特色被冲击得支离破碎。

3. 1991—2000 年这个时期，杂志管理极为混乱，杂志栏目也杂乱无章，编辑部也没有与时俱进，杂志的内容平淡无奇，发行量急剧下降。

4. 2007—2010 年这个时期，是由于杂志分为高校版和中学版以后，优质稿源被两本杂志"稀释"，因此刊物的质量有下降的趋势。

1957—1961 年、1965—1966 年、2007—2010 年这三个时期杂志的发展呈下降趋势主要是客观原因，其中 1957—1961 年、1965—1966 年两个时期受到政治因素的影响；2007—2010 年主要是分刊政策因素所致；而 1991—2000 年《历史教学》出现较大的"滑坡"，既有主观上的不作为，同时也有一些客观因素。

1987 年新闻出版署要求实行严格的社长、主编负责制。《历史教学》改变编委负责制以后，并没有确立一个比较严密的审稿制度，而社长兼主编侯万明在专业修养方面有所欠缺，难以支撑《历史教学》的发展。办刊经验丰富的岳林、李梦芝却又长期担任副主编，主编的岗位始终没有从她们两人中产生。主编岗位的长期空缺，这使得杂志更加疏于管理。随着老一代编辑的相继退休，新一代编辑又缺乏核心力量，因此杂志的质量难以得到保证和提高。

由于内部行政领导的变化，对编辑失去有效管理，导致《历史教学》出现许多匪夷所思的乱象。1994 年 10 月长期担任杂志的总编辑左建去世，2001 年侯万明因"三讲"问题没有得到群众认可而被免职。主编失去对杂志的管理，对编辑缺少必要的监督，责任编辑有时自作主张增加栏目，甚至出现因人情稿而单独设置栏目的怪现象。

1998 年历史教学社与古籍出版社强制合并，由于人员之间内耗严重，两个比较弱的出版社合并没有达到变强的期待。两个不同主业的出版社合并到一起，两者之间没有共通性，也就缺乏互补性。侯万明担任古籍出版社社长后，仍然兼任杂志社的主编，牢牢把握对杂志的控制权，严重影响到杂志的正常发展。

客观方面，20 世纪 90 年代后半期，网络对期刊杂志冲击较大。《抗日战争史》《中国近代史》等专业杂志的崛起，使《历史教学》优质稿源受到影响。在受众相同的杂志中，陕西师范大学举办的《中学历史教学参考》紧密结合中学教学实际，吸引大多数中学教师，对《历史教学》形成较大的冲击，成为《历史教学》最大的竞争对手。华南师范大学举办的《中学历史教学》以其特殊的地域优势，垄断广东省及周边省份。在激烈的竞争中，《历史教学》出现明显的下滑趋势。

二、发展的现实隐忧及策略

（一）《历史教学》的现实隐忧

在中央的统一部署下，全国出版社都已改制为市场化的企业，但《历史教学》性质上属于学术性刊物，而不能将迎合市场需求作为办刊方针。它作为同人刊物之时，由于政府的接管，摆脱了经济的困境，获得了新生。在这次出版体制改革过程中，如果一本学术刊物，尤其是历史类刊物，要按照市场化操作模式运作，这本杂志很难生存。在 26 种历史类 CSSCI 类期刊中，按照企业化模式运作的刊物只有《历史教学》一家。在《历史教学》四种同类的刊物中，按照市场化运作也唯此一家。《历史教学问题》由华东师范大学主办、《中学历史教学参考》由陕西师范大学主办、《中学历史教学》由华南师范大学主办。与这些同类刊物相比，《历史教学》确有"没娘的孩子没人疼"之感。

《历史教学》创刊伊始，就开始不平凡的历程。自筹经费创刊，没有挂靠任何事业单位。先后接受天津历史学会、天津人民出版社、天津市教育局和天津新闻出版局管理，走的就是独立发展自主经营之路。1998 年，《历史教学》与天津古籍出版社合并，二十余年的发展现实证明，两者难于融合。《历史教学》能为出版社做的事情就是为新书出版做广告宣传，至于出版社和杂志社的编辑因为主业不同，编辑之间互相调配、资源共享都很困难。《历史教学》作为历史类的学术刊物，尽管其他条件都符合申报国家资助条件，但因为它不是事业单位主办的刊物，因此得不到国家社科基金的出版资助。

当前《历史教学》最重要、最核心的问题就是生存问题。在企业管理中，杂志的人员工资、印刷费、办公费、管理费等各项开支，都要纳入成本核算。一本学术性杂志无论如何都难以做到收支平衡，更何谈盈利。如果无法收取版面费，《历史教学》每年的亏空经费必须由古籍出版社图书盈利来弥补，而古籍出版社目前的盈利状况并不乐观。

一本《历史教学》最新定价是 10 元，一位教师订阅一年也只需 120 元，价格对于大多数中学教师而言，并不成为负担。《历史教学》发行量最高时，60% 左右属于个人订阅。也就是说，《历史教学》（中学版）要通过提高发行量，增加经济效益，杂志内容就必须更加灵活和贴近中学教学实际，而现实的中学版杂志并没有太大的起色。通过提升发行量，解决杂志的生存问题困难重重。

就目前而言，《历史教学》最大的优势是全国中文核心期刊，又是 CSS-CI 来源期刊。这个品牌可以保证《历史教学》（高校版）的稿源不断，因为高校评职称和绩效考核都认可 CSSCI 来源期刊，高校版可以收取版面费来弥补办刊经费的不足。高校版每期发行约 400 份，为天津古籍出版社创收五六十万，基本能保证历史教学杂志社的正常运营。

但收取版面费又带来负面效应。原来《历史教学》只有中学版时，高等院校历史系的师生认为，这本刊物是历史教学法教师的主战场，要想知道历史教学法教师近期科研的方向，打开杂志阅读就有基本的了解；历史系其他专业的教师自己撰写了一篇与中学密切相关的论文，第一选择是要向《历史教学》投稿。但事情正在起变化。有些高校把《历史教学》认定为学校的重要刊物，但认为高校教师发表在中学版的论文，评上职称有损学校的面子，于是规定《历史教学》（高校版）才是重要刊物，至于中学版上发表论文，在评职称时只能算一篇核心论文。高校历史系教师要评职称，必须要把论文发表到高校版，而高校版是收版面费。如果有另外一本同类的刊物不收或少收版面费，他们的心理上的天平肯定会倾向另一边。因此，高校历史系教师这个读者群体对《历史教学》就有渐行渐远的倾向。一些优质稿件也不可能以交版面费的形式在《历史教学》发表，导致高校版论文质量下降。目前在历史类的 CSSCI 来源期刊中，《历史教学》由原排名第 16 位，下降到现在排名的倒数第 3 位。

《历史教学》要在严峻的形势下力挽狂澜，办刊的人尤为重要。自 2010 年主编任世江退休以后，柳文全担任两年主编后又退休，尔后杨莲霞在主编职位干了两年后又离职。2018 年开始，杂志的版权页显示，任世江、柳文全被聘为杂志的顾问，王雅贞担任编辑部主任。截至本论文收笔之时，编辑部人员又经历了几拨变化，先是两位年轻的男编辑离职，继而一位经验丰富的女编辑转岗，年轻编辑的不断进出，编辑部人员极不稳定。

编辑部人员"走马灯"式的更换，对刊物的发展产生严重的影响。从近几年杂志的来看，杂志的编校质量下降明显，杂志中的错别字较之于以前也有所增多，稿件的选择明显暴露出编辑不了解中学历史教学的现状。过去可以依靠学术上的优势，现在学术上的优势荡然无存。本世纪初，还有一批成熟的中年编辑保证着杂志的质量，现在的编辑基本上是一些刚毕业的年轻人。总之，目前《历史教学》若不调整管理体制，这本曾经承载着历史学科发展重任的杂志，很难恢复以往的辉煌。

（二）《历史教学》的发展策略

目前，《历史教学》的整体发展有下滑趋势，如何使杂志重振雄风？结合作者阅读文本的体会，提供一些发展策略。

第一，要解决好杂志的归属问题。

如果《历史教学》还是要企业化运作，最好找一家效益好的出版社接收，如天津市教育出版社。这样可以减少《历史教学》杂志创收的压力，从而能更好地保证稿件质量。其实，如果由一所历史专业较强的大学接收，这会是《历史教学》杂志最好的归宿。

《历史教学》与南开大学历史上有着天然的联系。《历史教学》创始人之一的杨生茂，第一任总编辑吴廷璆，编委郑天挺、王金鼎、魏宏运、来新夏、王玉哲、雷海宗、王敦书、王连升、王永祥、王先明等都来自南开大学，还有两位编辑任世江和李梦芝也是先在南开中学工作，后调到《历史教学》杂志社。南开大学历史学院的中国史学系、世界史学系、考古学与博物馆等专业齐全，师资力量雄厚，可为杂志提供学养丰厚的编委，同时可保证高质量的源源不断的优质稿源。

根据对 1951—2010 年杂志作者论文的不完全统计，南开大学魏宏运、杨志玖、王玉哲、来新夏、雷海宗、杨生茂、杨令侠、郑天挺、张焕宗、黄若迟、李喜所、杜家骥、李治安、林延清等，他们是杂志发表论文数量较多的作者，是《历史教学》杂志社当之无愧的最优秀作者群。从文本分析来看，《历史教学》编辑部也确实把南开大学历史学院当作了"娘家人"，如每次社长或主编调换，杂志的重要期刊的专题论文都由南开大学的著名教授提供。如果能如此强强联合，《历史教学》再挖掘几位有中学经验的、视野开阔的、反应敏锐的中坚力量加入编辑队伍，杂志的再次辉煌指日可待。

第二，杂志要遴选好当家人。

作为社长或主编要把握办刊的基本方向，既要做到"阳春白雪"，满足高端读者的需求，同时又要做到"下里巴人"，让不同层次的读者喜欢上杂志，成为杂志的忠实作者和永远支持的读者。《历史教学》办刊影响较大之时，一定有一批出色的领导人。

2002 年杂志评为历史类的核心刊物（CSSCI），这是《历史教学》发展史上的一个重要平台，标志着它拉开了与其他同类刊物的差距，挤进重点刊物的行列。这对于杂志发展的意义，就相当于当年高校获得"985""211"称号。在一次录音采访中，任世江对于申报核心刊物成功的事情仍心有余悸。他说，如果当时不组织杂志登载学术方面的论文，要申报历史类的核心刊物就很难，因为当时的专家认为《历史教学》主要发表一些教学类的文章，应归属到教育类。如果当时将《历史教学》列为教育类的话，2007 年《历史教学》就不可能分刊办高校版。正因为杂志获得了这些平台，才为今天的发展提供了更多的契机。

在发展的"黄金时代"，《历史教学》拥有一支出色的作者队伍。这批作者与《历史教学》杂志互相成就。杂志得到优质稿源，引起读者的高度关注；同时，杂志也捧红了这批作者，使他们成为全国著名的中学历史教学的领航人。这批作者的成批涌现，是杂志的社长、主编长期经营的结果。

任世江长期担任《历史学习》主编，拥有广大的作者群体。从来往的稿件中，他能判断作者的特长或优势领域，这为他组稿提供了极大的便利条件。同时，他了解中学历史教师的需求，他能根据教师的反馈，迅速做出反应。有读者认为聂幼犁的研究性点评尽管精彩，但很难操作时，他马上就组织叶小兵"教学随笔"系列，结果叶小兵随笔成为中学教师争先学习的内容，也成为高等师范院校历史教学法教师授课的典型案例。

第三，要设置相对固定的栏目。

栏目体现杂志风格是外在的形式，主打栏目应该是杂志的特色，是相对固定的，可以保证质量，而不能随心所欲调整。20 世纪 90 年代的《历史教学》杂志，责任编辑随便设置栏目，有几期杂志一个栏目只有一篇文章，甚至出现前后两期同一个内容，而栏目的名称却有变化的现象，显得编辑工作极为混乱。外在的形式都如此粗糙，文章的质量又怎么能保证？

栏目设置一年周期内应该保持相对稳定，经常变动会给读者一种眼花缭乱的感觉。一些通俗刊物要安排连载的栏目去吸引读者，《历史教学》杂志主要受众是工作量极大的中学历史教师，更要采取这种方法把他们从碎片化的手机阅读中解放出来，引导他们用心阅读纸质媒体。

同时，建议刊物为学术名家和中学历史教学专家设专栏。文章不宜太长，两个版面即可。一个版面大约 1900 字，一篇文章 3000～4000 字。为保证质量，杂志可面向全国征集稿件，如栏目名称，至少要有 12 期教学随笔或学术随笔类的内容，还要有整体设计等。这样既可保证稿件质量，又可以推出新的学术或教学明星，扩大优质作者队伍。

教学类的文章是《历史教学》（中学版）的主体，对教学类的文章应有整体规划。如果把栏目比作"履"，把论文比作"足"，那么就编辑而言，设置栏目，就是寻找适合"履"的"足"，做到"足""履"一致；如果"足"还有某些方面不适合"履"，那么编辑的工作就是削"足"适"履"。

《历史教学》编辑部要抓住新一轮教材改革，站在杂志的立场独立发声。目前，高中历史教材面临着由专题史体例回归到通史体例的转变，杂志除充分听取教材编写专家的建议外，还要多听取业内公认史学家的评价，特别是要俯下身子倾听一线教师的建议。通过这些讨论，把作者、史学家和一线教师都凝聚到《历史教学》这个平台，共同促进中学历史课程、教材与教法的改善，直至达到臻于完善的程度。

第四，要抓好教改典型。

教学文章要关注教改，抓教学的前沿问题，使杂志发挥引领作用。对教改论文要有全局观念，编辑部必须进行整体规划和设计，少刊登一些经验介绍及总结类的文章，多发表一些理论或实践层面都能发挥引领作用的文章。

在整理文本时，培养思维能力的一组文章给我留下了深刻的印象。这组稿件的发轫者是任世江。他从上世纪 90 年代高考考查学生的能力出发，提出要从初中培养学生的思维能力。对于怎样做，大家都没有办法，他就发表 3 篇"连载"文章，给中学教师做示范，给出培养学生的思维能力的具体操作方法。接着，杂志提出研究教材中思维能力的建议。赵恒烈从理论上探究思维能力的培养途径。北京的教研员张静、大学教授叶小兵、北京三中的朱尔澄组织团队集体攻关研究培养能力的具体措施。理论与实践的结合，共同推进历史思维能力研究的深入推进。北京教研员张静和张桂芳，联合北京三中的朱尔澄，在历史课堂进行实验，探索历史思维的教学方式。这种高端的实验、实干的精神，实在令人钦佩。这篇论文发表在 1993 年第 2 期的杂志，就是在 2019 年的今天，这篇论文也完全站在时代前列引导中学历史教学研究。

2019 年，全国开始推行通史体例的高中历史新教材。这种新教材到底按照什么线索编写的？最新高中课标要求学生认识社会发展规律，这与传统的意识形态作为历史发展的基本线索有什么区别？新教材选择的教学素材是成人视角的结果，还是保留了上一个版本以学生视角选材的优点？这些问题是读者的疑惑，期待专家们解答。因此，杂志必须围绕读者的问题组织稿件，急读者之所急，想教师之所想。当读者拿到新一期的杂志，迎面而来的都是自己想知道的内容。作为读者，面对着编辑们的诚意之作，他们在学到知识外，回报编辑的就是成为杂志的忠实读者，进而发展成为杂志的作者。

第五，学术论文要定位准确。

学术论文要与专业学术刊物有区别，应侧重提升教师的专业素养，拓展教师的研究视野。如果没有高水平高质量的论文引领，教师的素养很难提高，教师的知识视野将会受到限制，造成长期在低水平徘徊，容易形成职业倦怠。中青年著名学者访谈录中第一位采访者是侯建新，他研究的方向主要是英国的中世纪史。他对"圈地运动"的认识，完全颠覆了传统的观点，纠正了传统教材中的错误观点，完善了历史教师的知识结构。

　　第六，杂志要培植好作者和读者群。中学历史教师这个群体喜欢科研的会主动与杂志联系，不喜欢科研的宣传发动也无济于事。高校的历史教学法的博士、历史课程与教学论的学术硕士生、学科教学（历史）专业硕士生、历史系的本科生，这应该是《历史教学》杂志要重点培养的群体。一方面，这些博士有在核心刊物发表论文的基本要求，而硕士生能够在《历史教学》这样的刊物发表论文，证明其有一定的科研能力，因此杂志这个平台对他们来说是刚性的需求。另一方面，杂志也需要这个群体，他们是未来杂志最重要的读者群体。《历史教学》可以联合有历史系专业的高校，组织有主题的论文比赛，如口述史研究、地方文化史研究等，充分利用这个作者群体，同时把他们培养成杂志的忠实读者。

结　语

　　《历史教学》杂志自创刊开始到 2010 年，其发展变化历程折射出国家意识形态变化及其对出版物的影响。在 1957—1978 年，由于受到以阶级斗争为纲的影响，《历史教学》紧跟国家政策形势的变化，导致杂志的内容有时出现偏离历史教学与研究的轨道。

　　一本杂志能坚持办刊多年，而且现在还在良性健康地发展，这在中国近现代出版史上比较少见。杂志在发展过程中的跌宕起伏，它不完全是市场反应的结果，杂志的发展主要依靠党和国家的支持。研究《历史教学》不但要总结新中国成立以来历史教学与学术研究的变化特点，而且要从中透视出中国政治变化的背景下，知识分子们的心态及思想变化动态。我们观察到的不只是杂志的起伏浮沉，也不仅仅是新中国成立以来中学历史教学艰难的变化历程，而是通过分析一本杂志的发展，看到新中国艰难办刊的缩影，更重要的是能看到知识分子个人与杂志及国家的命运紧密地联系在一起，更深刻地体会到先有国、后有家的真谛。

　　对 1951—2010 年杂志的研究，算起来是 60 年，但 1966 年 6 月后由于政治原因杂志被迫停刊到 1979 年 1 月杂志复刊，杂志停刊时间长达 13 年。因此本篇论文主要研究对象是 47 年的 613 期杂志。一本杂志的发展兴衰，许多人为此付出常人难以想象的心血和精力，从杂志发表的文章来看，能够深刻感受到老一代知识分子和新一代知识分子的理想、信念和追求。《历史教学》自创刊开始到 2010 年的发展变化历程，折射出国家意识形态变化及其对出版物的影响。一方面，由于政治体制的原因，将同人刊物纳入到国家计划经济体制管理之中，由国家提供办刊经费，这是一本杂志赖以生存的基础。另一方面，杂志受到意识形态的制约。杂志在 60 年的发展过程中的跌宕起伏，它不完全是市场反应的结果，杂志的发展还受到国家政策、社会环境等综合因素的影响。

杂志研究的下限为什么定在 2010 年，也要作个说明。2014 年，我开始攻读中国史的博士学位，结合到自己的研究领域，就开始收集《历史教学》研究的论文资料。当时考虑的是若研究时间太近，杂志的特点比较难总结。加之当时《历史教学》主编柳文全编审听说我以《历史教学》为研究对象，非常高兴，主动提供杂志的光盘，并且建议暂时把研究时间下限定在 2010 年。

对杂志的研究按照惯例要进行分期，但分期的问题还是有些纠结。新中国的刊物都要接受新闻出版署的严格管理，刊物基本大同小异，同质化问题比较突出，要找到杂志分期点实在不容易。若不分期，对杂志的纵向梳理无法深入。阅读 1979 年《历史教学》复刊后的文本，发现杂志的主编不但影响办刊的风格，而且还会影响到刊物的内容及市场走向。因此，本书的第三章、第四章、第五章分别以杂志主编的更替为分期的主要依据。

但是杂志对高等院校历史教育的影响研究较少。《历史教学》杂志主要为历史教学服务，通过对中学历史教学和高等院校的历史教学的经验总结和推广，来提升《历史教学》杂志的专业性。主要是通过高校教师发表历史专业论文，来确保《历史教学》的学术性，尤其是与中学历史教学关系密切的论文，更能发挥对中学历史教学的引领作用。通过《历史教学》杂志这个平台，共同促进历史教师专业的水平提升，最终达到提高历史课堂教学质量的目的。

研究是永无止境的。我通过认真考虑，这个课题若进一步深入研究，还有很多工作可做。本书着重强调《历史教学》对每个阶段中学历史教学的影响，但横向的铺陈不够，整体研究可以更细致、更深入。如，对《历史教学》作者群体的研究尽管有总的分析，如果分阶段分析不同时期的作者群体，可能更反映杂志的发展趋势；对《历史教学》的研究可以更深入，如对不同时期的教学方法、教学理论进行归纳，并且能提炼带有规律性的内容，进一步探讨《历史教学》与中学历史教学关系；研究历史考试测量与评价的专题；研究《历史教学》杂志的专题特点及发展趋势等。

　　本书仍存在一些不足之处。一是对《历史教学》杂志的编辑部人员了解太少，不能完全透视他们的工作心态，对杂志出现"滑坡"原因的分析也只能是"雾里看花"。第二，对出版体制研究不够，毕竟不是出版人。作为局外人难免说外行话，也很难理解办刊人的苦衷，因此肯定有些问题分析得不到位。第三，由于专业所限，平时侧重于研究中学教学类文章，对学术论文品读相对较少，尤其是远离中学历史教学的学术类论文，由于学术功底不足，没有作专业方面的深入研究，很难读懂论文的精髓，因此在品评学术论文时，难免会出现挂一漏万的现象，很难做到客观、公允。这些都不是我不努力写好本书的理由，本书只要有改进的机会，我定当不遗余力。好在研究永远在路上。

参考文献

一、史料

[1]《历史教学》杂志（1951—2010 年）全套光盘 9 张；《历史教学》杂志现刊。

[2]《新史学通讯》杂志（1951—1956 年）。

[3] 朱有瓛. 中国近代学制史料（第一辑上册）［M］. 上海：华东师范大学出版社，1983.

[4] 叶蠖生. 初级中学中国历史课本（全一册）［M］. 北京：人民教育出版社，1951（1945 年陕甘宁边区原版）.

[5] 课程教材研究所李隆庚编. 20 世纪中国中小学课程标准. 教学大纲（历史卷）［S］. 北京：人民教育出版社，2001.

[6] 中华人民共和国教育部. 义务教育历史课程标准（2011 年版）［S］. 北京：北京师范大学出版集团，2012.

[7] 曾业英主编. 五十年来的中国近代史研究［G］. 上海：上海书店出版社，2000.

[8] 南京大学. 中国资本主义萌芽问题论文集［G］. 上海：三联书店，1957.

[9] 毛泽东. 毛泽东选集（第二卷）［M］. 北京：人民出版社，1991.

[10]《历史研究》编辑部. 建国以来史学理论问题讨论举要［M］. 济南：齐鲁书社，1983.

二、专著

［1］任世江．高中历史必修课程专题解析［M］．北京：光明日报出版社，2013.

［2］陶本一．学科教育学［M］．北京：人民教育出版社，2002.

［3］刘铁芳．什么是好的教育——学校教育的哲学阐释［M］．北京：高等教育出版社，2014.

［4］于友西．历史学科教育学［M］．首都师范大学出版社，2001.

［5］［美］罗伯特·达莱克．罗斯福与美国对外政策（上）［M］．北京：商务印书馆，1984.

［6］雒启坤．中学历史创新教法[M]．北京：学苑出版社，1999.

［7］赵恒烈．历史教育学[M]．石家庄：河北教育出版社，1989.

［8］赵恒烈，冯习泽．历史学科的创造教育［M］．济南：山东教育出版社，1997.

［9］余柏青．历史学科知识与教学能力［M］．北京：北京大学出版社，2015.

［10］陈伟国，何成刚．历史教育测量与评价［M］．北京：高等教育出版社，2003

［11］石鸥，吴小鹏．百年中国教科书（1949—2009 年）［M］．长沙：湖南教育出版社，2009.

［12］龚奇柱．中学历史教学法概要［M］．西安：陕西人民出版社，1982.

［13］［比］弗朗索瓦－玛丽·热拉尔，［比］易克莎维耶·罗日叶．为了学习的教科书［M］．汪凌，周振平，译．上海：华东师范大学出版社，2009.

［14］苏寿桐．史编拾遗［M］．北京：人民教育出版社，1995.

三、期刊

［1］陈志刚．对三维课程目标被误解的反思［J］．课程·教材·教法，2012.

［2］陈志刚．也谈对历史课程"过程与方法"目标问题——与李惠军老师商榷［J］．历史教学问题，2009.

［3］苏寿桐．编写中学历史教科书应注意的问题［J］．课程教材研究所，1998．

［4］李长英．交互式电子白板在课堂教学中的应用研究［J］．中国教育技术装备，2013（5）．

［5］胡常海．中学历史教学与现代信息技术的整合［J］．中国教师，2005（11）．

［6］周明学．教材概念具有多义性、发展性——就教材定义与聂幼犁先生商榷［J］．九江教育2007（5）．

［7］姜涛．重读李秀成自述［J］．近代史研究，2002（5）．

［8］陈垣．科学工作者应重视编写中小学教科书［J］．科学通报，1954（7）．

［9］鲁民．普希金教授对中学历史教学的意见［J］．人民教育，1953（8）．

［10］陈其．明确中国高中历史教育的核心目标［J］．课程·教材·教法，2008（6）．

［11］陈志刚．历史探究教学特点刍议［J］．历史论坛，2008（2）．

［12］陈志刚．发达国家历史探究教学给我们的启示［J］．中学历史教学研究，2008（4）．

［13］陈志刚．历史探究教学的本质是什么？——由一则教学案例谈起［J］．北京教育·普教，2007（11）．

四、报纸

［1］翦伯赞．谈谈历史研究与历史教学的结合问题［N］．光明日报，1959 - 06 - 19．

后　记

　　书稿即将付梓，终于到提笔写后记之时。《历史教学论》①《历史学科知识与教学能力》② 是我为师范类历史本科学生、历史教师资格申请者准备的专业教科书，它们偏重实践。《〈历史教学〉研究》是我的第三本专著，它既是我阅读《历史教学》杂志后的体会，又是我在课堂上与高中生、本科生及研究生交流的成果，是理论与实践相结合的产物。

　　我在湖南师范大学历史文化学院从事多年历史课程与教学论的教学及研究工作，也一直坚守在中学历史教学第一线。为满足大学研究和中学教学需要，我经常从《历史教学》杂志中汲取营养，读到刘芃、任世江等大家的论文时，热血沸腾；看到叶小兵、陈红等教学设计时，感激之情溢于言表。我内心升腾起一种强烈的责任感，那就是要对《历史教学》进行全面研究。

　　在写作过程中，我付出了不小的努力。写作期间，我被湖南师范大学派到湖南师大第二附属中学担任党总支书记。白天忙完"公事"以后，还要在办公室"闭关"，偷偷摸摸地干点"私活"。尽管一个一个的字码起来比较累，但是往往写到得意之处，心里又莫名地兴奋起来。通读完 613 期《历史教学》杂志后，我在实证的基础上得出一个初步结论，《历史教学》见证了中学历史教学体系的形成和发展。为了完善证据，有几个晚上，我竟和衣而睡在办公室。实践证明，夜深人静的时候，写作的效果最佳。

---

　　①　余柏青：《历史教学论》，海南出版社，2008 年。
　　②　余柏青：《历史学科知识与教学能力》，北京大学出版社，2015 年。

我在书稿中将中学历史教学体系形成分为五个阶段。20 世纪 50 年代中期为蹒跚起步期。新中国没有教材可以供应，把原来解放区的教材进行改编，初步满足市场的需要，整个社会弥漫着自由的氛围。50 年代中期到 60 年代为初步探索期。我国按照自己的思路编写教材，但指导思想出现"左"倾，编写好的教材无法投入使用，初步探索被迫终止。七八十年代为继续探索期。教学大纲修修补补，教材删删减减，我国按照大学通史体系编写中学历史教学内容，而中学还没有形成自己的特色体系。90 年代为初步形成期。历史学科课程体系开始有了清晰的历史发展线索，有严密的逻辑联系，有层次分明的知识（事件、人物、概念和历史理论）形成的网络，初、高中的教学大纲和教材实现初步配套，但整体呈现专业化、成人化的特征。

21 世纪初为正式形成期。《全日制义务教育历史课程标准》（2019 年版）和《普通高中历史课程标准》（2017 年版 2020 年修订）的出台，初、高中对接的配套教材正式形成，高中的教材由专题编写体例又恢复到通史体例，以儿童视角构建学生课程体系的观念得到普遍认可。教学方法的改革也在高效务实推进，教学法不再停留在记忆层面，更多的是强调思维课堂的构建。

本书稿得以顺利出版，要特别感谢我的博士生导师周秋光教授。他在我最困难的时候，"收留"了我，感恩之心，无以回报。导师其为人、为学，乃高山仰止，周门弟子营造的学术氛围，更加激发了我求知的欲望。环境能够塑造人，也能培育人。大学这个熔炉，使我得到全方位的锻炼；湖南师范大学第二附属中学这个实践场地，使我对基础教育认识得更为清晰。书稿出版之际，我恳请周老师作序。他欣然应允，毫不吝啬地夸赞我的书稿。

2018 年春节前，在我陷入迷茫困惑的时候，《历史教学》前主编任世江编审从天津专程专程来长沙指导我写作。正是他的倾囊相授，我才了解"为杂志贡献全部精力"的第一任编辑部主任程秀，学富五车满腹经纶的李世谕，为杂志生存发展而力挽狂澜的梁寒冰，这样我开始慢慢走进编辑们的内心世界，身心与杂志真正融于一体。我饱含深情写完《历史教学》的组织机构和运行机制，读者也可以从中感受到了办好一本杂志的艰难与困苦。

2019 年 3 月，我专门去天津拜访任世江编审。他站在亲历者的角度详细地介绍了《历史教学》的编辑发展史。每讲到杂志的辉煌之时，他的脸上写满了自豪。1966 年前《历史教学》杂志的编委会阵容强大，编辑部兵强马壮。11 位编辑，编辑一本只有 64 页的月刊，文字可以做到精益求精，当然杂志质量更有足够的保证。当谈到有位领导短时间地把历史教学社的资产全部败光之时，他则是痛心疾首。可见任世江编审对杂志的用情之深。他以最高的礼遇接待我，不仅帮我解决学术上的问题，还带我尝遍天津小吃。幸遇恩师，没齿难忘。

感谢《历史教学》前任主编柳文全编审为我提供的光盘，使我足不出户能获得所需要的资料。感谢湖南师范大学历史文化学院资料室的孙少柳老师在收集资料之时为我提供的方便。感谢我的同学李安女士，感谢银品博士、罗澄洋夫妇及我指导的硕士研究生范洪渤等，在我做基础数据时给予的大力支持。没有你们出手相助，我会遨游在杂志的海量资料中，找不到努力的方向。

感谢硕士导师莫志斌老师的教诲，李育民老师在关键时候的点拨和提携，湖南师范大学基础教育发展中心的龚民主任、杨栋副主任的帮扶，钟声教授、孔春辉书记、刘利民教授、邹水杰教授的鼓励，余伟良师兄、何旭娟师姐、曾桂林教授、向常水教授等同门师兄、师姐的鞭策，使我在求学、工作这条路上走得那么顺利，并在大学与中学之间建立沟通的桥梁。还要感谢李传斌教授，在和他一起做资料的过程中，我学会了严谨、细致和规范。还要感谢历史文化学院各个科室的行政人员，如欧阳晓主任、彭滋霖主任、代兴莉主任、兰岚老师对我的关心和支持。

亲人的支持，是我坚持下去的最大动力。感谢妻子何江秀女士，在我冲锋陷阵之时，提供了稳固的后方；感谢我的儿子余意，你的进步和拥有一份自己喜欢的职业，是我永远前行的动力；老母亲方桂英女士终于可以放下悬挂已久的心，"早点读完天下所有书"的叮嘱又往前迈进了一步。感谢同一战壕的"战友"，回想起夜深人静的时候，互相支持，互致问候的场景，一股暖流便涌上心头。

书稿经过两年的沉淀，终于要出版了。感谢湖南师范大学的总编辑黄林编审，项目负责人刘苏华编审，本书的责任编辑赵婧男女士。正是编辑团队的敬业、负责，确保了本书的高质量。

本书出版是湖南省研究生教改重点课题"全日制教育硕士入驻基地校合作培养模式创新研究"题的标志性成果。

本书能得以顺利出版，还要特别感谢湖南师大二附中贺志力董事长、张胜利校长、张亚丽校监及各位领导的支持和帮助。

2022 年 3 月 12 日